Entre le quotidien et le politique :

Facettes de l'histoire des femmes francophones en milieu minoritaire

Sous la direction de
Monique Hébert
Nathalie Kermoal
Phyllis Leblanc

LE RÉSEAU NATIONAL
D'ACTION ÉDUCATION FEMMES

Réseau national d'action éducation femmes
1173, chemin Cyrville, bureau 306
Gloucester (Ontario)
K1J 7S6

Graphisme et mise en page : WAWA Design
Imprimeur : AGMV Marquis Imprimeur Inc.
Comité de publication : H-K-L
Dépôt légal : Quatrième trimestre 1997
Bibliothèque nationale du Canada
ISBN : 1-895715-20-2
Tous droits réservés, RNAÉF, 1997
Traductrices : Denise Veilleux
              Lyne Lemieux
Révision des textes : Sylvie Jean

Table des matières

*   *Ces textes ont été arbitrés selon les normes de la discipline.*

Cet ouvrage est un collectif de textes et d'auteurs(es). Dans la mesure du possible, nous avons respecté la personnalité et l'authenticité de chaque texte.

Avant-propos

Le Réseau national d'action éducation femmes (RNAÉF) est un regroupement national de personnes et de groupes visant à obtenir des changements sociaux et économiques qui apporteront une société égalitaire et équitable en privilégiant l'éducation sous toutes ses formes, en français, chez les Francophones du Canada. Lors de son incorporation en 1983, il voulait coordonner la diffusion d'information et de documentation sur la situation des femmes francophones et il continue aujourd'hui de faire la promotion de l'accès à des services éducatifs de qualité.

Depuis sa création, le RNAÉF a organisé des colloques sur des sujets tels que la reconnaissance des acquis (1988) et l'alphabétisation des femmes francophones (1989). Il a également documenté, par une collecte de données exhaustives, la place des femmes francophones hors-Québec dans le domaine de l'éducation au Canada (1992) et mené une recherche-action sur l'alphabétisation des femmes francophones en milieu de travail. Le RNAÉF a aussi entrepris une recherche-action sur l'équité en éducation physique et les résultats de cette recherche ont été publiés (1996).

De plus, le RNAÉF fait toujours du lobbying sur le plan communautaire et gouvernemental et se prononce par des rapports, des communiqués ou des mémoires sur tous les sujets susceptibles de concerner et d'améliorer les conditions de vie des femmes francophones.

En 1994, le RNAÉF a voulu donner la parole aux femmes en milieu minoritaire afin de connaître leur interprétation du passé, car, trop souvent, l'histoire des femmes a été écartée des récits officiels. Il a aussi voulu offrir un forum de publications aux études réalisées par de jeunes historiennes.

Voici donc cet ouvrage sur l'histoire des femmes francophones en milieu minoritaire. Comme son titre l'indique, l'ouvrage décrit les expériences quotidiennes de femmes tout en leur accordant aussi la parole dans le contexte politique. Il réunit donc différentes facettes de l'histoire des femmes francophones dans leurs communautés respectives.

La production du présent recueil a été rendue possible grâce à la contribution financière du programme de perfectionnement linguistique du Patrimoine canadien et de la Faculté des Sciences sociales de l'Université d'Ottawa. Le RNAÉF est profondément reconnaissant de leur appui financier.

Merci aux auteures et auteurs qui ont contribué à ce livre et à toutes les personnes qui ont soumis des textes pour publication. Merci aux membres du comité de rédaction, Phyllis Leblanc, Ph.D., de l'Université de Moncton, Nathalie Kermoal, Ph.D. de la Faculté Saint-Jean à Edmonton et Monique Hébert, Ph.D. ancienne présidente du RNAÉF et chercheure autonome. Nous remercions également Lyne Lemieux et Denise Veilleux pour leur collaboration à la traduction de certains textes.

Le RNAÉF est aussi reconnaissant envers une autre historienne, Sylvie Jean qui a su mener, de brillante façon, avec persistance et acharnement, le projet jusqu'à la fin. En dernier lieu, le RNAÉF désire exprimer sa reconnaissance envers toutes celles qui ont su rêver ce projet et surtout qui ont su en faire une réalité.

Introduction

Le présent recueil porte sur le vécu quotidien et politique des femmes canadiennes. Il a comme objectif de faire le lien entre les différentes communautés féminines et francophones minoritaires du Canada. Comme l'historiographie des femmes francophones hors Québec demeure lacunaire, c'est véritablement un savoir en devenir dont dépend notre avenir, comme communauté, que vous propose le présent ouvrage.

Au cours des vingt dernières années, des recherches ont surtout porté sur la culture, l'ethnicité et la défense de la francophonie, mais peu de travaux ont traité précisément des femmes des communautés francophones. Nous tenons à combler cette lacune en relatant leur vécu dans le contexte de leur collectivité. Cela équivaut à étudier une minorité, les femmes, à l'intérieur d'une autre minorité, celle de langue française. Par rapport aux contextes politique, économique, social et culturel, elles sont en effet souvent placées dans une position de minoritaires, quel que soit leur nombre. Bien qu'elles aient toujours fait partie intégrante de la communauté francophone, elles ont été trop souvent oubliées ou isolées. Le présent recueil cherche donc à mettre en lumière leur apport à l'édification de ces communautés, entre le quotidien et le politique qui est leur milieu d'intervention privilégié.

Au fond, ce sont les communautés francophones que nous analysons par l'étude de l'histoire des femmes. Tant par leur travail quotidien que par leur intervention politique, les femmes ont contribué à la survie des communautés.

L'histoire des femmes a connu une belle envolée dès son origine : « Née dans la mouvance féministe des années 1960, elle a également été portée par le développement de l'histoire sociale qui entendait laisser la parole aux dominés. » (D. Baillargeon, **Histoire et historiennes**, dans *ACS BULLETIN AEC*, vol. 18, n°. 4, p.16) L'ouvrage que nous vous présentons se veut une continuité de ce courant, car il ne s'inscrit pas dans la thématique, les approches théoriques ou les interrogations apportées par le postmodernisme. (Pour une discussion complète à ce sujet, voir D. Baillargeon, ibid, p.16, 17 et 20.) Il s'insère dans les débats qui s'intéressent à rendre les femmes plus visibles parce qu'elles ont été et sont encore aujourd'hui des actrices importantes dans l'élaboration de la société. Les francophones en milieu minoritaire n'échappent pas à la règle. Aussi, avons-nous donné au recueil une structure qui reflète cette réalité.

Les pratiques quotidiennes, un savoir en devenir

La première partie du recueil analyse les pratiques quotidiennes des femmes, définies comme un savoir en devenir, car peu d'ouvrages traitent précisément de cet aspect. Chacun des textes apporte un élément nouveau à ce savoir qui s'élabore.

Dans un article intitulé *Les pratiques médicales et les techniques obstétriques des femmes métisses francophones du Manitoba aux XIXe et XXe siècles*, Nathalie Kermoal reconstitue une partie importante de la vie de ces femmes à partir de documents écrits et de témoignages oraux. Ces femmes qui « ... étaient sages-femmes et docteurs sans diplômes, pharmaciennes et herboristes sans échoppes. Elles allaient, de tipi en tipi, de maison en maison, de village en village, partager leur savoir et soigner les patients/es avec des plantes salvatrices soigneusement récoltées dans les bois, dans les marais et dans la prairie. »

Marie-Anne Allain et Phyllis E. LeBlanc signent l'article *Les femmes pensionnaires à Moncton : une étude sociale et culturelle du recensement de 1901*. Elles examinent le travail des femmes célibataires qui ont immigré à Moncton en réponse à l'industrialisation et à l'urbanisation de cette ville à la fin du XIXe siècle. Les auteures dressent un portrait individuel, culturel et économique de ces célibataires, afin d'expliquer le choix de résidence des catholiques et des francophones dans cette ville majoritairement anglo-protestante.

En utilisant les méthodes de l'histoire orale, Monique Hébert dévoile la façon dont 19 mères et 19 enseignantes ont contribué à la survie de la communauté franco-manitobaine. Dans l'article intitulé *Une question de survie : épisodes de la vie des femmes francophones du Manitoba de 1916 à 1947*, elle soutient que « ces femmes ont été indispensables à la production et à la reproduction de la vie matérielle et sociale de leur époque ».

Anne Gagnon étudie les communautés francophones de l'Alberta en interrogeant un groupe de jeunes femmes de 14 à 24 ans, l'âge de transition entre l'école et le mariage. Elle a intitulé son article *Nos parents ne nous avaient pas appris à être indépendantes : le travail et l'éducation des jeunes femmes franco-albertaines, 1890-1940*. Comme l'auteure l'indique : « À partir de témoignages oraux, l'étude brosse un tableau de leurs charges de travail et veut déterminer comment leur contribution au bien-être matériel de la maisonnée affectait leurs possibilités d'éducation et leurs choix de carrière. »

Intitulé *Il n'y avait pas de toilettes pour femmes!* le texte de Marie-Louise Perron fait le pont entre le quotidien et le politique dans le vécu des femmes. Il récapitule avec humour la vie des Fransaskoises telle qu'elle est décrite dans les documents d'archives de la province de la Saskatchewan. Perron a comme objectif de briser le silence qui entoure encore trop l'histoire des femmes, car, dit-elle, « ... j'ai tous les jours sous les yeux la vie, le travail, les luttes des femmes — complètement passés sous silence, à moins que ce soit des FEMMES qui en font le témoignage. »

De la neutralité politique à l'implication communautaire

Les textes réunis dans cette deuxième partie du recueil brossent un tableau du vécu des femmes dans le monde politique, c'est-à-dire le combat pour la survie de leur communauté francophone. Ils complètent le bref aperçu de l'histoire des femmes francophones en milieu minoritaire par une exploration du vécu de certaines d'entre elles, des Acadiennes à l'époque coloniale jusqu'aux Franco-Ontariennes (ou Ontaroises) au XXᵉ siècle.

Le sujet de l'article de Maurice Basque et Josette Brun est exprimé clairement par son titre : *La neutralité à l'épreuve : des Acadiennes à la défense de leurs intérêts en Nouvelle-Écosse du 18ᵉ siècle.* D'ailleurs, les auteurs ne disent-ils pas eux-mêmes qu'ils examineront « ... l'étanchéité des sphères d'activités féminines et masculines et du pouvoir des femmes en Acadie... ». Ils démontrent comment ces dernières ont tenté d'influencer le cours des événements politiques dans leur milieu en ménageant leurs relations avec les deux puissances européennes, française et britannique.

Les jumelles Dionne : cinq petites Franco-Ontariennes dans un contexte d'exclusion sociale, de David Welch, tente de situer les quintuplées dans le cadre de leur communauté ethnoculturelle, c'est-à-dire la communauté canadienne-française de l'Ontario. L'auteur décrit en outre les réactions diverses des autres collectivités francophones après l'adoption de la loi provinciale faisant des quintuplées des pupilles de la Couronne, jusqu'à l'âge de 18 ans. Il signale notamment le rôle de la Fédération nationale des femmes canadiennes-françaises qui a appuyé Elzire Dionne et sa famille dès le début des événements.

Le texte de Linda Cardinal, *Des femmes d'action : l'autre histoire de l'Ontario français, de 1969 à 1982*, retrace l'émergence et l'évolution du mouvement des femmes. Il montre comment ce mouvement s'est manifesté dans les groupes de femmes traditionnels, puis s'est constitué de façon autonome. Cardinal trace un portrait intime du féminisme en décrivant quelques Franco-Ontariennes de marque, dont Carmen Paquette.

Annie Bourret retrace l'histoire de la mise sur pied d'un regroupement de femmes francophones de la Colombie-Britannique dans l'article *Les 20 ans de Réseau-Femmes Colombie-Britannique : un réseau tricoté maille par maille*. Grâce à une approche ethnographique et journalistique, l'auteure a d'abord trouvé l'information auprès des membres actives à l'époque de la fondation du groupe pour ensuite en interpréter l'histoire. « Débutant en réseaux souples de femmes francophones cherchant à échanger et à s'épauler en français, Réseau-Femmes Colombie-Britannique a évolué en organisme plus politisé travaillant à des dossiers comme l'autonomie financière et la prévention de la violence. »

Pour compléter le tableau, nous présentons un document d'archives important qui reflète bien les préoccupations des femmes francophones canadiennes, en situation minoritaire, durant les années 60. Le *Mémoire à la Commission des droits de la femme présenté par un groupe de femmes francophones de la région de Moncton* a été soumis à la Commission royale d'enquête sur la situation de la femme au Canada. Il expose les solutions proposées par le mouvement féministe afin de régler les problèmes auxquels devaient faire face les femmes canadiennes. Le mémoire témoigne non seulement des progrès réalisés, mais il met aussi en lumière tout ce qui reste à accomplir. Outre l'introduction au mémoire, Phyllis LeBlanc offre en annexe une analyse des revendications féministes dans le contexte de l'époque.

Il importe de rappeler que nous avons tenté de retracer l'histoire de ces communautés en privilégiant celle des femmes. Dans l'état actuel des recherches sur les femmes francophones, le présent recueil est un travail de pionnières. Comme l'indique le titre de l'ouvrage, nous n'avions pas la prétention de faire complètement le tour de la question, mais simplement d'en présenter certaines facettes. Nous espérons que d'autres chercheures, historiennes ou sociologues, continueront d'ajouter à cette histoire riche en savoir, mais qui reste encore malheureusement inconnue.

Les pratiques médicales et les techniques obstétriques des femmes métisses francophones du Manitoba aux XIXᵉ et XXᵉ siècles[1].

Nathalie Kermoal

Nathalie Kermoal est professeure d'histoire à la Faculté Saint-Jean, Université de l'Alberta. Elle a poursuivi ses études à l'Université de Nantes (France) jusqu'à la maîtrise et a obtenu son doctorat de l'Université d'Ottawa. Ses principales recherches portent sur les femmes métisses, sur la question autochtone au Canada et sur l'Ouest canadien.

La médecine traditionnelle est souvent perçue par les savants comme non-scientifique, l'expertise des femmes est alors reléguée à la catégorie de simples remèdes de bonnes femmes. Cependant, la myopie scientifique de l'épistémologie moderne a occulté des sites et des gestes importants de savoir. Dans cet article, l'auteure propose de relire les textes consacrés aux Métis et d'utiliser l'histoire orale pour reconstruire un pan entier de la vie des femmes métisses francophones du Manitoba, celui des pratiques médicales et des techniques obstétriques, afin de mettre en valeur les gestes de celles qui ont contribué à la vie de leurs communautés.

---

[1] Cet article a été publié, sous une forme différente, dans *Le savoir en tête '94*, les actes du cinquième colloque de l'Association canadienne française pour l'avancement des sciences, Faculté Saint-Jean, 1995. Pour de plus amples renseignements sur la vie des femmes métisses au Manitoba voir Nathalie Kermoal, *Le temps de Cayoge : la vie quotidienne des femmes métisses au Manitoba de 1850 à 1900*, thèse de doctorat, Ottawa, 1996, 311 p.

La médecine traditionnelle a souvent été perçue par les savants comme de vulgaires superstitions féminines, des remèdes de bonnes femmes[2]. Cependant, pour la plupart des peuples amérindiens d'Amérique du Nord, elle représentait un savoir précieux accumulé au cours des années et que seules les personnes averties pouvaient exercer. En lisant les récits d'historiens, nous avons souvent l'impression que seuls les hommes avaient le privilège de soigner au sein des peuples autochtones alors que depuis des temps immémoriaux, les femmes s'occupent de la santé de leur famille et de leurs communautés.

Dans « *Are 'Old Wives' Tales Justified?*[3] », les philosophes féministes Vrinda Dalmiya et Linda Alcoff remettent en question l'épistémologie traditionnelle du savoir. D'après elles, le savoir féminin est souvent délaissé dans la mesure où il ne rentre pas dans la bulle d'un savoir qualifié de scientifique. L'expertise des femmes est alors reléguée à la catégorie de simples histoires de bonnes femmes car elle est liée de trop près à la vie quotidienne, or nous savons, que dans une société qui valorise le profit et le professionnalisme, le quotidien est alors insignifiant puisqu'il touche la sphère privée[4]. La myopie scientifique de l'épistémologie moderne — qui met l'accent sur l'observation en laboratoire et sur l'objectivité comme modèles de recherche — a occulté des sites importants de savoir comme la cuisine ou l'endroit utilisé par les femmes pour accoucher et pour soigner. Si, pour la grande majorité des philosophes : « All modes of knowing [...] can be *said*; [Dalmiya et Alcoff] suggest that some knowledge can only be *shown* and other knowledge can only be said in an inherently perspectival language[5]. » Même si certaines caractéristiques de la réalité des femmes sont traditionnellement perçues comme « *subjectives* », elles n'en restent pas moins importantes.

Puisque le savoir féminin ne découle pas exclusivement des manuels scientifiques et qu'il s'acquiert surtout par l'observation, l'enseignement et la pratique, il est donc important de relire les textes consacrés aux Métis afin de tenter la reconstruction d'un pan entier de la vie des femmes. Les Métisses de souches francophones et autochtones du Manitoba comme bien d'autres femmes au Canada, ont répété les gestes de leurs grands-mères, qu'elles ont à leur tour enseigné à leurs filles et à leurs petites-filles. Elles en ont aussi créé de nouveaux qui les démarquent, au fil des ans, des pratiques amérindiennes. Par le fruit de leur travail, elles ont contribué pleinement à la vie de leurs

---

2   Voir le livre de Barbara Ehrenreich et Deidre English, *For Her Own Good : 150 Years of the Experts' Advice to Women*, Garden City, N.Y., Anchor Press, 1978, 325 p.

3   Vrinda Dalmiya et Linda Alcoff, "Are 'Old Wives' Tales" Justified? » dans Linda Alcoff et Elizabeth Potter, *Feminist Epistemologies*, New York and London, Routledge, 1993, p. 217-244.

4   Alcoff et Damiya, p. 217.

5   Alcoff et Damiya, p. 241.

communautés[6]. Elles étaient sages-femmes et docteurs sans diplômes, pharmaciennes et herboristes sans échoppes. Elles allaient de tipi en tipi, de maison
en maison, de village en village partager leur savoir et soigner les patients\es
avec des plantes salvatrices soigneusement récoltées dans les bois, dans les
marais et dans la prairie. Pour les personnes vivant au sein des communautés
où la maladie faisait partie de la vie quotidienne, ces femmes étaient précieuses
et leurs connaissances respectées.

Les sources portant sur les pratiques médicales et les techniques
obstétriques dans les communautés autochtones et métisses sont lacunaires. Le
sexe des observateurs du temps ne favorisait pas leur infiltration dans ce milieu
exclusivement féminin et les portes des maisons se fermaient sur les secrets des
femmes. Là où le document écrit ne peut nous éclairer, l'histoire orale vient à
la rescousse. Cependant, les témoignages sont épars. Dans ce travail, nous
avons reconstitué cette partie importante de la vie d'une femme, en nous basant
sur les documents écrits et témoignages oraux de femmes métisses, mais aussi
en y incorporant certaines méthodes autochtones.

Les femmes métisses ont hérité d'un savoir médical important de leurs
ancêtres autochtones. Les connaissances amérindiennes en matière pharma-
ceutique et médicale étaient beaucoup plus avancées que celle des Européens
lors des premiers contacts[7]. Des années d'observation et d'expérimentation
avaient permis aux peuples autochtones d'Amérique de développer une phar-
macopée diverse et complexe qui permettait de lutter contre les maladies
locales. La pratique savante de la médecine diffusée par les universitaires en
Europe depuis le Moyen-Age imposait des saignées douloureuses ou prônait la
« théorie des humeurs » (*le sanguin est bon, le colérique est irrité*). L'expertise
médicale amérindienne s'est avérée très juste dans la mesure où la médecine
moderne utilise les précieuses plantes dans la fabrication de nos médicaments.

Les Amérindiens distinguaient deux types de maladies : tout d'abord
celles ayant des causes naturelles que l'on soignait par les plantes et celles qui
touchaient le mental que l'on considérait comme surnaturelles et qui se

---

6   Ce paragraphe reprend plusieurs éléments d'un article intitulé « De la chasse aux bisons à l'art
     métis : une contribution de la Métisse à mettre au jour », *Francophonies d'Amérique*, n° 7, 1997,
     p. 19-29.

7   L'exemple le plus souvent retenu reste celui de Jacques Cartier lors de son voyage de 1535-1536.
     L'explorateur hiverna sur le site actuel de Québec. Le scorbut ne tarda pas à faire son apparition
     au sein du petit groupe, privé de nourriture fraîche. Vingt-cinq hommes (sur 110) moururent avant
     que Cartier ne se décide enfin de questionner les Amérindiens qui campaient dans les environs.
     Ceux-ci lui montrèrent comment préparer l'anneda, une tisane d'écorce et d'aiguilles de cèdre
     blanc. Grâce à ce breuvage contenant une dose massive de vitamine C, les hommes de Cartier
     se rétablirent en moins de dix jours. Passage tiré du livre de Louise Côté, Louis Tardivel,
     Denis Vaugeois, *L'Indien généreux : ce que le monde doit aux Amériques*, Montréal, Boréal,
     1993, p. 181.

soignaient en ayant recours à des moyens, eux aussi, surnaturels. La seule personne capable de soulager cette dernière catégorie de maladies était le « shaman » ou sorcier. Le droit d'exercer la profession de guérisseur était souvent validé par un rêve. Les femmes devaient attendre la ménopause pour pouvoir utiliser leurs talents. La médecine était donc le privilège des vieilles femmes car elles n'avaient plus d'enfants à charge et elles ne tombaient plus sous le tabou de la menstruation.

Chez les Métis, les vieillards étaient respectés pour leur savoir et leur sagesse. Les femmes avaient des grandes chances de vivre de longues années après avoir passé la période critique : ayant bravé tous les dangers de la vie et d'une robustesse à toute épreuve, elles pouvaient devenir octogénaire et même nonagénaire. Veuves pour la plupart, elles vivaient avec leurs enfants ou seules dans leur maison mais près de la famille. Elles aidaient leurs filles ou belles-filles dans l'éducation des enfants et racontaient des histoires du « temps de Kayawsh [8] » lors des veillées. L'expérience mêlée à la sagesse de « Kokùm » ou grand-mère était appréciée des petits et des grands. Les vieilles femmes s'adonnaient au jardinage et celles qui connaissaient les propriétés des plantes médicinales, à la médecine.

Le savoir était transmis par la mère à sa fille ou la grand-mère à sa petite-fille. L'apprentissage commençait jeune et prenait toute une vie. Même s'il existait un désir pour que les connaissances soient transmises de génération en génération, certaines développaient une aversion à la médecine et le test était souvent le premier accouchement : « [...] they tried to teach me because they wanted it to go on from generation to generation [...] and I went with my grand-mother and the first time she took me, I ran away when the baby was just born. I didn't want no part of that[9]. » La plupart des femmes connaissaient des remèdes pour les petits « bobos » quotidiens. Pour les maladies plus sérieuses, elles faisaient venir une « vieille » qui connaissait les propriétés de chaque plante et ses pouvoirs curatifs. Afin d'assurer le maximum de propriétés curatives, la connaissance du lieu et du temps du ramassage des plantes était très importante. La prescription voulait que l'on « cueille certaines herbes en période de pleine lune ou de soleil, deux jours après une pluie, ou une racine lorsque les feuilles de la plante sont complètement tombées[10] ». Les plantes ne se « cueill[aient] jamais quand la rosée du matin ven[aient] de se déposer car, au séchage, elle laiss[ait] les plantes molles et fais[ait] souvent se gâter les tiges et les fleurs[11] ». Les racines ou les rhizomes étaient cueillis au printemps ou à

---

8   Expression mitchif pour le temps d'autrefois.

9   Archives provinciales du Manitoba (citées après APM), entrevue avec Elsie (Hourie) Bear réalisée par Nicole St-Onge, Manitoba Métis Oral History Project, 1985. Elsie Bear née Hourie est une Métisse de Grand Marais (Manitoba) née en 1921.

10 Bernard Assiniwi, *La médecine des Indiens d'Amérique*, Montréal, Guérin littérature, 1988, p. 18.

11 Assiniwi, p. 405.

l'automne. Monsieur Auguste Vermette dans un entretien datant de 1973 avec Henri Létourneau se souvenait que sa mère avait toutes sortes de racines dans des petits sacs qu'elle gardait dans « son sac à tout mett'e ». Notre interlocuteur précise qu'elle n'avait pas besoin de marquer le nom des plantes car à les voir, elle les connaissait. Les plantes, les écorces et les racines étaient en général séchées, puis préparées en tisane, en décoction ou en poudre[12].

La belle-angélique ou Acore (*Acorus Calamus*) se trouvait près des étangs, des lacs et des endroits humides. Elle permettait de soulager les rhumes, les maux de gorge, les maux d'estomac, les troubles digestifs et les problèmes intestinaux ainsi que les maux de dents et de bouche. Dans le cas d'un panaris, d'un clou, d'un abcès ou d'une infection, les femmes préparaient un cataplasme avec des feuilles de plantain (*Alisma Plantago*). On se servait aussi des propriétés de cette plante lors de coupures avec un couteau rouillé. On coagulait le sang avec la « cache candamon » plus connue sous le nom de nénuphar (*Nymphaea Alba*) :

> *On allait chercher [la racine] jusqu'au fond de l'eau et on*
> *[l'] arrachait. La racine était ensuite coupée en rondelles qu'on*
> *perçait d'un trou au centre par où on enfilait une corde pour les mettre*
> *à sécher; plus tard, on les broyait pour les réduire en poudre[13].*

On utilisait aussi la vesse-de-loup (champignon). Dans le cas d'une plaie qui ne guérissait pas, les Métisses utilisaient « *l'herbe à chat* » ou cataire (*Nepeta Cataria*) qu'elles faisaient bouillir et boire à leurs malades. La constipation était « traitée avec des décoctions d'écorces d'arbre ou de pissenlit ou de graines de citrouilles séchées[14] ». Tandis que la diarrhée ou « *débore* [15] » était soignée avec des tisanes de thé du Labrador ou des décoctions de racines de framboisier ou de fraisier. On utilisait aussi les écorces internes du chêne ou de canneberges[16]. La racine de sénéca très courante au Manitoba surtout dans la région d'Entre-les-Lacs, avait toutes sortes de qualités curatives. C'est à la fois un expectorant, un diurétique et un diaphorétique. Cette racine était utilisée contre les morsures de serpents, contre la syphilis et les maux de gorge : « As

---

12   Archives de la société historique de Saint-Boniface (citées après ASHSB), entrevue avec Monsieur Auguste Vermette réalisée par Henri Létourneau, 1973.

13   Les cahiers d'histoire de la société historique de Saint-Boniface, *Femmes de chez nous*, n° 4, Saint-Boniface, les Éditions du blé, p. 117.

14   Les cahiers ..., p. 117.

15   Expression mitchif.

16   Voir le tableau intitulé « Remedies Used by Indians in Olden Days » élaboré par Frederick Leach, O.M.I., dans *Fifty-Five Years With Indians and Settlers on Lake Winnipeg*, Berens River, R.C. Mission, 1973, p. 39-43

the symtoms resulting from snake bites were similar to those of pleuerisy and later stages of pneumonia, the root was used in these illnesses with success[17]. »

Madame Maria Lussier née Richard, de Saint-Eustache, se souvient qu'un jour alors qu'elle nettoyait un lièvre, un os vint se loger dans son pouce. Sa belle-mère, née Laliberté, soigna son pouce avec de la sève de pin qu'elle fit chauffer. Une fois refroidie, elle étala le baume et mit une bande autour du pouce malade. Cette pommade avait pour propriété d'aider à expulser le morceau d'os[18].

Pour soigner les indispositions féminines, les Métisses se servaient de la salsepareille car « elle était dite bonne aux maux des femmes, on devait la mâcher et elle était réputée pour purifier le sang[19]. » Le sang-dragon ou verge d'or était utilisé comme hémostatique lors des accouchements. La menthe servait d'analgésique surtout pour les crampes menstruelles. Les Cris et les Algonquins se servaient de tisanes de feuilles de bois blanc ou tilleul (*Tilia americana*) pour faciliter les accouchements. Il est fort possible que les Métisses s'en servaient aussi car le tilleul était courant surtout dans la région de la rivière Rouge. On prétendait que « cette tisane créait une substance huileuse permettant à l'enfant de mieux glisser vers l'ouverture du vagin[20] ».

Outre les remèdes d'origine végétale, les femmes utilisaient des remèdes d'origine animale. Le saindoux mélangé avec du « blanc de crottes de poules » était supposé être un onguent parfait pour les brûlures[21]. D'après Bernard Assiniwi, la graisse d'ours passait les maux de tête[22]. Elles fabriquaient aussi leurs propres remèdes. Madame Plamondon se souvient que sa mère préparait « du lait jaune » :

> avec de la térébentine [sic], un petit peu de vinaigre, des jaunes d'œufs puis beaucoup de graisse de coude pour brasser et brasser et brasser et ça c'était bon pour les rhumatismes, les engelures et pour les chevaux. C'était bon pour les hommes et les bêtes[23].

La pratique externe de l'urologie était aussi employée. L'urine était sensée cautériser les plaies et les coupures. Monsieur Achille Plamondon explique

---

17 Jean Lagassé, *The People of Indian Ancestry in Manitoba*, Winnipeg, Department of Agriculture and Immigration, Appendix II, p. 81.

18 APM, Manitoba Métis Oral History Project, entrevue avec Maria (Richard) Lussier réalisée par Nicole St-Onge, 1985. Maria Richard née Lussier est une Métisse de Saint-Eustache, Manitoba. Elle est née en 1910.

19 Les cahiers ..., p. 117.

20 Assiniwi, p. 412.

21 ASHSB, Henri Létourneau, 1970.

22 Assiniwi, p. 412.

23 ASHSB, entrevue avec Madame Achille Plamondon réalisée par Henri Létourneau, 1971.

dans un entretien qu'il avait la gangrène à un pouce et le docteur ne savait pas quoi faire pour le guérir « j'ai rencontré une vieille Métisse qui m'a dit : « Ça c'est rien, j'vas te donner un r'mède qu'est bien plus simple que ça. Urine sur ton pouce aussi souvent que tu dois uriner. Tu vas voir ça va guérir et c'est trop vrai, c'est ça qu'est arrivé[24]. » Son pouce a guéri en quatre ou cinq jours.

Les coutumes féminines concernant la maternité sont impossibles à dater car elles relèvent aussi d'un héritage ancien que les mères transmettaient à leurs filles. Cependant, dans le cas des femmes métisses, les coutumes amérindiennes primèrent jusqu'à ce que la profession médicale pénètre les foyers[25].

Lorsque le moment crucial était arrivé, la mère, la grand-mère, les sœurs et les amies entouraient la femme sur le point d'accoucher. Chaque naissance permettait donc aux générations de se retrouver et contribuait à l'épanouissement de la sociabilité féminine.

Au sein des sociétés autochtones, la sage-femme jouait un rôle essentiel dans l'éducation des parturientes et son expertise était respectée par les membres de la communauté. Personne ne doutait de son savoir car chacune savait que pour devenir sage-femme il fallait des dispositions spéciales et avoir une connaissance poussée des remèdes et des techniques d'accouchement nécessaires en cas de danger.

La plupart des femmes avaient leurs enfants à la maison, mais certaines donnaient naissance lors des expéditions de pêche ou sur les lignes de trappe. Le mari était souvent le seul à pouvoir assister son épouse lors d'un accouchement sous la tente. Dans le cas des naissances à domicile, la femme sur le point d'accoucher envoyait son mari ou ses enfants chercher la sage-femme. Chaque communauté en avait une. En 1885, Louis Riel écrivait à sa femme avant la naissance de leur troisième enfant de bien écouter les conseils d'une certaine tante Julie[26]. Au début du siècle, à Saint-Laurent, la plus célèbre était Madame Jos. Chartrand[27]. À Saint-Pierre-Jolys, les familles faisaient appel aux talents

---

24 ASHSB, entrevue avec Monsieur Achille Plamondon réalisée par Henri Létourneau, 1971.

25 La profession médicale entre dans les foyers métis surtout dans les années 1960. Cependant, dans certaines familles comme la famille Riel (par ex.), on faisait appel au médecin dans les années 1880. Il est donc impossible de dater car la situation change de famille en famille, de village en village. L'éloignement, une certaine crainte face à la médecine« blanche » sont souvent les raisons qui empêchent les Métis de faire appel aux services d'un médecin. Ces conditions assurent ainsi la persistance des remèdes locaux.

26 Louis Riel, Lettre à Marguerite Riel, Régina, le 5 octobre 1885 dans *The Collected Writings of Louis Riel* édité par Georges Stanley, Vol. 3, Edmonton, University of Alberta Press, p. 207. Louis Riel écrit : « Je te recommande de bien écouter notre tante Julie; et de ne pas négliger les bons conseils. » Il est précisé dans les notes à la page 208 qu'on ne sait pas très bien qui est tante Julie.

27 Guy Lavallée, *The Métis of Saint-Laurent, Manitoba : An Introductory Ethnography*, Mémoire de maîtrise, Université de Colombie-Britannique, 1988, p. 53. Il précise : « Mrs Jos. Chartrand had the reputation of being a very good midwife and that she helped many mothers, both Métis and non-Métis in delivering their babies. »

de Madame Marie Tourond (née Courchênes) surnommée « La Marianson[28] ». Madame L. Vaudry de Saint-Lazare fit appel aux services de Mme Simard pour deux de ses enfants[29]. Pour l'ancienne communauté de Sainte-Madeleine, Monsieur Joe Venne se souvient de Madame Joe Bercier : « She was a midwife. She born a lot of children around here. And there was a Mrs. Boucher, Lena Fleury's mother, doing the same thing. They were like doctors[30]. » Madame Agnès Boucher de Sainte-Madeleine eut recours aux services de Mme Bercier pour sept de ces treize enfants dans les années 1930-1940. Cette sage-femme devait avoir une très bonne réputation puisqu'on apprend qu'elle a mis 250 enfants au monde dans sa carrière[31]. Les sages-femmes répondaient aussi à une clientèle non métisse qu'elles trouvaient auprès de nouvelles émigrantes.

Lorsque le moment était arrivé, les enfants étaient envoyés chez les voisins ou des parents. Le mari assistait rarement aux accouchements, à moins d'y être forcé dans le cas d'une naissance en voyage. Madame Agnès Boucher explique que son mari n'était jamais dans la chambre : « He would be outside somewhere, or somewhere nearby and they would call him[32]. » La sage-femme partait le plus souvent à « pied et ne comptait pas ses milles. À sa taille étaient suspendues les plantes et racines médicinales dont elle pourrait avoir besoin[33] ». Arrivée chez la parturiente, elle faisait « bouillir de l'eau pour désinfecter les ciseaux et les ficelles qui allaient servir pour le cordon[34] ».

Les femmes autochtones accouchaient surtout à genoux ou accroupies aidées de bâtons et de piquets : « [...] you never saw a woman lying on her back to have her baby, never![35] » Les femmes métisses accouchaient de cette manière lorsque les familles vivaient sous la tente :

> *mais à l'époque des maisons de bois rond, il n'en était presque plus question. Il paraît qu'il y avait une sage-femme entre Saint-Adolphe et Sainte-Agathe, une dame Brisebois, Métisse, qui se servait d'une planche à repasser pour aider les femmes à pousser[36].*

28 Les cahiers ..., p. 117.

29 ASHSB, entrevue avec Mme. Vaudry réalisée par Henri Létourneau, 1976.

30 Ken Zeilig et Victoria Zeilig, *Sainte-Madeleine, Community Without a Town : Métis Elders in Interview*, Winnipeg, Pemmican Publications Inc., 1987, p. 57.

31 Zeilig et Zeilig, p. 92.

32 Zeilig et Zeilig, p. 92.

33 Les cahiers ..., p. 117.

34 Les cahiers ..., p. 117.

35 Mary, Crnkovich, *"Gossip" : A Spoken History of Women in the North*, Ottawa, Canadian Arctic Resource Committee, 1990, p. 74.

36 Les cahiers ..., p. 117.

Hélas, nous n'en savons pas plus sur les méthodes utilisées par les Métisses. Continuaient-elles d'accoucher accroupies soutenues par d'autres femmes? Accouchaient-elles allongées?

Le rôle de la sage-femme lors de l'accouchement consistait surtout « à faire des pressions sur l'abdomen aux moments des contractions et lorsque l'accouchée poussait pour favoriser l'expulsion[37] ». Les sages-femmes autochtones évitaient de mettre leurs mains dans le vagin de la mère. Dans le cas de complications, surtout de mauvaise position du bébé, « les aides soulevaient l'accouchée doucement par les reins et la déplaçait d'un côté et de l'autre, l'accoucheuse replaçait l'enfant[38] ». Après la naissance de l'enfant, les immunisés contre les maladies européennes vu leur hérédité, [ils] en [étaient] néanmoins victimes[39] ». À partir des années 1870, l'impuissance devant le mal (surtout pour les cas de tuberculose) pousseront un certain nombre de Métis à se faire soigner dans les hôpitaux[40]. Toutefois, la confiance dans la médecine « blanche » ne sera que progressive comme en témoigne la lettre du père Giroux (de Saint-Anne-des-Chênes) à Monseigneur Langevin, le 5 janvier 1902 lors d'une épidémie de picote :

La population métisse ayant appris qu'on voulait ouvrir
l'hôpital a fait le marron et à moins de recourir à la violence
et à la force aucun malade ne voulait y aller. La crainte de l'hôpital
aura pour funeste résultat, je le crains bien, d'engager la population
à cacher les cas de maladie[41].

Outre la méfiance face aux services hospitaliers, la distance qui sépare Winnipeg des petites communautés du nord du Manitoba ne permettait pas toujours aux Métis de recevoir les soins nécessaires. Le recours à la médecine naturelle restera donc primordial jusqu'à ce que les villages reculés aient leur médecin à résidence. Le corps médical évincera peu à peu les femmes métisses et autochtones du droit de soigner les membres de leurs communautés en discréditant leur savoir. D'une médecine centrée sur les relations humaines, les communautés passent à une pratique médicale impersonnelle qui désoriente profondément ceux et celles qui étaient habitués à une conception conviviale de la santé. L'intention, ici, n'est pas de remettre en question les bienfaits de la médecine moderne, mais d'attirer l'attention sur ce qu'elle a engendré : la perte d'une culture spécifiquement féminine.

---

37   Assiniwi, p. 30.

38   Assiniwi, p. 30.

39   Diane Payment, « *Les gens libres — Otipemisiwak* » : *Batoche, Saskatchewan 1870-1930*, Ottawa, Direction des lieux et des parcs historiques nationaux, 1990, p. 71.

40   Voir l'article de Nathalie Kermoal, « L'état de santé des Métisses francophones du Manitoba, 1852-1911 », *Cahiers franco-canadiens de l'Ouest*, Vol. 7, N°. 1, 1995, p. 71-90.

41   Archives de l'Archevêché de Saint-Boniface, Fonds Langevin, L22261, lettre du père Giroux à Monseigneur Langevin, 5 janvier 1902.

ACORUS CALAMUS
Belle-Angélique

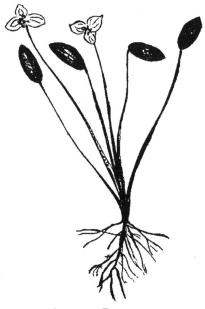

ALISMA PLANTAGO
Plantain d'eau

---

1   Bernard Assiniwi, *La médecine des Indiens d'Amérique*, Montréal, Guérin Littérature, 1988.

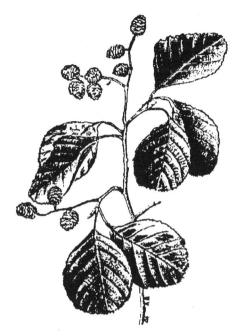

ALNUS INCANA
Aulne

BETULA LENTA
Merisier rouge

CORNUS STOLONIFERA
Hart rouge

FRAXINUS EXCELSIOR
Frêne

LEDUM PALUSTRIS
Thé du Labrador

NEPETA CATARIA
Cataire – Herbe aux chats

NYMPHAEA ALBA
Nénuphar

POLYGALA SENEGA

RHAMNUS FRANGULA
Aulne

VIBURNUM PRUNIFOLIUM
Viorne

Les femmes pensionnaires à Moncton : une étude sociale et culturelle du recensement de 1901

Par **Marie-Anne Allain**
et **Phyllis E. Leblanc**

Anne-Marie Allain est native de Shédiac, au Nouveau-Brunswick. Elle a terminé son baccalauréat avec spécialisation en histoire en 1994. Elle travaille présentement dans le domaine des télécommunications pour la compagnie Labatt. Elle est mère d'une fille, Mercedes, deux ans.

Phyllis E. LeBlanc est diplômée du troisième cycle (Ph.D.) en histoire de l'Université d'Ottawa (1989). Elle est actuellement professeure titulaire au département d'histoire de l'Université de Moncton. Spécialiste en histoire sociale et économique du Canada moderne, elle s'intéresse surtout à l'histoire urbaine et au comportement des groupes sociaux dans un contexte urbain. Elle a publié dans les revues Histoire sociale/Social History *et* Égalité. *Elle a édité, en collaboration avec Jacques-Paul Couturier, un ouvrage intitulé* Économie et société en Acadie, 1850-1950, *paru en 1996 aux Éditions d'Acadie.*

Les femmes constituent un apport important de la main-d'œuvre dans le processus d'industrialisation au Canada en fin dix-neuvième et début vingtième siècles. Puisque le secteur manufacturier est centré dans les milieux urbains, les femmes viennent, tout comme leurs homologues masculins, gonfler les rangs de la population active des villes manufacturières.

Notre étude jette un regard sur un aspect peu étudié de ces lieux de transformation : le rapport entre le socio-économique et le culturel dans l'intégration des femmes en milieu urbain. Notre problématique veut situer les femmes pensionnaires, célibataires et actives (FPCA) à Moncton en 1901, selon leur choix de logement en pension, afin de vérifier si des variables économiques ou culturelles entrent en jeu dans leur décision. La réponse nous amènera à une meilleure compréhension du processus d'intégration des femmes dans un milieu lui-même en voie de transformation.

Contexte historique

À la fin du XIXe siècle, Moncton est devenu un centre industriel important au Nouveau-Brunswick. Suite à la mise en application de la *Politique nationale* du gouvernement John A. Macdonald, Moncton vit une relance économique avec le développement de plusieurs nouvelles industries et manufactures. Parmi celles-ci nous trouvons la filature de textile et de coton, une fonderie, une raffinerie de sucre et, pour servir la population urbaine croissante, l'implantation du gaz à domicile.[1] Cette croissance économique attire un nombre important d'hommes et de femmes vers Moncton. En 1891, Moncton avait une population de 5 032 habitants, tandis qu'en 1901, elle comptait 9 026 habitants.[2]

Les filatures emploient un grand nombre de femmes et d'enfants, car ces industries payent un salaire inférieur à celui qu'elles auraient dû offrir aux hommes pour ce même travail. C'est ainsi que les filatures ont attiré un nombre considérable de femmes célibataires à Moncton. Selon Ginette Lafleur, le Moncton Cotton Manufacturing Company employait environ 90 à 100 femmes et filles, entre 1884 et 1891, ou un peu plus de la moitié des employés. Le secteur manufacturier, dans son ensemble, employait seulement 140 femmes en 1878, mais déjà 904 femmes sont employées dans ce secteur en 1884.[3]

Dans l'ensemble, les femmes actives, c'est-à-dire celles qui travaillent à l'extérieur du foyer, à la fin du XIXe siècle étaient restreintes aux domaines traditionnels du travail féminin. Elles travaillaient soit comme domestiques, couturières ou blanchisseuses : une petite minorité d'entre elles, surtout les anglophones, ont pu opter pour l'enseignement. Le travail industriel dans un milieu en voie d'urbanisation, comme Moncton, offre une nouvelle voie de travail aux femmes.

Dans son étude sur les homarderies des Maritimes, Régis Brun démontre que les filatures des villes industrielles n'étaient pas les premières industries à embaucher une main-d'œuvre féminine. Les homarderies dans les petites régions côtières des Maritimes embauchaient des femmes au XIXe siècle. Cependant, ces homarderies étaient de petite taille, donc les possibilités de travail féminin étaient très limitées.[4] La naissance des industries à Moncton leur ouvre donc un plus grand champ de possibilités.[5] Dès leur arrivée à

---

1   Acheson, T. W., « The National Policy and the Industrialization of the Maritimes, Canada's Age of Industry, 1849-1896 », sous la direction de M.S. Cross & G.S. Kealey, *Reading in Canadian Social History*, Vol. III, Toronto, McClelland and Stewart Limited, 1985, p. 169.

2   Gouvernement du Canada: *Recensements publiés pour 1891 et 1901 (Moncton)*.

3   *Ibid.*, p. 95-98.

4   Brun, Régis, *La ruée vers le homard des Maritimes*, Michel Henry éditeur, Moncton, 1988, p. 77-82.

5   Lafleur, Ginette, *Femmes, travail rémunéré, et industrialisation : panorama du travail féminin dans une petite ville en mutation, Moncton, 1881-1891*, Thèse de maîtrise ès Arts (histoire), Université de Moncton, 1990, p. 17.

Moncton, les femmes célibataires à la recherche de travail ont besoin de se loger. Leur choix de logement est très important car ces femmes ont quitté leur famille et leur environnement, d'habitude rural, pour s'installer dans une ville souvent perçue comme étrangère, hostile, aliénante et parfois même malsaine. Les élites et en particulier les membres du clergé désapprouvaient cette migration des jeunes femmes vers les villes. Ils craignaient que ces jeunes dames tomberaient dans la débauche si elles n'avaient pas leur famille pour les guider et les surveiller.[6] Alors, ils prêchaient que si ces jeunes femmes devaient travailler à Moncton, il était essentiel qu'elles se logent chez des familles ayant les mêmes valeurs culturelles et religieuses.[7]

Notre étude traite des femmes vues à travers le recensement manuscrit de 1901. Nous allons tenter de dresser leur portrait personnel, culturel et économique, en espérant que ce portrait nous aidera à comprendre leur choix de résidence en pension dans cette ville en mutation. Notre problématique est la suivante : dans le choix de logement des femmes célibataires, pensionnaires et actives à Moncton en 1901, quels sont les critères qui déterminent leur choix à titre de pensionnaires? Nous avançons comme hypothèse que les femmes pensionnaires célibataires actives (FPCA) cherchent surtout à se loger près de leur emploi, mais elles cherchent en même temps à se loger chez des familles qui reflètent leurs propres valeurs culturelles et religieuses.

Apport historiographique

Il y a peu d'études qui peuvent confirmer ou infirmer notre hypothèse de travail. La plupart d'entre elles nous ont été toutefois profitables pour cerner le contexte socio-politique, historique ou économique de la période et de la région qui nous préoccupe.

L'étude de Ginette Lafleur, *Femmes, travail rémunéré et industrialisation : panorama du travail féminin dans une petite ville en mutation, Moncton, 1881-1891*, s'avère très importante pour nous car elle porte explicitement sur les femmes actives à Moncton.[8] Cet ouvrage analyse les femmes à travers leur travail et leur logement, à savoir leurs conditions de travail, leur salaire et leur lieu de résidence. Lafleur démontre qu'avec la venue de l'industrialisation, il y a eu un accroissement considérable des femmes célibataires sur le marché du travail. Elle analyse l'arrivée d'une main-d'œuvre féminine acadienne, qui s'installe à Moncton, causée par le processus d'industrialisation de la fin du XIXe siècle. L'opposition de certains membres du clergé et de l'élite acadienne envers cette migration acadienne est aussi documentée par l'auteure.

---

6   *Ibid.*, p. 47.

7   *Ibid.*, p. 17.

8   Lafleur, Ginette, *op. cit.*

Michael B. Katz touche directement à notre hypothèse de travail dans son étude de la ville de Hamilton durant la seconde moitié du XIXe siècle.[9] Il démontre le rôle important que jouent les pensions dans une ville en croissance économique. Il explique que, dû à la forte migration de gens qui arrivent pour répondre à la demande de main-d'œuvre, cette ville doit, pour réussir la croissance souhaitée, pouvoir accommoder cette main-d'œuvre nouvelle. Il explique comment les maisonnées s'élargissent en temps de prospérité pour répondre à cette demande de logement, et comment elles se rétrécissent en temps de déclin économique, en raison de l'exode des pensionnaires qui quittent la ville à la recherche de nouveaux emplois. La pension correspond ainsi à un outil dans le processus de développement d'une ville en voie d'industrialisation au XIXe siècle.

Katz soutient aussi que la majorité des jeunes hommes qui viennent travailler à Hamilton au milieu du XIXe siècle ne se basent pas seulement sur la religion et/ou l'ethnicité dans leur choix de logement lorsqu'ils sont pensionnaires. Ces gens font leur choix surtout sur la commodité, le prix et la présence d'amis ou de membres de la famille habitant dans les pensions ou près de celles-ci. Katz démontre que les femmes font d'autres choix, habitant plutôt chez des parents qu'à titre de pensionnaires dans des maisons de pension.

Sheva Medjuck a repris la problématique de Katz dans son étude sur la ville de Moncton du milieu du XIXe siècle.[10] Elle démontre les changements que subissent les maisonnées (households) pour répondre à la demande toujours croissante de logement dans une ville en expansion. Comme Katz, elle indique l'importance des pensions par rapport au développement économique d'une ville. En outre, elle soutient la thèse de Katz que le choix des pensions par les jeunes hommes de cette époque se fait à partir des critères de commodité, de prix et la présence ou la proximité d'amis ou de membres de la famille.

Les écrits de Tamara K. Hareven se situent dans la « nouvelle » histoire sociale appliquée à la famille.[11] Il s'agit de situer le rôle de la famille en montrant son rapport avec les structures sociales et les mouvements sociaux de son époque. La famille devient donc un lieu important et complexe pour l'étude de la société. Cette nouvelle approche est d'habitude multidisciplinaire, puisant dans la démographie, la psychologie, la sociologie et l'anthropologie pour ses théories et méthodes. Les concepts qui se dégagent de cette « nouvelle » histoire a demandé aux historiennes et aux historiens de réviser certaines de

---

9   Katz, Michael B., *The People of Hamilton, Canada West : Family and Class in a Mid-Nineteenth Century City*, Cambridge, Massachusetts, Harvard University Press, 1975, 381p.

10 Medjuck, Sheva, *Wooden Ships and Iron People : The Lives of the People of Moncton*, N.B. 1851 to 1871, Thèse de Doctorat (histoire), York University, 1978, 242p.

11 Voir Hareven, Tamara K., « Les grands thèmes de l'histoire de la famille aux États-Unis », *Revue d'histoire de l'Amérique française*, vol. 39, n° 2, p. 189-190.

leurs thèses sur le comportement familial, le développement des individus et le changement social. En outre, elles soutiennent que l'industrialisation n'a pas créé la famille nucléaire autonome, ni provoqué la disparition de la famille étendue. Elle a plutôt fait accroître les ménages (par opposition aux familles) étendus qui comptent parmi ses membres, en plus des membres de la famille : des domestiques, des chambreurs et des pensionnaires. Ces deux derniers concepts sont certes pertinents pour notre recherche car, comme le dit Hareven, « vivre en chambre ou en pension constituait une étape dans la vie de beaucoup d'individus... »[12] Hareven soutient que les interactions entre ces divers acteurs constituent une sorte d'évolution des habitudes et des mœurs : la famille et le ménage sont alors perçus comme deux éléments dynamiques dans un même écosystème. La famille est vue comme une institution dans un environnement complexe économique, social et culturel.

Hareven et Modell ont analysé les changements d'attitudes envers les pensionnaires et l'impact que ces changements d'attitudes ont eu sur les mœurs et sur la structure familiale dans le contexte américain pendant les années 1850.[13] Ils soutiennent que les pensions avant 1850 étaient acceptées, et même encouragées par la société parce que c'était une innovation de la classe moyenne. Cette classe jouait le rôle de contrôleur social pour ces pensionnaires qui étaient le plus souvent des gens pauvres ou des orphelins. Le processus d'industrialisation provoque un changement significatif dans ce scénario. Le rapport positif entre pensionnaires et familles de pension disparaît avec l'arrivée de travailleurs immigrants dans les villes industrielles. Les pensions deviennent le plus souvent, des maisons qui accueillent des travailleurs étrangers. Ces maisons de pension vont donc se retrouver de plus en plus dans les secteurs pauvres de la ville, où s'installent les immigrants. La classe moyenne va perdre son rôle de contrôleur social; ces « Gardiens de la morale sociale » vont maintenant condamner cette pratique populaire des pensions qu'ils perçoivent comme un danger aux valeurs familiales traditionnelles, puisqu'elles sont associées avec la pauvreté, la décadence et l'immoralité.

Les auteurs Hareven et Modell démontrent au contraire que ces pensions ne détruisent pas la famille, car la famille est une institution bien malléable, s'adaptant aisément aux changements socio-économiques. En réalité, ces pensions aident énormément aux nouveaux arrivants à s'établir et à s'adapter dans une ville qui leur est étrangère.

---

12 *Ibid.*

13 Modell, John, et Hareven, Tamara K., « Urbanization and the Malleable Household : An Examination of Boarding and Lodging in American Families », *New Viewpoints*, Franklin Watts, 1977, p. 165-186.

D.A. Muise étudie la main-d'œuvre féminine dans les villes de Yarmouth, Amherst et Sydney Mines entre les années 1871 et 1921.[14] Il démontre l'effet que l'industrialisation eut sur la main-d'œuvre féminine. L'arrivée d'un nombre important de femmes sur le marché du travail serait donc une conséquence de l'ouverture des filatures de textile et des manufactures de chaussures. Il étudie aussi la question de l'immigration des femmes acadiennes vers ces villes car les femmes acadiennes sont particulièrement attirées par le genre d'emploi offert dans ce processus d'industrialisation, puisque celui-ci n'exige pas une main-d'œuvre spécialisée.

Jean-Roch Cyr a étudié le mouvement migratoire des Acadiens vers Moncton, ainsi que les conséquences culturelles de cette migration avant 1881.[15] Cyr démontre que la croissance démographique des Acadiens dans la seconde moitié du XIXe siècle ne provoque pas immédiatement une grande vague migratoire vers ce centre en voie d'urbanisation, bien qu'il y ait tout de même une faible migration acadienne vers la ville de Moncton à cette période. Ses recherches posent des questions sociales et culturelles importantes : 1) l'opposition à cette migration de la part des membres du clergé acadien qui craignent l'assimilation; 2) la volonté de plusieurs leaders laïques acadiens de participer à ce processus de transformation afin de sortir de l'isolement économique dont se trouvaient les Acadiens; 3) l'instabilité socio-économique de ces nouveaux immigrants; 4) l'intégration des Acadiens à la société anglophone, surtout par le mariage entre groupes ethniques. L'étude de Cyr démontre les débuts de l'installation permanente d'une population acadienne à Moncton.

De son côté, Phyllis E. LeBlanc étudie l'impact de l'immigration acadienne sur le développement socio-économique de Moncton.[16] Par le biais d'une analyse sur la répartition de la richesse, l'auteure étudie l'intégration socio-économique des Acadiens dans la ville de Moncton entre les années 1871 et 1929. Elle soutient qu'il y a eu une croissance importante d'Acadiens immigrants à Moncton après 1871 et pendant l'ensemble de la période. Cette migration modifie fondamentalement la structure démographique de cette ville, et assure un rôle aux Acadiens dans cette communauté.

Moins liée à notre préoccupation principale mais tout de même importante pour nous situer dans le contexte historique de notre région, l'étude de

---

14   Muise, D.A., « The Industrial Context of Inequality : Female Participation in Nova Scotia's Paid Labour Force », *Acadiensis*, vol. 20, n° 3, printemps 1991, p. 3-31.

15   Cyr, Jean-Roch, « L'expansion démographique des Acadiens à Moncton avant 1881 : le processus d'urbanisation et ses conséquences socio-culturelles », *Cahiers d'histoire*, vol. IV, n° 2, printemps 1984, p. 31-45.

16   LeBlanc, Phyllis, « Idéologie nationale et intégration des francophones dans un contexte urbain : le cas de Moncton », *Moncton 1871-1929 : changements socio-économiques dans une ville ferroviaire* sous la direction de D. Hickey, Moncton, les Éditions d'Acadie, 1990, p. 131-161.

T.W. Acheson montre la transition économique que subissent les provinces maritimes entre les années 1879 et 1896 avec l'implantation de la *Politique nationale*.[17] Cette politique protectionniste encourageait les entrepreneurs locaux à investir dans l'industrie manufacturière, notamment les industries du textile, du fer et de l'acier. Acheson présente les problèmes auxquels ces industries ont fait face, c'est-à-dire leur difficulté de survivre en raison de leur isolement des principaux marchés canadiens. Selon Acheson, les Maritimes étaient bien situées pour un marché atlantique, mais non pas pour un marché continental est-ouest. L'absence de capital dans la région pour soutenir l'effort industriel et la centralisation des institutions financières ont aggravé la situation relative des Maritimes dans la poussée pour établir une économie nationale.

Les femmes pensionnaires célibataires actives à Moncton en 1901

Procédons à l'analyse de la situation des femmes pensionnaires célibataires actives (FPCA) à Moncton à partir du recensement fédéral manuscrit de 1901. Rappelons au départ qu'en 1901, ces femmes, nouvellement arrivées à Moncton pour travailler, doivent se loger. Quels critères guident leur choix de logement?

En utilisant comme source primaire le recensement de 1901[18], nous avons d'abord identifié les femmes célibataires pensionnaires actives à Moncton. Une fois identifiées, nous avons monté des dossiers individuels à partir des variables retenues : l'ethnicité, la religion, le lieu de travail ou l'occupation, et le lieu de résidence. Ces variables nous fournissent les caractéristiques socio-économiques et culturelles des femmes pensionnaires actives à Moncton en 1901.

Le recensement manuscrit de 1901 est divisé en huit sections. Chaque section représente un district particulier de la ville. Le recensement est lui-même divisé en deux parties. La première partie, segmentée en trente-sept colonnes, donne des renseignements concernant les terres et les bâtiments situés en ville et appartenant à chaque individu. L'importance de cette partie pour notre étude se situe dans les informations fournies dans les deux premières colonnes. La première colonne fait référence à la deuxième partie du recensement; elle indique la ligne et la page où sont situés les noms des chefs de famille par rapport à leur lieu de résidence. Cette première partie nous permet de comparer les femmes dans leur lieu de résidence par rapport à leur lieu d'emploi, qui est indiqué dans la deuxième partie du recensement. Ces informations nous permettent de découvrir quels sont les facteurs déterminant

---

17   Acheson, T.W., « The National Policy and the Industrialization of the Maritimes », *Readings in Canadian Social History, vol. III : Canada's Age of Industry, 1849-1896*, sous la direction de M.S. Cross and G.S. Kealey, Toronto McClelland and Stewart Limited, 1985, p. 62-94.

18   Gouvernement du Canada, *Recensement manuscrit, 1901 (Moncton)*.

dans le choix d'un logement; est-il fait selon des besoins économiques ou selon la distance du lieu de travail? En d'autres mots, est-ce que les femmes demeurent près de leur emploi et si oui, est-ce pour des raisons économiques?

La deuxième partie du recensement manuscrit est divisée en trente-quatre colonnes. Elle offre une description plutôt culturelle et économique de chaque individu résidant à Moncton. Cette partie nous fournit le nom, l'ethnie, la religion, l'emploi, le salaire et la langue du groupe sous étude, soit les femmes pensionnaires et les membres de la maisonnée où celles-ci habitent. L'énumérateur indique pour chaque maison : 1) le chef de famille; 2) les membres qui composent la maisonnée. Cette section permet de situer les femmes dans leur maison de pension (les éléments culturels et économiques) et dans leur occupation (le type d'emploi et le salaire). Nous pourrons ainsi vérifier si le choix d'un logement chez ces femmes repose sur une préférence culturelle, sur un besoin économique ou sur d'autres facteurs. Si nous découvrons que ces femmes demeurent chez les gens qui ont le même profil culturel qu'elles, nous pourrons affirmer que les variables culturelles ont une grande importance dans leur choix de résidence. Autrement, leur choix de résidence pourrait traduire un besoin économique ou un autre critère.

Le recensement manuscrit mis à notre disposition est une photocopie de la version manuscrite du recensement fédéral de 1901. Rédigé à la main, le manuscrit est parfois difficile à lire, soit parce que l'écriture de l'énumérateur est illisible ou soit que l'énumérateur écrit mal les noms, ce qui est pratique courante pour les noms français.

Dans son étude « Doing the Best I Can », Allan Brooks nous décrit l'importance historique des recensements manuscrits. Il avertit cependant qu'à titre de chercheur, il faut utiliser avec précaution cette documentation, car les recensements ne sont pas toujours précis dans les informations qu'ils fournissent. Il cite l'exemple du premier recensement au Nouveau-Brunswick en 1861, afin d'expliquer les problèmes qui peuvent apparaître. Il souligne que ces imprécisions sont le résultat de : « political propaganda motives, patronnage informality, enumerator incompetency and respondent distrust, or just plain administrative inadequacy when confronted with such an enormous operation... »[19] L'auteur rappelle que lorsqu'on étudie ces recensements, on doit se replacer dans le contexte historique de l'année que l'on étudie et non pas avec des standards du XXe siècle.[20]

Le recensement de 1901 nous donne cependant un aperçu socio-culturel et économique suffisamment détaillé des gens vivant à Moncton au tournant du XXe siècle. Il nous permet non seulement de voir le profil individuel de ces

---

19 Brooks, Allan, « Doing the Best I Can », *Histoire sociale/Social History*, vol. 9, no 17, mai 1976.
20 *Ibid.*, p. 90.

femmes pensionnaires, mais il permet aussi d'analyser les maisonnées dans lesquelles elles vivent.

L'approche quantitative est le choix méthodologique pour ce travail. Les historiens et les historiennes posent des débats intéressants sur la valeur des méthodes quantitatives. Selon Gérard Bouchard, les études quantitatives sont très importantes car elles donnent une continuité au métier d'historien; elles aident à construire une analyse sociale qui est plus individualisée. Bouchard ajoute que les banques de données ne changent rien au passé en soi, mais elles ajoutent certains éléments importants à l'histoire sociale : des données sur les individus, sur les familles, etc.[21]

L'historien David Gagan est très critique sur cette méthode historique : « quantitative social history is perceived, so far, only as having added a set of very elaborate, not to mention costly, footnotes to the main currents of Canadian historiography. »[22] Et il ajoute : « It seems uncharitable to conclude that we have not progressed very far: but the fact of the matter is that quantitative social history is not one of the major players on the field. »[23]

Dans l'optique de cette étude, il est vrai que le recensement fournit seulement des bases de données. Mais en sortant les caractéristiques communes et divergentes chez les femmes pensionnaires, nous pourrons tirer un nouveau profil socio-culturel et économique des femmes célibataires en pension par rapport aux autres femmes actives dans la ville de Moncton pour 1901. Or, l'analyse statistique et sérielle sert le mieux à cet exercice.

Cette analyse quantitative sera réalisée manuellement et non pas par ordinateur. Toutes les données importantes ont été transcrites, à la main, du recensement à des fichiers personnels (voir annexes 1 et 2). Le premier annexe nous renseigne sur les femmes pensionnaires célibataires actives et leurs caractéristiques personnelles, culturelles et économiques : âge, ethnie, religion, emploi, salaire, langue et éducation. Ceci nous permet d'identifier les éléments qui vont relier les femmes et les pensions. Le deuxième donne une description culturelle et économique de la maisonnée : 1) le nom du chef de la famille (son âge, son état civil, son ethnie, sa religion et son emploi); 2) le nombre de membres dans la maisonnée (leur religion, leur sexe et leur ethnie). Ceci est fait dans le but de pouvoir comparer les femmes pensionnaires célibataires actives avec le lieu où elles habitent, et ainsi répondre à notre problématique.

---

21 Bouchard, Gérard, « Les fichiers-réseaux de population : un retour à l'individualité », *Histoire sociale/Social History*, vol. 21, n° 42, novembre 1988, p. 287-289.

22 Gagan, David, « Some Comments on the Canadian Experience with Historical Databases », *Histoire sociale/Social History*, vol. 21, n° 42, 1988, p. 303.

23 *Ibid.*, p. 303.

L'objectif est de voir si ces femmes nouvellement installées dans la ville de Moncton partagent la mentalité qui ressort des discours des élites, en se regroupant parmi les gens de la même culture ou est-ce que les contraintes économiques (ou autres) les poussent à s'intégrer dans leur choix de logement, avec un autre groupe culturel ou religieux?

Nous avons trouvé dans le recensement de 1901 pour la ville de Moncton, 117 femmes pensionnaires célibataires actives (FPCA), sur un total de 465 femmes actives recensées. La répartition de ces femmes dans chacun des huit districts de la ville est indiquée au **Tableau I**.

Tableau 1

MONCTON 1901 FEMMES ACTIVES			
Districts	*FPCA	+Autres femmes actives	Total
C¹	62	67	129
C²	16	60	76
C³	8	46	54
C⁴	9	18	27
C⁵	8	35	43
C⁶	2	63	65
C⁷	10	30	40
C⁸	2	29	31
TOTAL	**117**	**348**	**465**

*   Femmes pensionnaires célibataires actives
+   Les autres femmes actives ne sont pas des FPCA : elles sont mariées, veuves ou demeurent chez leurs parents.
   Sources : Gouvernement du Canada, *Recensement manuscrit, 1901 (Moncton).*

Notre étude a aussi trouvé 48 femmes pensionnaires célibataires qui ne sont pas rattachées à un travail (elles ne sont pas actives). Leur répartition dans chaque district du recensement est indiquée au **Tableau II**.

Les femmes du **Tableau II** n'ont pas indiqué d'emploi et ne sont donc pas comptabilisées parmi les FPCA. Leur condition particulière s'explique par plusieurs facteurs possibles : 1) ces femmes sont à la recherche d'emploi mais n'ont pas encore trouvé d'emploi; 2) elles sont veuves ou à la retraite; 3) les femmes qui travaillent à temps partiel et celles qui ne travaillent pas au moment du recensement ne sont pas toujours comptées dans les recensements comme des femmes au travail.[24]

---

24   Lafleur, Ginette, *Femmes, travail rémunéré, et industrialisation, op.cit.*, p. 48.

Tableau II

MONCTON 1901
*FEMMES PENSIONNAIRES CÉLIBATAIRES
NON ACTIVES : 15 ANS ET PLUS

Districts	Femmes pensionnaires célibataires non actives
C^1	3
C^2	3
C^3	2
C^4	9
C^5	14
C^6	3
C^7	10
C^8	4
TOTAL	**48**

* Nous avons choisi l'âge minimum de 15 ans, car, en bas de 15 ans, nous retrouvons les jeunes étudiantes et les enfants.
Source : Gouvernement du Canada, *Recensement manuscrit, 1901 (Moncton)*.

Tableau III

MONCTON 1901
L'ÂGE MOYEN DES *FPCA

Ethnies	Nombre	Moyenne d'âge par ethnie
Françaises	68	23
Anglaises	37	25
Irlandaises	5	30
Écossaises	5	24
Allemande	1	53
Syrienne	1	24
TOTAL	**117**	**24**

* Femmes pensionnaires célibataires actives
Source : Gouvernement du Canada, *Recensement manuscrit, 1901 (Moncton)*.

Selon les informations présentées au **Tableau III**, les Françaises constituent le groupe ethnique le plus représenté parmi les FPCA; elles ont une moyenne d'âge inférieure aux autres groupes ethniques. Par contre, les Anglaises, Irlandaises et Écossaises et particulièrement les Irlandaises, ont une moyenne d'âge supérieure au groupe ethnique français, exception faite de la seule Allemande. Ce qui étonne, c'est le nombre de femmes pensionnaires célibataires ayant 25 ans et plus, tel qu'indiqué au **Tableau IV** :

Tableau IV

MONCTON 1901 FPCA 25 ANS ET PLUS	
Ethnies	Nombre de FPCA : 25 ans et plus
Françaises	18
Anglaises	13
Irlandaises	3
Écossaises	2
Allemande	1
TOTAL	**37**

* Femmes pensionnaires célibataires actives
Source : Gouvernement du Canada, *Recensement manuscrit, 1901 (Moncton)*.

Il y a 37 FPCA qui ont 25 ans et plus. Il est possible que celles-ci ne travaillent qu'à des emplois temporaires en attendant de se marier. À cause de leur âge, il est moins probable que ces femmes se marient. Donc, elles travaillent probablement pour survivre économiquement. Elles sont possiblement autonomes et dans ce cas, elles sont sur le marché du travail en permanence. Rappelons qu'en 1891, les femmes mariées actives sont des exceptions.

Le **Tableau V** donne la répartition des FPCA par district du recensement et par groupe ethnique :

Tableau V

Ethnies	Districts								Total
	C^1	C^2	C^3	C^4	C^5	C^6	C^7	C^8	
Françaises	53	7	–	5	2	–	1	–	68
Anglaises	6	4	7	2	6	1	9	2	37
Irlandaises	1	2	1	–	–	1	–	–	5
Écossaises	1	3	–	1	–	–	–	–	5
Allemande	–	–	–	1	–	–	–	–	1
Syrienne	1	–	–	–	–	–	–	–	1
TOTAL	**62**	**16**	**8**	**9**	**8**	**2**	**10**	**2**	**117**

MONCTON 1901 *FPCA

* Femmes pensionnaires célibataires actives
Sources : Gouvernement du Canada, *Recensement manuscrit, 1901 (Moncton)*.

Le plus grand nombre des FPCA se trouvent donc dans le district C^1 : 68 ou 58,1 pour cent des femmes recensées. Notons que la majorité de ces femmes sont d'origine ethnique française, elles sont suivies des Anglaises, d'une Irlandaise, d'une Écossaise et enfin d'une Syrienne.

Comme l'indique le **Tableau V**, le nombre des FPCA diminue énormément lorsque nous sortons du district C^1. La présence française est grandement réduite dans les autres districts, tandis que la présence anglaise est importante dans les districts C^3, C^5 et C^7. Une description géo-économique peut aider à expliquer cette différence. Si nous entrons à Moncton par l'est de la ville (Léger Corner, qui sera renommé Dieppe), le district C^1 est le premier district que nous rencontrons. Le Moncton Cotton Mill est situé dans ce district et il est le plus grand employeur de femmes à Moncton en 1901. Le **Tableau VI** démontre d'ailleurs que la majorité des FPCA travaillent dans cette filature en 1901.

Tableau VI

	MONCTON 1901 EMPLOIS DES *FPCA								
Emplois	Montant de FPCA par district								Total
	C^1	C^2	C^3	C^4	C^5	C^6	C^7	C^8	
tisserandes)	35	4	–	–	–	–	–	–	39
fileuses) Moncton	2	1	–	–	–	–	–	–	3
enrouleuses) Cotton	3	1	–	–	–	–	–	–	4
+autres) Mill	13	1	–	–	–	–	–	–	14
couturières employées	2	–	1	4	1	1	–	–	9
couturières à la fabrique	4	–	1	1	1	–	–	–	7
couturières à son propre compte	–	1	–	1	1	–	1	1	5
enseignantes	1	1	2	1	–	1	1	–	7
tailleuses	–	1	–	2	1	–	–	1	5
vendeuses	–	2	–	–	1	–	1	–	4
domestiques	–	2	–	–	–	–	2	–	4
modistes	–	1	1	–	–	–	1	–	3
blanchisseuses	–	–	–	–	1	–	2	–	3
comptables	–	–	–	–	1	–	1	–	2
artiste	–	–	1	–	–	–	–	–	1
styliste	–	1	–	–	–	–	–	–	1
téléphoniste	–	–	1	–	–	–	–	–	1
directrice d'affaire	–	–	1	–	–	–	–	–	1
colporteuse	1	–	–	–	–	–	–	–	1
#illisible	1	–	–	–	1	–	1	–	3
TOTAL	62	16	8	9	8	2	10	2	117

*   Femmes pensionnaires célibataires actives.
+   Ces femmes sont inscrites comme travaillant au Moncton Cotton Mill, mais la fonction précise n'est pas indiquée.
\#   L'écriture de l'énumérateur est illisible.
Source : Gouvernement du Canada, *Recensement manuscrit, 1901 (Moncton)*.

Le **Tableau VI** indique qu'il y a 60 travailleuses à la filature de coton en 1901 qui sont repérées par le recensement de Moncton. Le groupe ethnique qui prédomine dans cette industrie est celui des Françaises avec 52 travailleuses, il est suivi par celui des Anglaises avec 6 et puis les Écossaises avec 2 ouvrières.

Dans les autres occupations, les emplois sont très variés, comme l'indique le **Tableau VI**, mais aucun autre employeur n'est aussi important pour l'embauche des femmes que le Moncton Cotton Mill. Puisque la majorité des femmes y travaillent et puisqu'elles sont surtout du district C^1 du recensement, nous discuterons d'abord de ce groupe. Une première constatation se dégage, c'est que toutes les travailleuses FPCA au Moncton Cotton Mill sont pensionnaires dans les deux districts les plus proches de leur emploi, soit le district C^1 et le district C^2. Nous pouvons donc déduire que la distance du lieu du travail est un facteur dans le choix de logement des femmes pensionnaires célibataires actives qui travaillent au Moncton Cotton Mill. Il traduit la dimension économique du logement, car habiter à distance du lieu de travail augmente les coûts de la vie des travailleuses.

Rappelons en second lieu que les FPCA d'origine ethnique française à Moncton en 1901, selon le **Tableau V**, sont plus nombreuses (68 femmes) : elles sont presque le double des FPCA anglaises (37 femmes). Toujours en rapport avec le **Tableau V**, rappelons aussi que les FPCA d'origine ethnique française dominent dans le district C^1 (53 femmes). Cependant, il y a tout de même 6 Anglaises, 1 Irlandaise, 1 Écossaise et 1 Syrienne qui sont pensionnaires dans ce district. Est-ce qu'il y a une dimension culturelle, qui entre en jeu, dans le choix des pensions des femmes actives dans le district C^1?

Le recensement de 1901 indique treize maisons de pension (définies comme des maisons où nous trouvons trois pensionnaires ou plus; soit des hommes ou des femmes) dans le district C^1; elles sont indiquées dans le **Tableau VII**.

Des 62 FPCA dans ce district, 37 (33 Françaises et 4 Anglaises) sont des FPCA habitant dans ces 13 maisons de pension. Or, dans ces 13 maisons de pension, seulement quatre d'entre elles ont plus d'un groupe ethnique présent lors du recensement en 1901. Ces quatre maisons de pension comprennent 10 des 37 FPCA, soit 4 Anglaises et 6 Françaises. Des 4 Anglaises, 3 d'entre elles habitent chez une veuve irlandaise, dont l'époux était du groupe ethnique français. Ses enfants sont indiqués comme du groupe ethnique français, mais avec l'anglais comme langue maternelle. La quatrième femme du groupe ethnique anglais habite chez un Anglais qui est bilingue. Dans cette même maison, nous trouvons aussi une FPCA du groupe ethnique français qui ne parle pas l'anglais. Donc, le fait que le chef de la maisonnée est capable de s'exprimer dans la langue de la pensionnaire est un facteur potentiel dans le choix de logement de ces FPCA. Les 5 autres Françaises du district C^1, vivant dans des maisons de pension où se trouvent plusieurs groupes ethniques, ont comme chefs de maisonnée, des Français. Alors, nous pouvons supposer que ces femmes cherchent des pensions où elles peuvent se faire comprendre dans leur propre langue par le chef du ménage.

Tableau VII

	MONCTON 1901 MAISONS DE PENSION OÙ SE RETROUVENT DES *FPCA		
	ETHNIES		
Districts	Maisons de pension où se trouvent des ethnies en commun entre le chef de pension et les +pensionnaires	Maisons de pension où se trouvent un mélange d'ethnies entre chef de pension et les +pensionnaires	Total
C¹	9	4	13
C²	–	3	3
C³	–	1	1
C⁴	–	1	1
C⁵	–	3	3
C⁶	–	1	1
C⁷	1	–	1
C⁸	–	1	1
TOTAL	10	14	24

* Femmes pensionnaires célibataires actives.
+ Pensionnaires (peut comprendre) hommes et femmes demeurant dans la même pension.
Source : Gouvernement du Canada, *Recensement manuscrit, 1901 (Moncton).*

Dans les autres districts de la ville, il y a un total de onze maisons de pension (maisons où nous retrouvons 3 pensionnaires ou plus; soit hommes ou femmes) où demeurent 14 des FPCA recensées en 1901. Comme le démontre le **Tableau VII**, seulement une de ces maisons est composée uniquement de personnes du groupe ethnique anglais. Les dix autres maisons de pension sont multi-ethniques. Cependant, le **Tableau VIII** démontre que dans tous les cas, les chefs de ces maisons de pension ont la même **langue maternelle** que leurs pensionnaires.

Tableau VIII

	MONCTON 1901		
	MAISONS DE PENSION OÙ SE TROUVENT DES *FPCA		
	LANGUE MATERNELLE		
Districts	Maisons de pension où se trouve la même langue maternelle entre chef de pension et FPCA	Maisons de pension où se trouvent différentes langues maternelles entre chef de pension et FPCA	Total
C^1	12	1	13
C^2	3	–	3
C^3	1	–	1
C^4	1	–	1
C^5	3	–	3
C^6	1	–	1
C^7	1	–	1
C^8	1	–	1
TOTAL	23	1	24

* Femmes pensionnaires célibataires actives.
Source : Gouvernement du Canada, *Recensement manuscrit, 1901 (Moncton).*

En ce qui concerne les maisons de pension privées (définies comme des maisons habitant moins de trois pensionnaires), nous retrouvons au total 66 FPCA parmi 59 maisons privées. Vingt-deux des cinquante-neuf maisons de pension privées sont dans le district C^1. De ces vingt-deux maisons privées, dix-sept ont des FPCA qui partagent la même ethnie avec le chef de pension, comme l'indique le **Tableau IX**. Nous retrouvons donc seulement cinq maisons de pension privées où il y a un mélange d'ethnies entre les pensionnaires et le chef de ménage.

Toutefois, lorsqu'on étudie le facteur langue maternelle, par opposition à celui de groupe ethnique, on trouve seulement deux des maisons privées habitant des FPCA dans le district C^1 qui hébergent des femmes qui n'ont pas la même **langue maternelle** que le chef de la maison, tel qu'indiqué au **Tableau X**. Dans un cas, une femme anglophone et catholique demeure chez un francophone bilingue et catholique. Ce qui fait nous demander s'il est possible que le facteur religieux joue, comme le facteur linguistique, dans le choix de logement en pension chez les FPCA. Quoi qu'il en soit, dans le seul autre cas, il s'agit d'une francophone bilingue et catholique qui pensionne chez un Irlandais (unilingue anglophone) et catholique. Encore ici, le facteur langue, associé au facteur religion, est possiblement significatif.

Dans les sept autres districts du recensement, nous trouvons trente-sept maisons de pension privées offrant le gîte à 55 FPCA. Encore ici, il y a un mélange ethnique, mais toutes les FPCA et les 11 chefs de ces pensions partagent la même langue maternelle.

Tableau IX

	MONCTON 1901 MAISONS PRIVÉES OÙ SE TROUVENT DES *FPCA		
	ETHNIES		
Districts	Maisons privées où se trouve la même ethnie entre chef de pension et pensionnaires	Maisons privées où se trouve un mélange d'ethnies entre chef de pension et pensionnaires	Total
C^1	17	5	22
C^2	4	4	8
C^3	4	3	7
C^4	5	2	7
C^5	2	3	5
C^6	–	1	1
C^7	7	1	8
C^8	1	–	1
TOTAL	**40**	**19**	**59**

* Femmes pensionnaires célibataires actives.
Source : Gouvernement du Canada, *Recensement manuscrit, 1901 (Moncton).*

Tableau X

	MONCTON 1901 MAISONS PRIVÉES OÙ SE TROUVENT DES *FPCA		
	LANGUE MATERNELLE		
Districts	Maisons privées où se trouve la même langue maternelle entre le chef de pension des FPCA	Maisons privées où se trouvent différentes langues maternelles entre chef de pension et FPCA	Total
C^1	20	2	22
C^2	8	–	8
C^3	7	–	7
C^4	7	–	7
C^5	5	–	5
C^6	2	–	1
C^7	8	–	8
C^8	1	–	1
TOTAL	**57**	**2**	**59**

* Femmes pensionnaires célibataires actives.
Source : Gouvernement du Canada, *Recensement manuscrit, 1901 (Moncton).*

En somme, 33 établissements (14 maisons de pension et 19 maisons de pension privées) logent des pensionnaires de groupes ethniques différents du chef du ménage, sur un total de 83 établissements, soit 39.7 pour cent des établissements. Est-ce qu'il y a lieu d'établir un rapport entre l'ethnicité des **épouses** des chefs de pension et celle des FPCA?

La question n'est pas pertinente dans le cas des maisons de pension, car on a déjà établi qu'il y a un mélange de groupes ethniques parmi les pensionnaires elles-mêmes et entre celles-ci et le chef de leur maison de pension. À titre d'information seulement, indiquons qu'il y a seulement deux FPCA parmi les pensionnaires de ces 14 maisons de pension qui partagent la même ethnie avec l'épouse du chef de la maison de pension.

Du côté des maisons de pension privées, cette question peut avoir une certaine importance car les pensionnaires vivent théoriquement dans un milieu plus familier. Cependant, nous avons trouvé que des 19 maisons de pension privées où il y a un mélange de groupes ethniques entre le chef de ménage et les pensionnaires, trois de ces maisons n'ont pas d'époux ou d'épouse. Les chefs de ces pensions sont soit veufs ou veuves. Chez les 16 autres maisons de pension privées, nous en retrouvons seulement deux où l'épouse et la pensionnaire partagent une même ethnie. Alors, puisque chez ces 17 autres maisons privées, l'ethnicité n'est pas le facteur prédominant ni pour le chef ni pour son épouse, il semblerait que la langue, plutôt que l'ethnicité, soit un facteur important dans le choix d'une pension. Rappelons qu'aucune des 11 maisons de pension privées des districts C^2 à C^8, et seulement 2 des 22 maisons de pension privées dans le district C^1 logent des FPCA de langue maternelle différente du chef du ménage.

Hareven indique dans son étude sur les villes américaines que l'ethnicité joue un rôle majeur dans le choix de pension pour les immigrants car : « ces immigrants entraient, par l'intermédiaire du chef de ménage où ils résidaient, dans des réseaux de relations qui leur donnaient accès à des emplois et à un appui social ».[25]

À Moncton en 1901, cet accès à des emplois par l'intervention du chef de ménage ne semble pas exister pour les FPCA. Prenons encore comme exemple le district C^1. Des 29 chefs de pension où nous retrouvons les 53 FPCA employées au Moncton Cotton Mill, un seul travaille au même endroit.

L'appui social pourrait toutefois être un facteur de choix de résidence chez les FPCA françaises et catholiques puisqu'elles habitent presque toutes dans des maisons de pension où le chef de ménage est du groupe ethnique français et de la religion catholique. Ceci ne serait pas le cas chez les ethnies de langue anglaise, car nous y retrouvons un plus grand mélange d'ethnies et de religions entre les pensionnaires elles-mêmes et le chef de ménage.

---

25 Hareven, Tamara K., « Les grands thèmes de l'histoire de la famille aux États-Unis », *op.cit.*, p. 190.

Tableau XI

	MONCTON 1901		
	LANGUES PARLÉES DES *FPCA		
Ethnies	Nombre de FPCA	FPCA pouvant parler l'anglais	FPCA pouvant parler le français
Françaises	68	42	67
Anglaises	37	37	–
Irlandaises	5	5	–
Écossaises	5	5	–
Allemande	1	1	–
Syrienne	1	1	–
TOTAL	**117**	**91**	**67**

* Femmes pensionnaires célibataires actives.
Source : Gouvernement du Canada, *Recensement manuscrit 1901 (Moncton)*.

Selon le **Tableau XI**, la majorité des FPCA francophones sont bilingues. Elles préfèrent toutefois habiter des pensions où les chefs sont de la même langue maternelle. **Alors, dans le cas de celles-ci, l'ethnicité pourrait être un facteur important**. Mais, à quel point ces FPCA francophones sont réellement bilingues? Puisque la plupart d'entre elles proviennent d'un milieu francophone, il se peut qu'elles se débrouillent difficilement en anglais. Le recensement ne précise pas le niveau de compréhension de la langue. Quoi qu'il en soit, ces 68 femmes sont, par leur choix de résidence, plus à l'aise dans un foyer où le chef de famille partage leur langue maternelle.

Les FPCA anglaises, irlandaises, écossaises et allemande (1) ont toutes indiqué l'anglais comme seule langue parlée. Puisqu'elles habitent dans des pensions où le chef de famille est de la même langue maternelle qu'elles (sauf dans un cas, où le chef de pension est bilingue), leur choix semble aussi faire référence à la langue.

La seule Syrienne, bilingue, n'a pas indiqué le français comme langue parlée; elle habite chez une Syrienne. Elle est la seule FPCA pour qui le choix de pension est clairement d'ordre ethnique.

Ajoutons la religion comme variable et nous voyons, à partir du **Tableau XII**, un certain éclatement entre les chefs de pension et les pensionnaires. Les francophones demeurent toutes (sauf une exception, où la francophone catholique demeure chez un Anglais bilingue et de religion méthodiste) dans des maisons de pension où les chefs de ménage sont catholiques. Chez les anglophones, il existe une plus grande intégration entre les pensionnaires elles-mêmes et entre elles et le chef de pension. Sauf chez les francophones catholiques, la religion ne semble pas être un facteur prépondérant dans le choix d'une pension.

Tableau XII

	Françaises	Ethnies de langue anglaise	Syrienne	Total
MONCTON 1901				
RELIGION				
Pensions où les FPCA catholiques et le chef de pension partagent la même religion :	39	3	1	43
Pensions où les FPCA méthodistes et le chef de pension partagent la même religion :	–	6	–	12
Pensions où les FPCA baptistes et le chef de pension partagent la même religion :	1	11	–	6
Pensions où les FPCA presbytériennes et le chef de pension partagent la même religion :	–	1	–	1
Pensions où les FPCA du Church of England et le chef de pension partagent la même religion :	–	1	–	1
Pensions où les FPCA ne partagent pas la même religion avec le chef de pension :	1	19	–	20
TOTAL	**41**	**41**	**1**	**Pensions=83**

Source : Gouvernement du Canada, *Recensement manuscrit, 1901 (Moncton)*.

Conclusion

Notre hypothèse de départ proposait que les FPCA cherchent surtout à se loger près de leur emploi, mais elles cherchent en même temps à se loger chez des familles qui reflètent leurs propres valeurs culturelles et religieuses. Le recensement de 1901 à Moncton démontre clairement que les FPCA se logent près de leur emploi. Le district C^1 sert d'exemple; c'est là où se situe le Moncton Cotton Mill et où travaillent 53 des 60 employées du Moncton Cotton Mill qui sont des FPCA habitant dans ce même district. D'ailleurs, les 7 autres employées FPCA du Moncton Cotton Mill se retrouvent dans le district voisin, soit le district C^2, ce qui appuie l'hypothèse qui soutient que la distance, comme facteur économique, est importante dans le choix des logements chez les FPCA.

Ce facteur, tout important qu'il soit, n'est pas le seul déterminant. Les facteurs culturels, surtout la variable linguistique, jouent un certain rôle. De plus, pour ce qui est des francophones catholiques, la religion demeure une variable importante dans leur choix d'une pension. Nous rappelons que 23 des 24 maisons de pension (avec plus de 3 pensionnaires) sont des établissements où le chef et les pensionnaires partagent la même langue maternelle. Dans le seul cas où le chef de pension ne partage pas la même langue maternelle, le chef de pension est bilingue. En ce qui concerne les maisons privées, nous retrouvons chez seulement 2 des 59 établissements, une situation où le chef du foyer ne partage pas la même langue maternelle que les FPCA.

Le facteur religieux chez les francophones vient renforcer le facteur linguistique, car toutes les FPCA francophones (sauf une qui demeure chez un méthodiste) demeurent dans des pensions où les chefs de famille sont catholiques. Chez les pensionnaires anglophones, nous retrouvons plus de diversités culturelles et une plus grande intégration des différentes religions dans un même foyer.

Dans leurs études respectives, Katz et Medjuck ont découvert qu'au milieu du XIXe siècle, les femmes demeurent en pension chez des parents et qu'elles ne sont pas très présentes sur le marché du travail. En 1901 nous retrouvons, par contre, un nombre significatif de femmes pensionnaires actives à Moncton. Celles-ci ne semblent pas choisir leur pension selon un lien de famille. Chez les FPCA francophones, la culture française du chef de pension, l'ethnicité, la langue et la religion, semblent être des facteurs déterminants, tandis que chez les FPCA de langue anglaise, l'ethnicité et la religion jouent un rôle plus secondaire que celui de la langue dans leur choix d'une pension.

Les études de Hareven et de Modell sur les villes américaines soutiennent que l'ethnicité a une grande importance dans le choix des pensions pour les immigrants. Cela permet aux nouveaux arrivants de se faire initier à leur nouveau milieu. Les pensions jouent ainsi le rôle de famille substitut; elles initient les nouveaux venus au travail et à la vie sociale du milieu urbain. À Moncton, les pensions ne semblent pas jouer ce rôle d'initiateur, du moins pas dans le domaine du travail. Dans la très grande majorité des cas, les chefs de pension ne travaillent pas au même endroit que la pensionnaire. En ce qui concerne l'initiation à la vie sociale, le fait que les francophones catholiques demeurent, sauf en de rares exceptions, chez des francophones catholiques, pourrait certainement avoir un impact sur l'intégration socio-culturelle des FPCA. Du côté des anglophones, ceci ne semble pas être le cas, car il y a un plus grand mélange d'ethnies et de religions, sinon de langues. De toute évidence, la langue constitue un facteur significatif chez les anglophones comme chez les francophones, dans leur choix de pension et, possiblement, dans le processus d'intégration socio-culturelle des FPCA dans le milieu urbain de Moncton en 1901.

La présence des francophones, dans l'industrie du textile, est particulièrement importante chez les travailleuses de notre échantillon. Comme l'explique D.A. Muise, les femmes qui travaillent dans l'industrie du textile, des villes industrielles de la Nouvelle-Écosse, sont en majorité des francophones.[26] Cet énoncé est aussi évident à Moncton où nous retrouvons 51 francophones FPCA qui sont employées au Moncton Cotton Mill, sur un total de 60 FPCA. Ginette Lafleur avait déjà noté la prépondérance des femmes francophones dans cette industrie pour la ville de Moncton en 1891.[27] Cette réalité est tout aussi vraie en 1901. Comme l'affirment Muise et Lafleur, ceci est probablement dû à la demande croissante de personnel non-qualifié pour le travail dans l'industrie du textile. À la fin de notre étude, nous pouvons afffirmer que travail, culture et logement constituent des facteurs qui sont intimement reliés et interdépendants dans la vie des FPCA à Moncton en 1901.

---

26 Muise, D.A., *op. cit.*, p. 12.

27 Lafleur, Ginette, *op. cit.*, p. 72.

ANNEXE I

Noms	Année de naissance	Âge	Pays ou lieu de naissance	Origine selon race ou tribu	Religion	Profession ou métier	Emploi		Éducation	Langue maternelle
							Travail	Salaire		
Gautreau Mazzie 4/50 C⁷	1876	24	N.-B.	Française	Can.	Catho.	Vendeuse	—	300	Sait lire et écrire, parler anglais et français	Français
Mitchell Edith 6/9 C⁷	1877	23	N.-B.	Anglaise	Can.	Métho.	Enseignante	10 mois	420	Sait lire et écrire, parler anglais	Anglais
Grant Amie 17/20 C¹	1872	28	N.-B.	Irlandaise	Can.	Presb.	Couturière à la fabrique	12 mois	250	Sait lire et écrire, parler anglais	Anglais
Campbell Lina	1879	21	—	Écossaise	Can.	Presb.	Fileuse à la fabrique	12 mois	200	Sait lire et écrire, parler anglais	Anglais
Sullivan Jessie 10/45 C²	1881	20	N.-B.	Irlandaise		Catho.	Domestique	12 mois	72	Sait lire et écrire, parler anglais	Anglais
Tilney Refline 11/36 C²	1863	37	É.-U. 1876	Anglaise	Can.	Presb.	Modiste	10 mois	1,500	Sait lire et écrire, parler anglais	Anglais
Landry Francine 16/43	1840	40	N.-B.	Française	Can.	Catho.	Domestique	—	—	Sait parler français	Français

ANNEXE II

C^7 4/50	Mazzie Gautreau demeure chez Éloi Roy, 44 ans, Canadien français, catholique, machiniste, J.C.R., demeure avec femme française, catholique, 3 filles sur la rue Cameron.
6/9	Edith Mitchell demeure chez Michael Master? 41 ans, Canadien irlandais, catholique, C.P.R., demeure avec femme irlandaise, catholique sur la rue Weldon.
C^1 17/20	Amie Grant demeure chez William Mathews, 30 ans, Canadien irlandais, Church of England, boulanger, demeure avec femme écossaise, presbytérienne, 2 filles sur la rue Cross.
C^2 10/45	Lina Campbell et Jessie Sullivan demeurent chez Nelson Marshall, 39 ans, Canadien anglais, baptiste, demeure avec femme baptiste, 2 fils et 2 filles, sur la rue Pearl.

Une question de survie : épisodes de la vie des femmes francophones du Manitoba, de 1916 à 1947

Monique Hébert

Monique Hébert détient un baccalauréat en enseignement de l'histoire de l'Université du Québec à Montréal, une maîtrise ès arts et un doctorat de l'Université du Manitoba. En plus de l'enseignement dans plusieurs écoles secondaires, Monique a aussi occupé le poste de présidente des Éducatrices et Éducateurs francophones du Manitoba, de 1990 à 1992. Elle a aussi été présidente du Réseau national d'action éducation femmes. Son travail de pédagogue se poursuit à l'Université du Québec à Hull et à l'Université d'Ottawa.

Le présent article retrace la contribution des Franco-Manitobaines à la survie de la communauté. L'hypothèse s'articule autour du rôle joué par ces femmes de 1916 à 1947. Adoptant une approche du féminisme historique, il documente de façon qualitative et descriptive, par l'histoire orale, le vécu de dix-neuf mères de famille et de dix-neuf maîtresses d'école nées entre 1893 et 1923.

Les résultats de la recherche sont multiples. Les entrevues sont analysées par thèmes, selon le groupe des mères et celui des maîtresses d'école. D'abord, les recensements de Statistique Canada et les entrevues permettent de montrer la composition démographique de la communauté franco-manitobaine entre 1921 et 1951. Ensuite, le texte retrace la vie des mères de famille de l'époque : l'enfance et la socialisation, les rites entourant les fréquentations et le mariage, la naissance et l'éducation des enfants, et les conditions de vie matérielle. Puis, il dévoile la vie des institutrices, le choix de la carrière, les études à l'École normale, les conditions de travail dans les écoles francophones de la province. Enfin, l'évaluation de la contribution communautaire des deux groupes d'informatrices vient compléter le tableau. Les expériences des Franco-Manitobaines sont riches en diversité. Ces femmes ont contribué à la reproduction biologique et sociale de leur communauté d'origine.

I. Introduction

La survie de la collectivité franco-manitobaine passe par l'enseignement de la langue française et par la pratique de la religion catholique. L'interdiction d'enseigner ces deux matières est imposée par le gouvernement provincial en 1916 et le demeurera jusqu'en 1947. L'époque de cette résistance est l'un des temps forts de la vie de la communauté franco-manitobaine. L'histoire de la lutte pour la survie est donc inscrite dans toutes les mémoires. Le récit officiel occulte toutefois le rôle des femmes dans cette résistance[1]. Où sont passées les actrices du drame de l'illégalité? Serait-ce, comme le dit Danielle Messiah, qu'il n'y a « ...pas de grand destin quand on cause au féminin[2] »?

Le présent article a pour but de dévoiler la façon dont les femmes ont contribué à la survie de la communauté franco-manitobaine. Il documente de façon qualitative et descriptive, par l'histoire orale, le vécu de dix-neuf mères de famille et de dix-neuf maîtresses d'école. Au départ, l'analyse démographique de cette communauté fournit une toile de fond à notre étude. Nous retraçons d'abord les antécédents des informatrices : l'enfance et la socialisation, les rites entourant les fréquentations, le mariage, la naissance et l'éducation des enfants, et les conditions de vie matérielle. Puis, nous dévoilons le rôle d'épouse et celui de mère de famille à l'époque, de même que la vie des institutrices, c'est-à-dire leur choix de carrière, leurs études à l'École normale et leurs conditions de travail dans le monde des écoles franco-manitobaines d'alors. Enfin, nous complétons le tableau en traitant du vécu des femmes en ce qui a trait à leurs loisirs, à leur contribution à la vie communautaire et à leur perception de leur rôle dans la survie de la communauté. Ainsi soutenons-nous que ces femmes ont été indispensables à la production et à la reproduction de la vie matérielle et sociale de leur époque. Elles ont joué un rôle actif, tant dans la sphère privée que publique. Certaines ont donné naissance à de nombreux enfants et les ont élevés dans l'amour de la langue et de la foi. D'autres ont fait naître des esprits à la culture et à la langue françaises. Mères et institutrices, toutes ont œuvré pour la sauvegarde de la communauté.

---

1   Pour un survol de l'histoire de la communauté franco-manitobaine, voir, entre autres, Jacqueline Blay, *L'article 23*, Saint-Boniface, Les Éditions du Blé, 1987; Lovell Clark, *The Manitoba School Question : Majority Rule or Minority Rights?*, Toronto, University of Toronto, 1968; Gilbert Comeault, « La question des écoles du Manitoba, un nouvel éclairage », dans la *Revue d'histoire de l'Amérique française*, vol. 33, n° 1 (juin 1979) : 3-24; Lionel Dorge, *Introduction à l'étude des Franco-Manitobains : Essai historique et bibliographique*, Saint-Boniface, La Société historique de Saint-Boniface, 1973; Paul-Émile Leblanc, « L'enseignement français au Manitoba (1916-1968) », thèse de maîtrise inédite, Ottawa, Université d'Ottawa, 1968; Robert Painchaud, *Un rêve français dans le peuplement de la Prairie*, Saint-Boniface, Les Éditions des Plaines, 1987; Jean-Marie Taillefer, « Les Franco-Manitobains et l'éducation 1870-1970, une étude quantitative », thèse de doctorat inédite, Winnipeg, Université du Manitoba, 1988.

2   Danielle Messiah, *Le temps de l'errance*, sur le disque *La main gauche*, Barcley, LP 827 911 1, MC 827 911 4, 1982, 33 1/3 t. p. m., stéréo.

Du point de vue méthodologique, ce texte s'inscrit dans une approche féministe de la science historique. En effet, comme le dit Micheline Dumont, « L'histoire des femmes écrite dans une perspective féministe pose les femmes comme sujets de l'histoire[3]. » Ainsi utiliserons-nous les concepts de « l'histoire de la spécificité »[4], plus particulièrement ceux du « cycle biologique »[5] et du « marché du travail »[6], pour illustrer l'apport quotidien des femmes à la société franco-manitobaine de 1916 à 1947. Sans plus, disons comme Michelle Perrot : « Écouter parler les femmes, majorité opprimée, suffirait à les restituer à l'histoire : muettes et soumises, elles surgiraient, par la grâce d'une parole, d'entretiens rachetant un silence[7]. »

La chronologie choisie découle de l'histoire traditionnelle de la société franco-manitobaine de 1916 à 1947. Voyons maintenant très brièvement ce qui explique la venue des événements reliés à ces deux dates. Pourquoi 1916? Parce que le gouvernement provincial légifère cette année-là pour interdire l'enseignement en français de la religion et de la langue, malgré qu'en 1870, les droits des francophones aient été inscrits dans la Constitution de la province aux articles 22 et 23[8]. Les discussions entourant l'abolition de ce droit aboutiront finalement en 1890. La communauté francophone réplique en se tournant vers le plus haut tribunal du Canada, qui décrète inconstitutionnelle la loi de 1890. Pour résoudre l'impasse, Wilfrid Laurier, alors Premier ministre du Canada, conclut en novembre 1896 avec le gouvernement provincial de Greenway un accord qui permet d'enseigner au moins le français. Le gouvernement suivant, celui de Roblin, invalidera toutefois cet accord en 1916.

Et que signifie l'année 1947? C'est qu'à cette date, la province reconnaît partiellement le droit d'enseigner le français au secondaire en modifiant les frontières qui séparent les différentes commissions scolaires[9]. Selon Paul-Émile Leblanc, on retrouve l'indication suivante dans le « Program of Studies » : « A foreign language may be studied in Grade VII in the larger

---

3   Micheline Dumont, « Historienne et sujet de l'histoire », dans *Identités féminines : mémoire et création*, Question de culture 9, Montréal, Institut québécois de recherche sur la culture, 1986, p. 34.

4   Voir entre autres, Gerda Lerner, *The Creation of Patriarchy*, New York, Oxford University Press, 1986 et Michelle Perrot (sous la direction de), *Une histoire des femmes est-elle possible?*, Paris, Rivages, 1984.

5   Veronica Strong-Boag, *The New Day Recalled, Lives of Girls and Women in English Canada*, Mississauga, Copp Clark and Pitman, 1988.

6   Collectif Clio, *L'histoire des femmes au Québec*, Montréal, Le Jour, 2e éd., 1992.

7   Michelle Perrot (sous la direction de), *op.cit.*, p.11.

8   Jean-Marie Taillefer, *op. cit.*, p. 178.

9   Manitoba Public Archives, *Report of the Special Select Committee of the Manitoba Legislative Assembly on Education*. Winnipeg, King's Printer, 1945; Jean-Marie Taillefer, *op. cit.*, p. 344.

schools where it is found possible to provide proper instruction[10]. » De plus, toujours selon Leblanc, le *Manitoba School Journal* de novembre 1947 renferme une annonce selon laquelle le français («French language option») est officiellement reconnu par le département d'Éducation pour les septième et huitième années et toutes les années subséquentes. L'enseignement religieux sera quant à lui toléré pendant toute la période, c'est-à-dire de 1916 à 1947, dans la mesure où il se fait après les heures de classe régulières[11]. Qui, dans ces conditions, défiera la loi? Une armée de femmes qui se mettent au service de la francophonie manitobaine.

Dans le contexte de la période étudiée, il était donc logique de choisir des enseignantes et des mères pour étudier de près les conséquences de l'interdiction législative. De plus, dans son rapport final, le Groupe de travail pour une politique culturelle des francophones de l'Ontario définit de la façon suivante la culture dans sa globalité :

> *La culture est l'affaire de tout le monde; c'est le peuple lui-même qui imprime son mouvement premier à la culture. [...] La culture s'exprime par des habitudes, des tournures d'esprit, des coutumes, des croyances, des connaissances, des goûts et des tendances qui reflètent tous les sens. [...] Elle s'enracine dans l'histoire passée de la communauté et de ses membres. [...] Elle s'ancre d'abord dans la famille et à l'école.[12]*

Or, le présent texte porte justement sur les principales responsables de la famille et de l'école.

Pour combler les lacunes des archives, qui excluent trop souvent les femmes[13], nous nous sommes tournée vers l'histoire orale. Dans ce contexte, « l'histoire orale devient alors un moyen de se faire soi-même justice dans une société masculinisée[14] ». Notre échantillon se composait de 38 femmes nées entre 1896 et 1923, c'est-à-dire ayant vécu le début de leur vie adulte durant la période visée. Comme le montrent les études sociolinguistiques, « [...] speech

---

10 Paul-Émile Leblanc, *op. cit.*, p. 62.

11 Jean-Marie Taillefer, *op. cit.*, p. 134.

12 Groupe de travail pour une politique culturelle des francophones de l'Ontario, *RSVP, CLEFS EN MAIN*, Toronto, Ministère de la Culture et des Communications, 1991, p. 9.

13 Micheline Dumont-Johnson, « Peut-on faire l'histoire de la femme? », dans la *Revue d'histoire de l'amérique française*, vol. 29, n° 3 (décembre 1975) : 421-428.

14 Sylvie Van de Casteele-Schweitzer et Danièle Voldman, « Les sources orales pour l'histoire des femmes », dans Michelle Perrot (sous la direction de), *op. cit.* p. 62. Voir aussi les articles colligés dans Sherna Berger Gluck et Daphne Patai, (dir.), *Women's Word : The Feminist Practice of Oral History*, New York and London, Routledge, 1991.

is an act of identity[15] ». Nous ne pouvons donc pas transcrire les entrevues de ces aînées dans un français «correct» ou international. Somme toute, pour respecter l'identité culturelle de nos informatrices, il nous fallait respecter leur langage coloré. La méthode utilisée par Germain Lemieux permet de surmonter certaines difficultés[16]. Il transcrit d'abord le texte en syllabes, puis le traduit dans un français à saveur internationale. Ainsi, ce grand expert avoue que «... plus d'un lecteur préférera lire la rédaction syllabique à cause de la spontanéité de l'expression paysanne et de la couleur poétique de cette langue[17] ». Comme Lemieux, nous avons utilisé une transcription qui ne respecte pas les conventions internationales de la phonétique. Le *Précis de transcription de documents d'archives orales*[18] de Vivian Labrie, nous a fourni certaines balises. Avant d'analyser les témoignages des informatrices, que nous avons regroupés par thèmes, il nous a semblé essentiel de découvrir les caractéristiques démographiques de la communauté franco-manitobaine.

II. La démographie

Lorsque nous avons consulté les recensements, nous avons été très surprise d'y découvrir le concept de race. L'expression utilisée évoque pour nous le discours ruraliste tenu au Québec au début du siècle[19]; pour Statistique Canada, elle désigne à la fois les caractéristiques biologiques et culturelles. Nous l'avons indiquée en italiques étant donné que nous la reprenons telle quelle.

Disons d'abord qu'entre 1921 et 1951, la proportion des personnes d'*origine raciale française* qui parlent le français augmente légèrement par rapport à l'ensemble de la population manitobaine. Voici comment se répartit cette hausse. En 1921, ces personnes (âgées de 10 ans et plus) représentent 7 % de la population manitobaine totale[20]. En 1931, cette proportion est passée à 8 %[21]. Ainsi, puisque la population d'*origine raciale française* qui parle le français passe de 29 163 en 1921 à 52 677 en 1931; il y a augmentation de 81 % en valeur absolue en l'espace d'une décennie. Cette tendance à la hausse s'applique d'ailleurs à l'ensemble de la population manitobaine qui, pour sa part, augmente de 55 % pendant la même période. Dix ans plus tard, soit en

---

15 Gwendolyn Etter-Lewis, «Reclaiming Self in Narrative Texts», dans Sherna Berger Gluck et Daphne Patai, éd., *op. cit.*, p. 52.

16 Germain Lemieux, *Les vieux m'ont conté*, Montréal, Bellarmin, 1973, p. 18.

17 *Ibid.*, p. 20.

18 Vivian Labrie, *Précis de transcription de documents d'archives orales*, Québec, IRCQ, 1982.

19 Voir à ce sujet l'exemple parfait de cette idéologie, Lionel Groulx, *L'appel de la race*, Montréal et Paris, Collection du Nénuphar, Fides, 1956 (1922).

20 *Sixième recensement du Canada*, 1921, Volume 1, Population, Ottawa, F.A. Acland, 1925, p. 535.

21 *Septième recensement du Canada*, 1931, Volume 2, Population, Ottawa, F.A. Acland, 1933, tableau 56, p. 800.

1941, 8 % des Manitobains (hommes et femmes) sont francophones[22]. En 1951, cette proportion passe à 9 %[23]. Entre 1941 et 1951, l'augmentation en valeur absolue de la population francophone n'est que de 9 %. Pendant les trente années visées par l'étude, la population franco-manitobaine augmente, en valeur absolue, de 62,4 %, tandis que la population manitobaine, pour sa part, ne s'accroît que de 27 %.

De plus, la communauté attire de moins en moins d'éléments de l'extérieur de la province.

À cause des restrictions que comporte la compilation des données selon les lieux de naissance telle qu'effectuée par Statistique Canada, nous avons choisi de comparer seulement les nombres applicables aux personnes originaires du Québec, de la France et de la Belgique. En 1921, 18 004 résidents et résidentes du Manitoba ont le français comme langue maternelle, étant né(e)s au Québec, en Belgique ou en France[24]; cela représente 44 % de la population d'*origine raciale française* née au Québec, en Belgique ou en France. En 1931, le nombre de personnes nées dans ces trois régions passe à 15 306[25], ce qui ne représente plus que 33 % de la population d'*origine raciale française*. En 1941, les immigrants d'autres provinces et de l'extérieur du Canada ne sont plus que 12 177[26]. Ils sont vraiment minoritaires au sein de la population d'*origine raciale française*, puisqu'ils n'en représentent plus que 23 %. Pour l'année 1951, il n'est pas possible de déterminer le lieu de naissance des francophones, à l'aide des statistiques de recensement contrairement aux années antérieures (1921, 1931 et 1941)[27]. On compte alors au Manitoba 66 020 personnes de langue officielle française et de langue maternelle française ainsi que d'*origine raciale française*; de ce nombre, 62 506 sont nées au Canada. C'est donc à dire que 5 % des gens d'*origine raciale française* ou de langue maternelle ou officielle française sont de l'extérieur du pays. Ce pourcentage indique une réelle diminution de l'immigration francophone des pays européens vers le Manitoba.

La constatation du faible nombre d'immigrants du Québec, de la Belgique et de la France établis au Manitoba vient renforcer la thèse de l'historien Robert Painchaud, qui affirmait qu'à la fin du XIXe siècle, les jeux démographiques étaient faits : le Manitoba ne serait pas une réplique du

---

22 *Huitième recensement du Canada*, 1941, Volume 2, Population par subdivisions locales, Ottawa, Edmond Cloutier, 1944, p. 740.

23 *Neuvième recensement du Canada*, 1951, Volume 2, Population, Ottawa, Edmond Cloutier, 1953, tableau 46, p. 46-7.

24 *Sixième recensement du Canada*, 1921, tableau 53, *op. cit.*, p. 334-336.

25 *Septième recensement du Canada*, 1931, tableau 46, *op. cit.*, p. 732-735.

26 *Huitième recensement du Canada*, 1941, tableau 43, *op.cit.*, p. 694-697.

27 *Neuvième recensement du Canada*, 1951, tableau 38, *op. cit.*, p. 38-11.

Québec, province essentiellement francophone[28]. La question est fort complexe, mais est-il possible que le gouvernement fédéral n'ait pas encouragé l'immigration au Manitoba de francophones originaires du Québec, de la Belgique ou de la France, particulièrement durant les années de guerre?

Il est facile de constater que, de plus en plus, la communauté francophone s'autogénère. À la lumière des données de Statistique Canada, il n'est donc pas surprenant de constater que la majorité des informatrices (58 %) appartiennent à la deuxième génération née au Manitoba du côté de leur mère[29]. Pendant la période étudiée, la communauté s'urbanise et s'anglicise[30]. Cette anglicisation est toujours moins marquée chez les femmes du milieu rural que chez celles du milieu urbain[31]. Toujours selon les recensements, les femmes représentent environ 50 % de la communauté[32]. En dépit d'une forte homogénéité à l'intérieur des écoles franco-manitobaines, la proportion de francophones ne dépasse guère les 10 % dans plus de six divisions électorales pendant la période étudiée[33]. La communauté ne pourrait donc pas compter sur son poids politique pour s'opposer à l'assimilation orchestrée par les gouvernements provinciaux successifs. Elle se replie plutôt sur elle-même et élabore une stratégie culturelle de survie centrée sur la préservation de la langue et de la foi. Il serait intéressant par ailleurs d'étudier de plus près le discours officiel relatif au rôle des femmes dans cette stratégie. L'analyse des origines des informatrices permet de dégager un portrait de celles qui se sont vues confier le rôle de « gardiennes de la langue et de la foi ».

III. Les antécédents des informatrices

Les femmes interviewées proviennent de familles nombreuses, c'est-à-dire de dix enfants en moyenne, tout comme la famille franco-manitobaine de LaBroquerie[34]. Leurs pères étaient agriculteurs ou journaliers, tandis que leurs mères travaillaient à la maison. Elles ont commencé l'école à six ans pour terminer vers quatorze, surtout à cause du manque d'argent. Comme l'une d'elles l'a souligné : « On pouvait pas aller plus loin. J'ara aimé aller pension-

---

28 Robert Painchaud, *op. cit.*

29 La théorie de Van Kirk sur les épousailles entre les Métisses et les hommes devrait aussi s'appliquer à notre travail. Sylvia Van Kirk, *Many Tender Ties, Women in Fur-Trade Society*, Winnipeg, Watson & Dwyer Publisher, 1986, p. 231.

30 Monique Hébert, *Les grandes gardiennes de la langue et de la foi, une histoire des Franco-Manitobaines*, thèse inédite de doctorat, Winnipeg, Université du Manitoba, 1994, p. 40-47.

31 *Ibid.*

32 *Ibid.*

33 *Ibid*, p. 50-52.

34 Nous avons effectué les compilations à partir de l'œuvre suivante : Jean-Marie Taillefer et le Comité du centenaire, *La paroisse de Saint-Joachim de la Broquerie, 1883-1983*, Saint-Boniface, S.E., 1983, 368 p.

naire dans un couvent, mais mes parents avaient pas les moyens. Alors, je suis sortie pour aider à la maison. » (I 1) Le plus haut niveau de scolarité de 67 % des mères de famille interviewées ne dépasse pas une 9e année.

Toutes les informatrices ont contribué à l'économie familiale en assumant des tâches domestiques lorsqu'elles étaient enfants. Les mères de famille l'ont toutefois fait dans une plus grande mesure que les enseignantes car ces dernières ont dû entrer pensionnaires au couvent pour poursuivre leurs études. Les mères de famille ont participé à l'économie domestique pendant huit ans en moyenne après avoir quitté l'école et avant de se marier.

Durant la jeunesse des informatrices, la socialisation se fait surtout dans le milieu d'origine. Le principal loisir consiste en effet à visiter les membres de la famille élargie et de la communauté. « Pis y'avait l'grand pique-nique annuel. Là, c'était sacré! Tout le monde était là. Tournois de balle, courses de ch'vaux ... tout c'qu'on veut. C'tait toute une journée ... pis ça s'manquait pas. » (MÉ 15) Certaines activités sont à caractère plutôt religieux, comme le décrit si bien l'informatrice I 9.

> On n'avait pas beaucoup de sorties. Une fête, en été ... c'était un
> pélerinage à ... (nom du village) (rires). C'était notre grosse sortie.
> Là, mon chum — non, mon mari — non, on peut pas dire ça non plus,
> le gars avec qui je sortais en tout cas, ça jouait à la balle pis tout ça.
> Ça venait de partout. Y'avait des clubs qui venaient de partout.

Les femmes tissent donc des liens étroits avec leur groupe d'appartenance et ne se mêlent guère aux autres groupes ethniques.

IV. Le rôle d'épouse

En ce qui concerne les informatrices mères de famille, lorsque vient le temps des fréquentations et du mariage, c'est également dans leur cercle immédiat qu'elles vont trouver leur futur époux. Le fait d'habiter le même village ou la même paroisse offre de nombreuses occasions de rencontres fortuites. C'est ainsi que 74 % des mères interrogées ont fait la connaissance de leur futur époux dans leur entourage. L'informatrice I 18 raconte : « Y restait su'l'woisin. Pis on avait un "tennis court" che nous, fa qu'y v'nait jouer au tennis toués souères. C'est comme ça qu'on s'est connus. » En général, elles n'ont qu'un seul amoureux qu'elles épousent après environ deux ans de fréquentations régulières, deux fois la semaine, sous l'œil attentif de leur famille. L'informatrice I 16 en témoigne : « Vous savez, on était 18 dans la maison. Y'étaient tous chaperons. On était toute ensemble dans la maison. »

En moyenne, les mères de famille se sont mariées vers 23 ans avec des hommes âgés d'environ 30 ans et moins instruits qu'elles. Comme point de comparaison, disons que ces chiffres sont supérieurs à ceux obtenus par Denyse Baillargeon auprès des informatrices qu'elle a interviewées; les

Québécoises se seraient en effet mariées à 21,4 ans et les Québécois à 24,9 ans[35]. Selon les recensements du Canada, la moyenne enregistrée au pays serait toutefois plus près de la nôtre : 25,4 ans pour les femmes et 28,9 ans pour les hommes[36].

La très grande majorité des époux (75 %) sont originaires du Manitoba. Quatre y sont venus à l'âge adulte. Seul le conjoint de l'informatrice I 16, originaire de Savoie, a immigré au Manitoba quand il avait 14 ans. On se rappellera que la très grande majorité des informatrices (87 %) sont originaires du Manitoba et que toutes, à l'exception d'une, ont été élevées en terre manitobaine. Elles se sont donc mariées avec des hommes de la même origine qu'elles. Seulement deux ont épousé des anglophones. À la question « Ça ne vous faisait pas peur de marier un Anglais? », l'informatrice I 8 a répondu « Non. C'était pas ... non. », sans plus. L'informatrice I 13 a été plus explicite :

> *... mon mari a appris à parler français. Lui, c'tait un anglophone, mais*
> *sa mère était francophone. Il comprenait, mais y parlait pas. Comme*
> *les gensses de ... (nom du village) parlaient pas l'anglais, y'a ben fallu*
> *qu'y'apprenne. Ça'm faisait rien moé de l'marier. J'avais pas peur.*
> *J'ai toujours parlé en français.*

Ce n'est pas d'hier que la récupération des « ayants droit » se fait par la communauté des francophones. Le chemin du cœur transcende quelquefois celui de la langue.

Les coutumes qui marquent ce point tournant de la vie des femmes reproduisent plusieurs éléments des cultures québécoise et française[37]. La cérémonie du mariage a surtout lieu en début de semaine, en avant-midi. La majorité des informatrices mères de famille (10 sur 19) se sont mariées à 10 h le matin. Une s'est mariée à 8 h, parce qu'il y avait un autre mariage à 10 h. Une seule a vécu la cérémonie le soir, à 20 h 30, et en anglais. Toutes se sont mariées en semaine, soit le lundi, le mardi ou le mercredi[38]. La plupart des mariages ont eu lieu en hiver ou au printemps. Est-ce à dire que le système économique agraire imposait aux jeunes gens d'éviter de se marier durant la période la plus occupée de l'année, celle des moissons?

Un repas nuptial, offert par la famille de la nouvelle mariée, suit généralement la cérémonie religieuse. Comme celle-ci a lieu le matin, le

---

35 Denyse Baillargeon, *Ménagères au temps de la crise*, Montréal, Les éditions du Remue-ménage, 1989, p. 24.

36 Canada, BFS, Annuaire du Canada, 1933, cité dans Denyse Baillargeon, *op. cit.*, p. 46; Denise Lemieux et Lucie Mercier, *Les femmes au tournant du siècle*, Montréal, Institut québécois de recherche sur la culture, 1989, p. 129.

37 Pour les mœurs françaises à ce sujet, voir aussi Michelle Perrot (sous la direction de), *Histoire de la vie privée. De la Révolution à la Grande Guerre*, tome 4, Paris, Seuil, 1987.

38 Les Québécoises aussi se marient en début de semaine. Voir Denyse Baillargeon, *op. cit.*, p. 88.

couple et les invités se rendent chez les parents de la mariée pour célébrer : « Le rituel de séparation se tient chez les parents de la jeune fille [...][39]. » La noce consiste en un repas avec les deux familles, celle de l'épouse recevant celle de l'époux. L'informatrice I 14 dit à ce sujet : « Tsé, c'était toujours chez la fille que s'passait le repas des noces. »

Le trois-quarts des nouveaux mariés font un voyage de noces. Les couples franco-manitobains se rendent surtout à Saint-Boniface, la Mecque de la francophonie : « Not' wouèyag' de noc' nuz-autr', on était v'nu à Saint-Boniface, en passant par Saint-Pierre. On était v'nu fair' poser not'portrait d'noces. C'tait loin de ... (nom du lieu où elle habitait). » (I 2) Malgré le trousseau fabriqué avec leur mère et les cadeaux de noces reçus, les femmes commencent leur vie d'épouse avec peu de ressources financières. En France, à la même époque, « [...], il semblait tout à fait inconcevable de se marier sans un trousseau[40] ». Au Québec aussi, « [...] le trousseau représente toujours un aspect important du mariage au début du siècle[41] ». Avant de « partir en ménage », les Franco-Manitobaines se préparent longtemps d'avance pour ne pas arriver les mains vides. Comment s'effectue la fabrication du trousseau? « Mon futur mari m'avait ach'té un "cedar chest". Tsé, on avait toutes des p'tites affaires pis de temps en temps, on allait l'ouvrir ... Pis on était toutes excitées. » (I 19) Trois informatrices ont mentionné que leur mère avait travaillé avec elles à la fabrication du « linge de maison » nécessaire pour leur future vie de femme mariée[42]. Ce faisant, les femmes transmettent aussi la culture canadienne-française.

V. Le rôle de mère

Il va sans dire qu'à l'époque, le mariage a pour but de fonder une famille. Il n'y a ni contrôle des naissances, ni planification familiale. À la question « Avez-vous jasé avec votre mari d'avoir des enfants? », 84 % des informatrices ont fourni une réponse semblable à celle de l'informatrice I 13 : « On parlait pas de ça. » Quelques-unes, comme l'informatrice I 10, ont ajouté une nuance : « Ben non ... On pensait qu'c'était la loâ. (rires) La loâ, c'était d'avoir des p'tits. »

Pour nos informatrices, la phase de constitution de la famille commence moins d'un an après le mariage. Elles auront en moyenne sept enfants sur une période de treize ans. Pendant leurs multiples grossesses, elles continuent d'assumer les tâches domestiques. Étant donné les grossesses rapprochées et

---

39 Denise Lemieux et Lucie Mercier, *op. cit.*, p. 162.

40 *Ibid.*, p. 90.

41 *Ibid.*

42 En France, la mère joue un rôle essentiel dans la préparation du trousseau. Denise Lemieux et Lucie Mercier, *op. cit.*, p. 151.

les conditions de vie difficiles, il n'est guère étonnant que 53 % des mères de famille interrogées aient fait des fausses-couches ou aient eu des enfants mort-nés.

Entre 1920 et 1947, période au cours de laquelle les informatrices donnent naissance à leurs enfants, nous avons noté une évolution des pratiques reliées à l'accouchement. En effet, un nombre croissant de femmes se rend en milieu hospitalier pour accoucher. Au total, 67 % des informatrices y mettent au monde un ou plusieurs de leurs enfants, surtout de 1930 à 1940. La présence des femmes de leur entourage demeure toutefois essentielle, surtout pour les relevailles.

Selon la répartition traditionnelle des rôles sexuels, c'est aux femmes que revient la tâche de veiller sur les enfants. Ce qu'elles ont appris dans leur famille d'origine, elles le transmettent à leur tour : elles leur montrent à parler, à chanter et à prier en français. Ce faisant, elles reproduisent les traditions qui assurent la continuité et la sauvegarde de la francophonie manitobaine. À cette époque, les maris ont surtout un rôle de pourvoyeurs.

Les conditions de vie et le bien-être matériel des familles ne dépendent cependant pas exclusivement des revenus du père. Les mères interrogées savent qu'elles y ont contribué. En effet, elles font peu d'achats sauf pour se procurer les denrées de base; elles pratiquent une économie d'autarcie dont elles sont fières. Ainsi, elles cultivent des jardins potagers et font des conserves. Chaque jour, elles répètent inlassablement des milliers de gestes appris dans leur milieu familial pour assurer la reproduction matérielle de la vie[43]. Il serait d'ailleurs utile, dans le cadre d'études ultérieures, de comparer davantage l'apport domestique des Franco-Manitobaines à celui des femmes d'autres groupes ethniques.

Pour obtenir une idée plus juste du rôle des Franco-Manitobaines de l'époque, il ne suffit toutefois pas d'analyser leurs tâches; il faut aussi étudier leur cadre de vie. À cet égard, un premier constat s'impose : 60 % des mères interviewées déménagent souvent, ce qui trahit une certaine instabilité. Cependant, au fil des années, les familles se fixent. Ainsi, 84 % des familles des mères interviewées étaient propriétaires. Nous devons cependant admettre que notre échantillon compte une plus forte représentation de femmes du milieu rural. Il faudrait donc confirmer ou infirmer certaines de nos conclusions en réalisant d'autres études. Dans les foyers, les conditions de vie sont difficiles : ni eau, ni électricité, ni toilette, ni chauffage adéquat. La période est cependant marquée de nombreux progrès et les femmes passent par exemple de la planche à laver à la machine à laver électrique et de la glacière au réfrigérateur.

---

43 Meg Luxton, « Time for Myself : Women's Work and the "Fight for Shorter Hours" », dans Heather Joan Maroney et Meg Luxton, éd., *Feminism and Political Economy*, Toronto, Methune, 1987, p. 171.

Comme il fallait s'y attendre, le rôle des mères franco-manitobaines interviewées s'inscrit dans la sphère privée. Si le rôle du foyer dans la transmission de l'héritage culturel est méconnu, il n'en est pas moins essentiel. Nous pouvons affirmer sans réserve que si les mères de famille avaient abdiqué, la francophonie manitobaine serait aujourd'hui chose du passé. En mettant leur vie au service de leur famille et de leurs enfants[44], elles ont assuré la survie de la communauté.

VI. La profession d'enseignante

Nous quittons le monde des mères de famille, avec leurs nombreux enfants et leurs innombrables tâches domestiques, pour examiner maintenant un autre groupe de femmes qui, quotidiennement, ont œuvré dans la sphère publique pour la survie de la communauté franco-manitobaine : les « maîtresses d'école », comme on les appelait alors. Elles aussi consacrent leur vie aux enfants. Les institutrices poursuivent le travail de transmission du bagage culturel entrepris au foyer. Nous en avons interviewé dix-neuf, dont cinq religieuses. Nous avons choisi d'utiliser le terme « maîtresse d'école » pour respecter le vocable employé à l'époque. En effet, la population ne les appelait ni enseignantes, ni professeures, mais bien maîtresses d'école ou institutrices. Malgré l'interdiction imposée au cours de cette « traversée du désert »[45], la communauté veille à ce que l'enseignement du français se poursuive. La population enseignante jouera évidemment un rôle primordial à cet égard.

Les maîtresses d'école interviewées ont presque toutes choisi l'enseignement à cause de l'influence de leur famille, comme l'illustre le tableau suivant.

Tableau I

RAISONS DU CHOIX DE L'ENSEIGNEMENT[46]		
Raisons	Nombre	Pourcentage
Membres de la famille	13	43 %
Pas d'autres emplois	8	27 %
Religieuses	5	17 %
Vocation	3	10 %
Accident de parcours	1	3 %
Total	**30**	**100 %**

---

44 Gerda Lerner, *op. cit*, p. 10.

45 L'expression fait allusion à l'histoire du peuple juif dans sa sortie d'Égypte pour décrire la démarche de la communauté franco-manitobaine de 1916 à 1947. Jacqueline Blay, *op. cit.*, p. 59-74.

46 Soulignons que plusieurs informatrices ont donné plus d'un raison pour expliquer leur choix de carrière.

Il importe de souligner que dans la moitié des cas, c'est la mère qui influence le choix. Celle de l'informatrice MÉ 9, par exemple, refuse qu'elle devienne infirmière :

> *Ben, dans ces temps-là, mon goût était de devenir garde-malade*
> *et pis y'avait rien'qu'trois choix de toute façon : l'école, devenir*
> *garde-malade pis le mariage. Pis moé, j'voulais être garde-malade,*
> *mais maman voulait pas. Y'avait trop d'affaires qu'y'arrivaient*
> *parmi les garde-malades, qu'a disait.*
> *C'est d'même que j'ai pas pu être garde-malade.*

Sur les 19 enseignantes interviewées, seule l'informatrice MÉ 15 n'a pas étudié à l'École normale. Elle a enseigné toute sa vie avec un permis. Les dix-huit autres sont allées à l'École normale anglaise, puisque l'École normale française ferme en 1916[47]. Elles ont fréquenté cette institution post-secondaire entre 1927 et 1948, l'année-mode étant 1929. Donc, les propos que nous rapportons décrivent la réalité de la période étudiée. À l'École normale anglaise, elles découvrent avec plus d'acuité leur situation de minorité linguistique.

> *Dans c'temps-là (en 1933), le français était pas bienvenu à l'École*
> *normale. Fallait pas dire un mot de français dans l'École normale.*
> *« Frenchies » qui nous app'laient. On prenait bien garde de pas trop*
> *être Canadiennes françaises non plus, pis d'parler français. (MÉ 17)*

Onze des dix-huit femmes interviewées qui ont obtenu leur diplôme de l'École normale ont mentionné y avoir eu des problèmes d'ordre linguistique. Le degré de difficulté varie mais le résultat est toujours le même, c'est-à-dire un sentiment d'exclusion : « D'abord, on arrivait à l'École normale sans jamais avoir trop parlé anglais. C'tait tell'ment pas not'milieu ... » (MÉ 2) Plusieurs autres mentionnent l'existence d'une certaine discrimination envers les Canadiens français. Voici, par exemple, une exigence imposée à au moins cinq de ces dix-huit étudiantes qui seront diplômées de l'École normale :

> *Non, moé, j'ai pas eu d'misère en anglais, mais on se faisait menacer*
> *de s'faire mettr'à la porte. Y ... C'était gentil encore hein ...*
> *Si on avait des noms ... comme des noms très français, y'avait*
> *beaucoup d'fanatisme, du moment qu'ils nous ont reçus, y nous ont mis*
> *dans une classe spéciale ... pour améliorer not'anglais ... et puis ...*
> *On savait ben parler l'anglais! C'tait just'not'nom ... Tous les chuck,*
> *les sky, les ... (son nom de famille), tout c'qui n'avait pas un nom*
> *anglais-anglais passait dans la classe des « special ». (MÉ 13)*

---

47   Paul-Émile Leblanc, *op. cit.*, p. 48.

La formation reçue ne les prépare pas à l'enseignement du français et de la religion. Pour combler cette lacune, la communauté francophone offre des cours de pédagogie religieuse par l'intermédiaire des Filles de la Croix et des pères Jésuites du Collège de Saint-Boniface. Quelques-unes des informatrices n'ont pas suivi ces cours. Selon l'informatrice MÉ 5, c'est d'abord à la maison et dans son milieu d'origine qu'elle a acquis ses connaissances religieuses. D'autres affirment avoir reçu l'enseignement religieux dans les écoles qu'elles ont fréquentées, pour la plupart des couvents : « On a appris à enseigner la religion avec les sœurs, quand on allait à l'école. On faisait le même système que quand on allait à l'école. » (MÉ 6)

En ce qui a trait à l'enseignement du français, plusieurs devront aussi puiser dans leurs souvenirs pour reprendre les méthodes de leurs institutrices. Une fois franchie l'étape difficile de l'École normale, elles enseigneront dans les écoles de la communauté francophone. Elles sont alors âgées de 19 ans en moyenne et toutes sont célibataires.

VII. Le monde des écoles

Les écoles disponibles et accessibles se trouvent surtout à la campagne. En compilant les rapports des visiteurs de l'Association d'éducation des Canadiens français du Manitoba (AÉCFM), on constate qu'en 1922, 92 % des écoles visitées sont dirigées par des femmes. De ce nombre, seulement 22 % sont dirigées par des communautés religieuses. Vingt ans plus tard, on peut même noter une légère augmentation, soit 94 %, où la proportion de religieuses reste semblable : 24 % au total. Au début des années 40, les religieuses contrôlent 88 % des écoles secondaires des villes et des villages. Une informatrice confirme ces données en exprimant un certain sentiment d'infériorité :

> *Nuz-autres, on ressentait ça, la différence. On avait toujours des p'tites*
> *écoles de misère. Parc'que les écoles intéressantes, dans les villages,*
> *c'tait toujours les religieuses qu'é z'avaient. Y'avait pas d'laïques*
> *là-d'dans. Pis nuz-autres, on était toujours un peu éloignés dans*
> *c'qui restait comme écoles. (MÉ 13)*

Chose certaine, comme l'indiquent ces chiffres, l'histoire de l'enseignement dans les écoles qui desservent une certaine partie de la population francophone de la province, à la ville comme à la campagne, est d'abord et avant tout une histoire de femmes. Et comme l'a déclaré Mme Houde, présidente de la Ligue des Institutrices Catholiques de l'Ouest, en 1941 : « C'est autour de l'école que s'engage tout d'abord la lutte[48]! »

---

48 *Le Bulletin de la Ligue des Institutrices Catholiques de l'Ouest*, 18ᵉ année, nᵒ 1 (sept.-oct. 1941), Winnipeg, Maison Saint-André, p. 30.

Les enseignantes qui travaillent dans les écoles francophones visitées par les responsables de l'AÉCFM sont en outre moins bien rémunérées que leurs collègues anglophones, comme le montre le tableau ci-après.

Tableau II

SALAIRES ANNUELS MOYENS DU PERSONNEL ENSEIGNANT			
Salaires annuels	1922-1923[49]	1931-1932[50]	1940-1941[51]
Manitoba[52] *	949 $	1 017 $	1 004 $[53]
Femmes francophones	1 016 $	744 $	666 $
Religieuses francophones	780 $	627 $	590 $
Hommes francophones	1 256 $	845 $	s.e. [54]

* Ensemble du personnel enseignant.

Il nous est difficile de comprendre pourquoi il y a baisse persistante des salaires chez les francophones alors que les salaires moyens augmentent dans toute la province. Soulignons aussi que les religieuses reçoivent moins d'argent que les institutrices laïques, ce qui permet aux commissions scolaires qui ont recours à leurs services de réaliser des économies. Selon certaines religieuses enseignantes interviewées, la raison invoquée pour leur verser un salaire inférieur était que cela coûte moins cher de vivre en groupe. L'informatrice MÉ 19 déclare à ce propos :

> *Mais, c'qui est intéressant si vous lisez les rapports de c'temps-là, c'est qu'il n'y avait qu'un seul salaire, un seul montant versé aux sœurs, pas à chacune des sœurs. Le gros montant : 1 500 $ par année pour toutes les cinq sœurs.*

49 Moyenne déterminée à partir des rapports des visiteurs, Archives de la Société historique de Saint-Boniface, Fonds AÉCFM, Rapports des visiteurs, 1922-1923, boîte 18, fiches 42/1011 et 42/1012.

50 Moyenne déterminée à partir des rapports des visiteurs, ASHSB, Fonds AÉCFM, Rapports des visiteurs, 1931-1932, boîte 18, fiches 42/1029 et 42/1030.

51 Moyenne déterminée à partir des rapports des visiteurs, ASHSB, Fonds AÉCFM, Rapports des visiteurs, 1941-1942, boîte 19, fiches 42/1049 et 42/1051.

52 Rosa del C. Bruno-Jofré, « The Manitoba Teachers' Federation 1919-1933; The Quest for Professional Status », dans Rosa del C. Bruno-Jofré, *Issues in the History of Education in Manitoba*, Queenstone, Edwin Mellen Press, 1993, p. 335.

53 Pour la même période, la moyenne canadienne est de 900 $ par année, soit 22,56 $ par semaine pour les hommes et 12,01 $ pour les femmes. Mary Wilson, « I am ready to be of assistance... », dans Alison Prentice et Marjorie Theobald, *Women Who Taught, Perspectives on the History of Women and Teaching*, Toronto, University of Toronto, 1991, p. 207.

54 Entrées insuffisantes pour calculer une moyenne significative.

En général, les maîtresses d'école, laïques comme religieuses, enseignent à des classes nombreuses constituées surtout d'enfants de nationalité canadienne-française. Entre 1922 et 1925, d'après les rapports des visiteurs de l'AÉCFM, 6 954 élèves fréquentent 124 écoles franco-manitobaines, ce qui donne une moyenne de 56 enfants par école. Comme la province emploie 235 enseignants et enseignantes dans ces écoles, une classe type regroupe 29,5 enfants[55]. Mais il existe des situations pires encore : on trouve jusqu'à 71 élèves par classe à l'Académie Provencher, dirigée par les Frères Maristes[56]. Par contre, quelques écoles rurales, comme l'école Campeau de Saint-Norbert, ne comptent que 11 élèves[57]. Les écoles de campagne réunissent en une seule classe les élèves de la 1ère à la 8e année. Nos informatrices ont enseigné dans trois écoles pendant leur carrière qui a duré huit ans en moyenne.

La moitié d'entre elles font parvenir leur salaire à leur famille d'origine, contribuant ainsi à la survie financière de la communauté; en ce sens, elles ne diffèrent pas des autres femmes de la province[58]. La moitié des seize informatrices laïques envoient une partie ou la totalité de leur salaire à leur famille :

> *Ah oui, certain'ment qu'on envoyait l'argent à maison. L'argent était*
> *tell'ment rare! Les filles travaillaient aussi. Tout l'monde fournissait*
> *sa p'tite part. J'm'en gardais juste assez de ce que j'avais besoin.*
> *À peu près la moitié. Quand j'avais 90 $, 95 $, j'm'en gardais*
> *à peu près 40-45 $. (MÉ 1)*

À l'époque, c'est sûrement presque un devoir de faire parvenir son salaire à la famille. Certaines, comme l'informatrice MÉ 9, ne gardent que l'argent nécessaire pour payer leur pension : « Moi, j'faisais 90 piastres par mois, pis ça m'coûtait 10 piastres par mois d'pension. Toute le reste, j'le donnais à che nous. » Les autres enseignantes conservent leur salaire ou le donnent à la communauté religieuse.

La majorité des informatrices ont changé d'état civil pendant la période étudiée. Voici un tableau illustrant cette réalité pour les 19 maîtresses d'école pendant toute leur vie.

---

55 ASHSB, Fonds AÉCFM, Rapport du visiteur, boîte 18, fiches 42/1011 à 42/1016.

56 *Ibid.*

57 *Ibid.*

58 Ceci est conforme à l'image présentée en 1938, par A. Oddson qui affirme : « [...] a large number of women have to provide a livelihood for dependents. These may be children, brothers and sisters, dependant parents or other relatives. » A. Oddson, *Employment Of Women In Manitoba*, Province of Manitoba, Economic Survey Board, 1939, p. 61.

Tableau III

ÉTAT CIVIL DES INFORMATRICES ENSEIGNANTES		
État civil	Nombre	Pourcentage
Mariées	13	68 %
Religieuses	5	27 %
Célibataire	1	5 %
Total	**19**	**100 %**

La majorité des informatrices laïques se sont mariées et ont dû de ce fait quitter l'enseignement. Ces 13 femmes n'ont pas pu se marier alors qu'elles enseignaient et ont dû mettre fin à leur carrière dès l'instant où elles ont exprimé leur intention de prendre mari. En fait, une seule maîtresse d'école interviewée a poursuivi l'enseignement après son mariage. De toutes les informatrices, une seule est restée célibataire, ce qui lui a permis d'enseigner toute sa vie. Les 13 enseignantes laïques interviewées ont enseigné en moyenne huit ans avant de se marier, ce qui donne une durée d'emploi identique à celle des mères avant leur mariage. La durée de la carrière varie de deux (MÉ 12) à quinze ans (MÉ 1). La durée-mode du groupe est de cinq ans. À la question « Pourquoi les commissaires ne permettaient-ils pas aux institutrices de poursuivre leur carrière malgré leur mariage? », l'informatrice MÉ 6 a répondu : « Fallait faire des enfants, chu'pose. Yap. Tsé dans c'temps-là, fallait n'avoir une vingtaine! (rires) ». Ce n'est toutefois pas seulement la grossesse qui détermine la cessation d'emploi, mais bien le mariage lui-même. En effet, dans la mentalité de l'époque, une femme qui se marie doit arrêter de travailler.

Ah oui, j'ai dû démissionner parc'que j'étais pour me marier.
Là, j'voulais m'marier en 36, pis dans le temps, y prenaient pas
d'femmes mariées. Dès qu'on s'mariait, fallait quitter, même si on était
pas enceinte. Fallait donner sa démission en juin, même si on se
mariait rien'qu'en décembre, pour leur donner l'opportunité de
s'trouver une autre enseignante pour septembre, qu'était pour faire
l'année, qu'y disaient. (MÉ 11)

Seule l'informatrice MÉ 6 ne s'est pas pliée à cette règle. À la question « Vous avez eu droit d'enseigner après vous être mariée? », elle répond : « Ben, j'l'ai pris. J'ai pas d'mandé. J'avais du front. Les Canadiens français voulaient pas d'maîtresses mariées. » Cette réalité a occasionné un grand roulement au sein du personnel enseignant.

VIII. Les conditions de travail

Trois types d'évaluateurs supervisent le travail des enseignantes : le curé de la paroisse où se trouve l'école, qui veille sur l'enseignement religieux; le visiteur de l'AÉCFM, qui évalue l'enseignement du programme établi par l'organisme; l'inspecteur du département de l'Éducation, qui évalue le rendement des maîtresses d'école.

Les visiteurs de l'AÉCFM se rendent chaque année dans les écoles fréquentées par des catholiques et des francophones. Leur tâche est fort simple :

La même année (1922), l'Association embauchait deux visiteurs
d'école dont la tâche était de voir à la mise en vigueur du programme,
de déterminer le progrès des enfants dans leurs connaissances
du français, et de stimuler les institutrices et les commissaires
moins enthousiastes.[59]

La visite de l'inspecteur du département crée bien sûr de l'inquiétude, parce que les informatrices transgressent la loi en enseignant en français. Elles connaissent bien les sanctions sévères prévues, mais presque toutes (79 %) continuent sans hésitation. Comme institution, l'école est un lieu où l'on reproduit le *statu quo*[60]; celle de la communauté francophone sera aussi un foyer de résistance où l'on défiera la loi des dominants pour assurer la survie de la société franco-manitobaine. Aucun obstacle sérieux ne vient entraver le travail des institutrices interrogées. Elles ont donc peu de choses à dire sur le sujet. Elles enseignent en français, un point c'est tout. L'une d'elles, par contre, raconte les efforts déployés par les parents pour poursuivre le combat.

On a même commencé le français dans des places! Pis pour avoir nos
livres de français, les parents n'avaient pas le moyen, parc'que c'tait
du monde qui vendait du bois, alors on faisait des concerts à tous les
deux dimanches, je crois. Pis là, y donnaient 5 sous ou 10 sous, pis on
ramassait ça. Et puis, on faisait des p'tites pièces, pis moi j'chantais.
Avec c't'argent-là, on a ach'té des livres français, pis on a inauguré
le français dans ... (nom du village). (MÉ 16)

Elles transgressent donc sûrement la loi mais bien parce qu'elles se sentent appuyées par la communauté. Certaines vont jusqu'à payer de leur temps pour que se poursuive l'enseignement, comme l'affirme l'informatrice MÉ 17, qui a même connu une période où elle n'a pas reçu de salaire :

---

59 Paul-Émile Leblanc, *op. cit.*, p. 44.

60 Susan Russell, « The Hidden Curriculum of School : Reproducing Gender and Class Hierarchies », dans Heather Joan Maroney et Meg Luxton, (dir.), *op. cit.*, p. 229-244.

Tout à coup, au mois de décembre, les commissaires nous annoncent
qu'ils n'avaient plus d'argent. Ils voulaient fermer l'école pour deux
mois parc'qu'ils pouvaient plus nous payer. Alors, l'autre maîtresse pis
moi, on s'est dit : « Y (les élèves) vont toute désapprendre au bout de
trois mois. Ça pas d'bon sensse. » Pis Monsieur le Curé y'a dit
« On va essayer d'tirer des plans. » Y dit « On va faire des parties
d'cartes. À toutes les semaines ou toutes les deux s'maines. »
Pis y'avait fait des quêtes. Pis l'marchand où on pensionnait, y nous
gardait gratuitement en pension. On a pas été payées quand même
pendant les deux mois en question.

De plus, les institutrices savent charmer les inspecteurs qui, selon elles, semblent pourtant faire preuve de tolérance. Certaines dénoncent l'hypocrisie nécessaire dans la situation. L'informatrice MÉ 13 relate ce qui suit :

Au mois d'mai, les inspecteurs commençaient à venir, on mettait un
p'tit jeune à la fenêtre. Pis on y disait « Surveille dehors, pis si tu vois
une belle auto neuve arriver, dis-le. » Pis il l'a fait. Y disait
« L'inspecteur ... (son nom). » Pis quand y entrait,
on y disait « Oh Mister inspector, what a happy surprise. »
Quelle hypocrite j'étais. (rires) On était prêtes.

Une autre informatrice avait trouvé un truc fort intéressant pour détourner l'attention de ses élèves du temps consacré à la période de français. Laissons-lui la parole :

Là, je vais me confesser d'un gros péché contre les Anglais. L'horloge
où j't'arrivée a marchait pas. Je m'suis dit : J'la fais pas réparer non
plus parc'que les élèves r'gardaient l'heure quand on commençait le
cat'chisme. Moi, j'avais mon p'tit cadran en avant d'moi. Pis quand
mes sujets anglais étaient finis, des fois, j'commençais cinq ou dix ou
même vingt minutes avant l'temps. Y'ont jamais su à quelle heure
qu'j'commençais. (rires) Pis l'inspecteur, une fois ... J'pense que c'est
la première fois que j'confesse ça ... L'inspecteur anglais y r'marquait
jamais ça qu'l'horloge marchait pas. (rires) Au temps où j'croyais
qu'était pour v'nir, à l'automne, ben j'pensais, qu'était pour v'nir vers
10 h 30, alors j'plaçais l'horloge à c't'heur'-là ... Y rentrait, y
r'gardait ... 10 h 30 ... Pis si j'pensais qu'était pour v'nir dans l'après-
midi, si j'pensais qu'était pour v'nir vers 2 h, j'mettais ça à 2 h (rires).
Pendant qu'les élèves jouaient dehors, comme de raison. (MÉ 16)

En définitive, contrairement à la croyance populaire, la majorité des témoignages livrés par les maîtresses d'école au sujet des inspecteurs anglais sont positifs. Ainsi, certains inspecteurs allaient visiter les bâtiments ou les latrines avant d'entrer dans l'école, pour donner à l'enseignante le temps de faire cacher les livres et d'effacer le tableau. Un autre attendait à la porte que l'enseignante envoie un enfant le chercher :

> *Pis une fois, j'l'avais vu arriver. Le matin, avant la classe, on disait la grande grande prière — tous les actes, les commandements. Et pis, j'me suis dit : y'é pas 9 heures. J'm'arrangeais toujours pour prier avant 9 heures, y va attendre. Y'a attendu à la porte pour qu'on ait fini la prière, pis qu'on chante Ô Canada en français. Après ça, y'a frappé, pis y'est rentré. (MÉ 17)*

Pour confirmer ces dires, il faudrait procéder à une étude approfondie des rapports des inspecteurs du département de l'Éducation. Chose certaine, avec le soutien de la population, les informatrices organisent au quotidien la résistance à la tentative d'assimilation.

Les conditions de vie dans les écoles ne sont guère plus reluisantes que celles qui règnent dans les habitations de l'époque : ni eau courante, ni toilette, ni chauffage adéquat. De plus, le manque de matériel pédagogique est criant et oblige le recours à des moyens de fortune. Les informatrices tirent donc parti des ressources des élèves : elles les font lire, écrire, chanter et raconter des histoires. Elles organisent en outre des spectacles annuels qui mettent en valeur la culture francophone et auxquels toute la communauté est conviée. En raison de leur rôle professionnel, elles ont beaucoup d'autorité et de prestige dans la communauté.

Le respect dont elles jouissent découle en partie de leurs connaissances attestées par un diplôme. La majorité des informatrices enseignantes (53 %) possèdent un brevet de première classe. Pour se perfectionner, elles doivent assister chaque année aux conventions anglaises; elles y prennent moins de plaisir qu'aux conventions françaises, auxquelles elles assistent d'ailleurs beaucoup plus fidèlement. Ces conventions ne répondant pas à tous leurs besoins de contacts sociaux, les Filles de la Croix créent un groupe pour rassembler les enseignantes : la Ligue des Institutrices Catholiques de l'Ouest (LICO). Grâce au *Bulletin* que la LICO publie tous les deux mois, les institutrices ont un moyen de communication qui les sort de leur isolement. Les membres du clergé s'en servent toutefois comme outil de propagande. Le directeur spirituel des membres de la LICO, le père Bourque, y réclame par exemple « Le sang de leur esprit de sacrifice, de leur immolation pour accomplir la tâche qui leur est confiée, de leur dévouement à l'éducation, dévouement qui renferme tous les autres dévouements[61]. »

---

61 *Le Bulletin de la Ligue des Institutrices du Manitoba*, 1ère année, n° 2 (décembre 1924), Winnipeg, Maison Saint-André, p. 36.

La LICO n'est d'ailleurs pas le seul organisme dont les institutrices font partie, puisqu'elles siègent aussi au sein des comités de l'AÉCFM. Elles préparent en outre les enfants en vue des concours de français tenus à chaque printemps. L'histoire de l'AÉCFM reste à écrire et pourrait notamment révéler le rôle joué par l'Association durant la période de l'illégalité et enrichir l'histoire franco-manitobaine. Même si l'on ignore l'ampleur des luttes menées par l'AÉCFM pour assurer la survie de la francophonie, on ne pourra plus, à la lumière des résultats de la présente étude, nier le rôle capital qu'y ont joué les institutrices. Rejetant la fonction traditionnelle de reproduction du *statu quo* normalement confiée aux écoles[62] par les différents gouvernements, les institutrices ont transformé les écoles franco-manitobaines en foyers de résistance.

IX. Les loisirs

Mères de famille aussi bien que maîtresses d'école sont tellement accaparées par leur travail auprès des enfants qu'elles ont peu de loisirs. Dans six cas sur dix-neuf, les mères ont déclaré n'en avoir aucun. L'informatrice I 16 résume bien la situation : « On a pas l'temps d'avoir des loisirs. J'm'en souviens pas. J'avais pas l'temps pour les loisirs. » Celles qui ont un peu de temps libres les consacrent souvent à des activités pratiques : « Coudre, pis tricoter, d'une manière, c'était un passe-temps mais c'était utile quand même. » (I 1)

Quant aux institutrices, elles corrigent les travaux de leurs élèves et préparent leurs cours durant leurs « loisirs ». Certaines se permettent parfois des visites aux gens de la communauté, comme dans leur enfance. L'informatrice MÉ 6 a beaucoup visité les familles avoisinantes et elle explique ainsi pourquoi les voisins se voyaient si souvent :

> On sortait rien'qu'dans les familles. Y'avait pas beaucoup d'communi-
> cation d'une communauté à l'autre. À part de ça, y'avait pas beaucoup
> d'autos. Bon. Le seul moyen de transport que la plupart avaient, c'était
> l'« buggy ». On peut pas rouler ben ben loin en « buggy ». (rires).
> Ça fait qu'comme ça, c'tait plutôt dans les soirées d'famille.
> On s'rassemblait d'une place à l'autre. On s'amusait comme ça. [...]

Les moments de loisirs peuvent aussi servir à la lecture du journal, puisque dans la grande majorité des foyers de nos informatrices (80 %), on reçoit l'hebdomadaire *La Liberté*. Dans ses pages, les femmes trouvent les conseils et les suggestions de Mère-Grand et de Louise, deux journalistes qui confirment et renforcent les valeurs culturelles de l'époque. En fait, selon Mère-Grand, l'altruisme reste le seul secret du bonheur. Sa philosophie peut se résumer à l'exhortation suivante : « Sortez de vous-mêmes et pensez aux

---

62 Susan Russell, *op. cit.*, dans Heather Joan Maroney et Meg Luxton, éd., *op. cit.*, p. 231; Thérèse Hamel, « L'enseignement d'hier à aujourd'hui », dans *Identités féminines : mémoire et création*, *op. cit.*, p. 65.

autres[63]. » Comme le disait Veronica Strong-Boag, toute la vie des femmes est régie par les rapports de sexes, soit aussi bien en fonction des hommes qu'en fonction de leur progéniture[64].

Le manque de disponibilité des informatrices les empêche de faire partie des groupes actifs dans la communauté. Nous soupçonnons que, dans la communauté franco-manitobaine comme dans les communautés ukrainienne ou finlandaise, les femmes accomplissent beaucoup de travail sur lequel la communauté compte[65]. Pensons seulement à l'organisation des soupers paroissiaux ou encore à l'entretien de l'église. En général, les femmes se chargent de ces tâches essentielles pour deux principales raisons : premièrement, la paroisse n'a pas d'argent et les femmes ne demandent pas de rémunération; deuxièmement, on tient pour acquis qu'elles ne travaillent pas à l'extérieur du foyer, donc qu'elles ont le temps de faire du bénévolat. Deux laïques ont par exemple été sacristines pendant qu'elles enseignaient. Laissons la parole à l'une d'elles :

> Là, à ... (nom du village), j'étais sacristine. Ben, moé pis l'autre
> maîtresse aussi. Fallait faire le ménage de l'église pis organiser
> les parures, les fleurs d'la « main » autel, l'autel d'la Vierge, l'autel
> de Sainte-Anne. On faisait d'abord la statue d'la Sainte-Vierge.
> Pis, avec c'qui restait, on faisait la statue de Sainte-Anne.
> Pis on s'disait : « J'espère que Sainte-Anne, a s'souviendra pas
> de ça quand on va s'marier. (rires).
> On y donne des restants. » (rires) (MÉ 8)

Quant aux religieuses, elles accomplissaient des tâches non seulement à l'église mais aussi au niveau communautaire :

> [...] Y'avait une sœur de nommée pour ci, une sœur de nommée pour ça
> ... Les enfants d'chœur, les sacristines d'église, les Enfants d'Marie, les
> Croisées, la JEC, la JAC, pis même, y'avait d'la JOC. Même moi, j'me
> rapp'lle, le dimanche, j'étais chargée de la JOC. C'tait les grandes,
> quand elles étaient juste sorties d'l'école. Ça, fallait faire ça le
> dimanche. Y'avait pas d'autres jours. Alors, t'étais encore pris
> l'dimanche soir. (MÉ 15)

---

63 *La Liberté*, vol. XXI, n° 39, 28 février 1934, Dépôt d'archives audio-visuelles de la Bibliothèque de Saint-Boniface.

64 Veronica Strong-Boag, *op. cit.* p. 3.

65 Voir à ce sujet Jean Burnet (sous la direction de), *Looking into my Sister's Eyes*, Toronto, Multicultural Historical Society of Ontario, 1986; Martha Bohachevsky-Chomiak, *Feminists Despite Themselves, Women in Ukrainian Community life, 1884-1939*, Edmonton, Canadian Institute of Ukrainian Studies, 1988; Michael Ewanchuk, *Pionner Profiles, Ukrainians Settlers in Manitoba*, Winnipeg, chez l'auteur, 1988; R. Friesen, *A Mennonite Odyssey*, Winnipeg, Hyperion Press, 1988; Helen Potrebenko, *No Streets of Gold*, Vancouver, New Star Books, 1977.

Mais cela n'est tout de même que la minorité des informatrices qui sont réellement engagées à ce niveau. À titre d'exemple, elles sont à peu près absentes des groupes comme les Dames de Sainte-Anne et la Fédération des femmes canadiennes-françaises.

Pour terminer l'entrevue, nous demandions aux femmes comment elles croyaient avoir contribué à cette survie de la communauté. Après avoir constaté à quel point elles se sont occupées des enfants, il ne faudra pas s'étonner d'apprendre qu'à leurs yeux, leur plus grande contribution est liée à l'éducation. Les témoignages recueillis sont particulièrement touchants. D'où l'importance de laisser la parole à ces femmes qui n'ont peut-être jamais pu parler du rôle qu'elles ont joué, se sachant fort bien exclues des cercles d'une certaine élite[66] :

> *Ah moi, j'peux dire que j'en suis une qui a aidé. Peut-être que ça*
> *paraissaît pas dans les journaux, qu'ça paraissait pas sua télé, mais*
> *moi chus pas une personne pour l'exhiber ... mais ch'peux dire ... que*
> *ça vient d'mes parents qui m'ont montré. Y'nous ont appris à aimer la*
> *langue, y nous mettaient dedans. Pis j'ai fait ça à l'école, avec mes*
> *enfants. J'ai toujours donné mon maximum dans tout. Dans la langue*
> *pis toute ça. Pis je ne regrette rien, de rien, de rien, comme disait*
> *Édith Piaf,... de mes jours passés. (MÉ 5)*

Cette enseignante est convaincue d'avoir transmis l'héritage culturel de ses parents et de l'avoir fait avec passion et dévouement. Son cas n'est pas unique puisque 95 % des enseignantes ont affirmé avoir œuvré dans ce sens. C'est donc à dire que 18 enseignantes sur 19 ont déclaré avoir contribué à la sauvegarde de la culture française entre 1916 et 1947. De ce nombre, 56 % ont dit l'avoir fait en offrant un bon enseignement aux enfants. Chez les mères de famille, 84 % ont déclaré également avoir contribué à la survie de la communauté de diverses façons. De ce nombre, 69 % considèrent que leur contribution a consisté à avoir des enfants, à exiger qu'ils parlent français ou à les placer à l'école française (ou perçue comme telle). Même si elles parlaient d'une époque révolue, certaines ont fait le lien avec la réalité d'aujourd'hui :

> *Ben, j'le pense que j'ai aidé. Ben, j'ai eu des enfants. Chez pas si y*
> *gard'ront toujours ça. Parc'qu'en a qui sont mariés avec des plus*
> *anglais. Mais si y voulaient ... Ben le plus vieux, y'a marié une p'tite*
> *Ukrainienne. Ben leuz enfants ... ben là, y vont à l'école pis là, y*
> *l'apprennent le français. Ben y vont-tu le garder? (soupirs) J'le sais*
> *pas. Moé, j'leu parle pas anglais. Ma mère non plus nous parlait*
> *jamais anglais. C'est ben d'valeur si y perdent le français. (I 10)*

---

66 « Princess Meets Federation of French Canadian Women », *Winnipeg Free Press*, 25 avril 1945;
« French Canadian Women Hold Reception for Princess Alice », *The Winnipeg Tribune*, 25 avril
1945, Centre de recherche en civilisation canadienne-française, Université d'Ottawa.

Certaines femmes, comme par exemple l'informatrice MÉ 15 qui a enseigné toute sa vie, ont dit avoir transmis la culture française par amour :

Ah ben, j'pense ben que ... chez pas trop comment exprimer ça ... en formant les enfants, vous savez, en les enseignant. Parc'que la culture canadienne française, ça s'est appris à l'école, à la maison aussi, j'pense ben, mais beaucoup à l'école. Fa que, en étant là, en leu parlant, en les enseignant. Enseigner par amour à chanter des p'tits chants français qui sont restés.

X. Conclusion

En terminant, disons que durant la période de l'illégalité, les mères et les institutrices franco-manitobaines n'ont pas baissé les bras. Au cours des entrevues, nous n'avons nullement perçu chez elles une attitude de vaincues, malgré certaines expressions comme « fallait ben. » et « c'tait comme ça dans c'temps-là », maintes fois répétées. Il est important que les jeunes de la génération montante sachent que leurs grands-mères ou leurs arrière-grands-mères ont travaillé activement pour la préservation de leur héritage culturel francophone. En conservant leurs paroles, nous voulions réitérer cette grande vérité : « Jamais un peuple n'a été fort que par une élite[67]. » Nous avons voulu sortir de l'ombre la masse de celles qui, sans tambour ni trompette, ont œuvré à la sauvegarde et à l'épanouissement de la communauté franco-manitobaine. Malgré leur rôle jusqu'ici obscur, elles ont été en réalité les « grandes gardiennes de la langue et de la foi ».

---

[67] Citation de Louis Rouzic, dans *Le Bulletin de la Ligue des Institutrices Catholiques de l'Ouest*, 19e année, no 5 (mai-juin 1943), Winnipeg, Maison Saint-André, p. 103.

Nos parents ne nous avaient pas appris à être indépendantes : le travail et l'éducation des jeunes femmes franco-albertaines, 1890-1940[1]

Anne Gagnon

Anne Gagnon vient de terminer sa thèse et d'obtenir son doctorat, en histoire canadienne, de l'Université d'Ottawa. Elle enseigne présentement au collège universitaire de Kamloops en Colombie-Britannique. Ses recherches portent surtout sur l'histoire des femmmes des Prairies canadiennes, au tournant du siècle.

Au nombre des centaines de milliers d'immigrants se dirigeant vers les terres agricoles de l'Ouest, au tournant du siècle, s'ajoutent des francophones d'Europe, des États-Unis, du Québec et des autres provinces canadiennes. L'historiographie des Prairies parle peu de leur existence, si ce n'est pour suivre l'évolution de quelques groupes de langue française et elle demeure presque muette sur le vécu des femmes d'expression française. Cet article aborde ce champ d'étude par l'investigation d'un groupe de jeunes Franco-Albertaines de 14 à 24 ans, à l'âge de la transition entre l'école et le mariage. À partir de témoignages oraux, l'étude brosse un tableau de leurs charges de travail et veut déterminer comment leur contribution au bien-être matériel de la maisonnée affectait leurs possibilités d'éducation et leurs choix de carrière.

---

[1] Le présent texte est une traduction d'un article publié en anglais dans *Prairie Forum*, vol. 19, n°. 2, Automne 1994.

Durant les premières décades du 20ᵉ siècle, la vie des jeunes femmes franco-albertaines était ponctuée par le travail et par les responsabilités familiales. Comme pour Germaine Bussière, la seule fille d'une famille nombreuse originaire du Québec et établie près de Saint-Paul en 1910, les jeunes filles aidaient leur mère dès leur jeune âge. À l'âge de sept ans, Germaine travaillait déjà à la maison et trayait les vaches. À 13 ans, elle travaillait à temps plein à la maison, cuisant le pain, barattant le beurre, tricotant, cousant et lavant à la main la lessive de la maison. Avant son mariage en 1928, elle travailla pendant plusieurs hivers dans des hôpitaux à Edmonton et à Saskatoon. Elle appréciait beaucoup son travail à l'extérieur de la demeure familiale au désarroi de ses parents qui l'obligeaient à retourner à la ferme chaque printemps, pour aider à la maison, à l'entretien du jardin et à la ferme.[2]

Pour les femmes francophones vivant en milieu urbain et rural, la nécessité de contribuer à l'économie domestique limitait non seulement leur temps pour le travail rémunéré mais, interférait aussi avec leur éducation, limitant ainsi leurs futurs choix. Même si ces restrictions pesaient lourdement aux jeunes filles, la plupart d'entre elles, reconnaissaient que leur contribution était cruciale pour la survie de l'entreprise familiale. Elles étaient très fières de leur participation à l'économie familiale et étaient satisfaites des habiletés acquises. En d'autres mots, le travail leur donnait un sentiment d'accomplissement et développait, par ricochet, leur indépendance et leur autonomie. Cet article examine les expériences de travail et l'éducation des jeunes femmes francophones, en Alberta, entre 1890 et 1940. Cette étude s'intéresse aux femmes âgées de 14 à 24 ans pendant la période de leur vie précédant leur mariage. On y décrit le travail de ces femmes, on y reconnaît leur contribution à l'économie familiale et on y évalue comment leurs responsabilités économiques ont influencé leur choix en matière d'éducation.

Cet article tente aussi de démontrer comment leur ethnicité a modelé les expériences de ces jeunes femmes.[3] L'étude de l'importance du facteur d'ethnicité dans le processus d'immigration et d'adaptation, dans l'historiographie des Prairies canadiennes, doit faire l'objet d'une attention particulière.[4] Depuis

---

2 Institut de recherche de la Faculté Saint-Jean, Université de l'Alberta (IRSFSJ) ARD 33, Germaine Bussière Désaulniers. Durant l'entrevue Germaine ne décrit pas la nature de son travail dans les hôpitaux d'Edmonton et de Saskatoon mais il est clair qu'il était relié à des tâches domestiques (ménage, couture ou cuisine)

3 Les termes « ethniques » et « ethnicité » ne sont pas utilisés pour décrire les peuples autochtones du Canada de même que les peuples fondateurs francophones et anglophones. Dans l'Ouest les francophones étaient minoritaires et « se comportaient comme les membres des groupes ethniques. » Gerald Friesen, *The Canadian Prairies, A History,* Toronto, University of Toronto Press, 1987, p. 244.

4 Durant la dernière décade, le rôle de l'ethnicité dans la vie des pionniers de l'Ouest a attiré tout particulièrement l'attention des historiens américains. Voir Frederick C. Luebke, *Ethnicity on the Great Plains* (Lincoln : University of Nebraska Press, 1980); Linda Schelbitzki Pickle, «*Rural*

1931, plus du tiers des résidents des Prairies sont nés à l'étranger, « la diversité culturelle est la caractéristique la plus importante de la société des Prairies ».[5] Encore aujourd'hui, au-delà du travail sur l'évolution des groupes ethniques et les réactions de la société des Prairies à la présence des immigrants, on connaît peu de choses sur l'importance du facteur ethnique dans le processus de colonisation.[6] On connaît encore moins comment les femmes des groupes ethniques s'adaptaient à leurs nouvelles conditions de vie ainsi que le rôle des femmes et des enfants au bien-être de la maisonnée et dans l'exploitation d'entreprises familiales telles que la ferme « l'institution sociale et économique à la base des Prairies ».[7] L'étude des femmes francophones constitue une tentative de modifier cette image traditionnelle de la colonisation des Prairies qui concentre son attention sur les pionniers anglophones.[8]

La période choisie couvre les années les plus importantes de l'immigration francophone dans la province. Les francophones et les voyageurs sont parmi les premiers Blancs à travailler et à habiter dans les régions les plus à l'ouest du Nord-Ouest depuis le milieu du 18e siècle. En 1885, 44% des résidents de ce qui constitue aujourd'hui l'Alberta étaient d'origine francophone.[9] L'extension du chemin de fer du Canadien Pacifique, vers le nord de Calgary à Edmonton en 1891, amena le premier groupe de colons canadiens français, qui s'installa dans la région d'Edmonton. Dans les décennies qui suivirent, les pio-

---

German-Speaking Women in early Nebraska and Kansas: Ethnicity as a Factor in Frontier Adaptation, » Great Plains Quaterly 9 (Fall 1989); p. 239-251 and Timothy J. Kloberdanz, «*The Daughters of Shiphrah: Folk Healers and Midwives of the Great Plains,* » Great Plains Quaterly 9, no 1 (Winter 1989): p. 3-12

5   Friesen, *The Canadian Prairies, op. cit.*, p. 242-244

6   Howard et Tamara Palmer, *Peoples of Alberta: Portraits of Cultural Diversity* (Saskatoon: Western Producer Prairie Books, 1985); Howard Palmer, *Patterns of Prejudice: A History of Nativism in Alberta,* Toronto: McClelland and Stewart, 1982.

7   Ian Macpherson, « *Introduction* » dans David Jones and Ian MacPherson, ed., *Building Beyond the Homestead: Rural History on the Prairies,* Calgary: University of Calgary Press, 1985, p. 2

8   Le développement des études sur l'histoire des femmes des Prairies est en voie de transformer l'image masculine traditionnelle des Prairies de l'Ouest. Voir Patricia Roome, « *Remembering Together: Reclaiming Alberta Women's Past* »,dans Catherine Cavanaugh et Randi Warne, eds, *Standing on New Ground Women in Alberta,* Edmonton University of Alberta Press, 1993, p. 171-202. Cependant, comme dans l'histoire traditionelle, l'histoire des femmes des Prairies a ciblé premièrement la société dominante des communautés de langues anglaises. Pour le moment, l'histoire des femmes des Prairies issue d'autres groupes ethniques est à peine naissante avec quelques ouvrages tels que ceux de Maureen Ursenbach Beecher, « *Mormon Women in Southern Alberta: The Pioneer Years* », in Brigham Y. Card, John Foster et al, eds The Mormon Presence in Alberta, Edmonton: University of Alberta Press, 1990, p. 211-30 et Frances Swyripa, *Wedded to the Cause: Ukrainian Canadian women and ethnic Identity*, 1891-1991, Toronto, University of Toronto Press, 1992. Pour une discussion sur les forces et faiblesses de l'historiographie des femmes des Prairies, voir Ann Leger-Anderson, « *Saskatchewan Women 1880-1920* » dans Howard Palmer et Donald Smith, eds, The New Provinces: Alberta and Saskatchewan, 1905-1980, Vancouver: Tantalus, 1980 p. 65-90.

9   *Census of the Three Provisional Districts of the North West Territories*, 1884-85, p. 10

nniers s'établirent au nord-est de la région de Saint-Paul et au nord de la fertile région de Peace River.[10] Mais avec l'arrivée de dizaines de milliers d'anglophones et d'immigrants allophones après 1896, les Franco-Albertains devinrent une minorité. En 1936, on comptait 47 979 francophones représentant environ 6.5% de la population albertaine.[11] Même peu nombreux, ils constituaient une importante proportion de la population de certaines régions, notamment Edmonton, Saint-Paul et Peace River.

Les principales sources d'information, utilisées dans cette étude, proviennent de trois collections d'entrevues réalisées par le Provincial Museum and Archives of Alberta (au début des années 1970), l'association culturelle Héritage Franco-Albertain (début des années 1980), et l'Association canadienne-française de l'Alberta (1989) afin de recueillier et de conserver les expériences des pionniers albertains. À partir de ces entrevues, 239 témoignages ont été recueillis, puis d'autres informations ont été ajoutées, extraites celles-là des biographies individuelles et familiales et de l'histoire locale. On a aussi inclus 14 autres recueils compilés à partir d'une variété de documents privés et publics comme des biographies non publiées, des récits familiaux, des collections de lettres, des journaux personnels ainsi que la correspondance des couples de pionniers.[12]

Même si l'utilisation de la documentation orale est nécessaire et primordiale lorsque l'on étudie la vie des femmes, spécialement dans ses aspects privés et subjectifs, puisqu'ils n'apparaissent pas dans les relevés démographiques, et même si elle est appuyée par l'utilisation des sources secondaires et par la littérature, il demeure que les sources orales présentent des problèmes spécifiques pour l'historien. Parce que les entrevues orales traitent de situations qui ont été communiquées plusieurs années après les faits, la mémoire joue un rôle crucial dans la fiabilité de l'information révélée. Cela est certainement vrai, mais les études ont montré que les plus importantes pertes de mémoire se produisent dans les 48 heures après avoir vécu ou avoir été témoin d'un événement.[13]

---

10 Les communautés francophones s'étendirent aussi aux régions sud et centre-sud de la province mais elles furent peu nombreuses et ne survécurent pas longtemps.

11 *Census of the Prairie Provinces*, 1936, Tableau 10, p. 899

12 Selon Daniel Bertaux, les récits biographiques sont « des récits sur la vie d'une personne tels que livrés verbalement par la personne elle-même. Quand ces récits, qui ne couvrent pas toute la vie d'une personne dans tous ses aspects sont alimentés par d'autres données biographiques ils sont alors reconnus comme des biographies. » *Biography and Society: The Life History Approach in the Social Sciences,* Beverly Hills, C.A: Sage, 1981, p. 6.

13 Louis Gottschalk, Clyde Kuckhohn et Robert Angell, *The Use of Personal Documents in History, Anthropology and Sociology* Washington, DC, Social Science Research Council, 1945, p. 16; Paul Thompson, *The Voiced of the Past: Oral History*, New York Oxford University Press, 1988, p. 111

Les pertes de mémoire sont un des facteurs qui doivent préoccuper autant les historiens qui utilisent les sources écrites que ceux qui utilisent des sources orales.[14] Les sources orales doivent être soumises au même type de traitement que les documents écrits. Dans cette étude, les récits de vie sont examinés pour trouver les inconsistences entre eux et leur véracité a été vérifiée avec d'autres documents.[15] De plus, les faits et événements décrits sont corroborés par des sources secondaires comme avec des journaux personnels, des récits et des histoires publiés. Finalement, l'information obtenue a été soumise avec d'autres types de documents comme les données du recensement, les rapports gouvernementaux, les photographies et les journaux.[16]

Les 253 répondantes qui ont partagé leurs expériences de vie sont représentatives de l'époque et de la communauté franco-albertaine au tournant du siècle. 83 des 253 femmes (33%), dont le portrait est brossé dans cette étude, sont nées en Alberta. Des 151 femmes (60%) nées ailleurs, 102 avaient moins de 18 ans à leur arrivée en Alberta et se rappellent avoir grandi dans cette province.[17] De plus, leurs souvenirs couvrent chaque décade du demi-siècle en question.

Ainsi, 26% des sujets sont nés avant 1900, 62% entre 1900 et 1920 et 12% entre 1920 et 1940. Comme les Franco-Albertains de souche, elles ne représentent pas un groupe homogène. Des 233 répondantes dont l'origine est connue, 39% venaient du Québec, 16% de d'autres provinces canadiennes, 34% des Etats-Unis et 11% de l'Europe.[18] Leurs familles provenaient du monde agricole et de la classe ouvrière. Avant leur émigration, 33% des chefs de famille étaient fermiers, 38% travailleurs journaliers et seulement 29% étaient des professionnels, commerçants ou cols blancs. La disponibilité de bonnes terres arables, peu onéreuses en Alberta, signifia qu'une forte proportion d'entre eux choisirent de cultiver la terre à leur arrivée dans l'Ouest. 87% d'entre eux devinrent fermiers ou travailleurs journaliers et seulement 13%

---

14 D'autres facteurs que la mémoire comme l'omission, l'exagération et la suppppression des faits et la projection d'idées, d'éléments culturels et de croyances contemporaines peuvent aussi affecter la fiabilité. Isabelle Bertaux-Wiame, « *The Life History Approach to the Study of Internal Migration* », dans Bertaux, Biography and Society, p. 257-258.

15 La comparaison de plusieurs récits, selon Bertaux, est un moyen probant dans la recherche de la vérité. Bertaux, *Biography and Society, op.cit.*,p. 9.

16 Ces outils de contrôle ont aussi été utilisés pour les biographies, journaux et correspondances car, comme pour les entrevues orales, ils peuvent aussi poser des problèmes de validité et de véracité. Pour les critiques de l'utilisation de ces sources voir Gottschalk et al., *The Use of Personal Documents*, p. 18-19 et Gordon Allport, *The Use of Personal Documents in Psychological Science* New York, Social Science Research ECouncil, 1942, p. 98.

17 Les origines de 19 des femmes (7%) sont inconnues

18 Les Métis francophones ne firent pas l'objet de notre étude en raison d'une absence de documentation suffisante. Seulement deux entrevues ont été réalisées avec des femmes métisses. De plus, la complexité des modes de vie des Métis et leur culture ne peuvent pas être traitées dans cette étude sur les femmes francophones.

optèrent pour des postes de cols blancs, de professionnels ou de commerçants dans des domaines tels que l'achat ou l'exploitation de magasins, de moulins à scie ou d'hôtels.

Parmi les souvenirs évoqués, par les femmes interrogées, le plus fréquent fait référence à la dureté des conditions de travail. Parce que les maisons n'avaient ni eau courante, ni électricité et par le fait même pas d'appareils ménagers, l'entretien d'une maison était une corvée rendue plus difficile par le fait que les grosses familles étaient souvent logées dans de petites maisons, mal construites qui requéraient plus d'organisation et d'entretien. La plupart des femmes interviewées ne bénéficieront pas des commodités modernes avant 1940 ou même plus tard. Les statistiques indiquent, qu'à cette époque, les petites maisons et la surpopulation de celles-ci étaient toujours un problème. En 1936, 62% des familles franco-albertaines vivaient dans des maisons comptant 4 pièces ou moins.[19] Les familles francophones comptaient à cette époque en moyenne 4.5 personnes et étaient parmi les plus nombreuses dans la province.[20]

Il n'est donc pas surprenant que dès que les filles étaient assez âgées, elles étaient entrainées par leur mère pour aider à la maison. Les jeunes filles d'âge préscolaire amusaient les plus jeunes alors que leur mère participait aux travaux de la ferme et de la maison. À l'âge de 6-7 ans, elles lavaient la vaisselle, époussettaient, balayaient le plancher, nourrissaient les animaux à l'étable avant ou après les heures d'école, les fins de semaine ou durant les vacances. Les tâches les plus exigeantes, comme la traite des vaches, le transport de l'eau, de la glace, du charbon ou du bois pour la maison, le barattage du beurre, la cuisine, la couture, le jardinage, la lessive et l'entretien des planchers, étaient faites par les filles de 12-13 ans ou même plus jeunes, surtout, si la fille était l'aînée ou la seule fille d'une famille, comme chez Germaine Bussière.

Peu de jeunes filles, sauf celles de santé fragile ou les benjamines qui accomplissaient moins de travail à la maison, étaient dispensées des tâches ménagères à l'intérieur ou à l'extérieur de la maison. Les corvées étaient l'affaire de tout le monde. Marguerite Trochu, fille d'aristocrates français devenus ranchers dans le centre-sud de l'Alberta, vers 1910, faisait sa part de travail.

---

19 Le problème de l'étroitesse des maison n'était pas exclusif aux pioniers francophones. 50% des familles d'origine britannique et 80,3% des familles originaires d'Europe de l'Est vivent dans quatre pièces ou moins. *Census of the Prairie Provinces*, 1936, Vol II, Tableau 59.

20 Ceci en comparaison avec 3,5 et 4,2 pour les familles anglophones respectivement. *Census of the Prairie Provinces*, 1946, Vol. 3, Tableau 27. Les données du recensement indiquent que 13.4% des familles franco-albertaines ont six enfants et plus. Les seuls autres groupes ethniques avec d'aussi grosses familles sont les Européens de l'Est (12.7%) et les Asiatiques (20,2%). Seulement 4.6% des familles d'origine britannique ont six enfants et plus. *Census of the Prairie Provinces*, 1936, Vol.2, Tableau 69.

Mais dans son journal intime elle exprimait peu d'inquiétude de l'absence de serviteurs; elle décrivait plutôt l'excitation et la variété des tâches à accomplir : « Aujourd'hui j'ai pétri le pain; je suis boulangère et j'ai très bien réussi. Tour à tour : cuisinière, bonne, lavandière, boulangère, jeune débutante (au bal), livreuse lorsque je vais faire des courses. Quelle sera ma prochaine tâche? »[21] Une seule femme, la fille d'un homme d'affaires de la ville, n'avait aucune tâche ménagère à accomplir. Sa « mère avait engagé une jeune fille pour faire les corvées et une femme autochtone faisait la lessive. »[22]

La plupart des familles n'avait pas les moyens de se payer un tel luxe et cela faisait en sorte que les filles, dès qu'elles atteignaient l'âge de 12 ou 13 ans, non seulement, travaillaient de plus en plus à la maison mais assumaient également davantage de travail sur la ferme. La division du travail se faisait selon les sexes. Le travail des champs et le soin des animaux relevaient des hommes alors que l'entretien de la maison, du potager, le soin des volailles et souvent la traite des vaches relevaient des femmes. Cependant, les exigences de la vie des pionniers et des colons rendaient la division des tâches entre les hommes et les femmes impraticables sinon impossibles.[23] En l'absence d'hommes, les jeunes filles devaient aider au travail des champs. Plusieurs jeunes femmes francophones interrogées, spécialement celles dont les familles se sont établies avant 1914, se rappellent avoir accompli du travail très dur. Éva Gagnon aidait à dessoucher la terre en utilisant la charrue pour dégager les racines, alors que sa sœur les retirait avec l'aide de chevaux.[24] Une fois les terres débarrassés de leurs arbres, les jeunes femmes arrachaient les racines et les pierres, conduisaient les animaux de trait et aidaient aux semences. Au moment des récoltes, elles labouraient, râclaient, ramassaient, transportaient et entreposaient le grain.

Les travaux de la ferme allaient souvent bien au-delà des capacités physiques des femmes et pouvaient, à certains moments, mettre en danger leur vie et celle des autres. Les accidents impliquant des enfants et des chevaux étaient fréquents. Angéline Michaud, âgée de neuf ans, et son jeune frère renversèrent leur charrette de grains, quand ils furent incapables de maîtriser leurs

---

21   *Journal de Marguerite Trochu*, 15 juin 1907, traduit par Yvonne van Cawenberge, Lorene Anne Frère Private Collection, Ranch Ste-Anne, Trochu, Alberta.

22   Marianne Molyneaux, « *Early Days in Alberta*, » Alberta Historical review, 8, no. 2 1960, p. 8. Peu de femmes ne participaient pas aux corvées, lorsqu'elles étaient jeunes, alors il est possible qu'elles ne le mentionnèrent pas aux intervieweurs.

23   Elizabeth Jamieson décrit cette relative division du travail comme la « perméabilité » des sphères, alors que Seena Kohl nomme ce phénomème comme « un assouplissement des attentes des tâches sexuées » E. Jameson, « *Women as Workers, Women as Civilizers, True Womanhood in the American West*, » in Susan Armitage and E. Jameson, The Women's West Norman, OK, University of Oklahoma Press, 1987, p. 150; S. Kohl, *Working Together: Women and Family in Southeastern Saskatchewan*, Toronto, Holt, Rinehart and Winston, 1976, p. 34.

24   IRSFJ, AGG 20.13-21.4, Éva Gagnon-Charest.

chevaux, alors qu'ils transportaient le grain du champ à la grange. Ils ne furent pas blessés mais marchèrent jusqu'à la maison appréhendant la colère de leur père. Ce dernier connaissant la nature du travail qu'il demandait à ses enfants d'accomplir, ne les critiqua pas. En général, les parents comprenaient les limites de leurs enfants et essayaient de les compenser en préparant, par exemple, un pique-nique le dimanche quand les récoltes étaient terminées.[25]

Aussi dur que le travail puisse être, certaines jeunes filles préféraient les travaux des champs et le travail à l'extérieur. Charlotte LaPalme qui, à l'âge de 15 ans, travaillait à la ferme avec son père âgé, dans le nord de la province au début des années 1920, se rappelle : « J'aimais la terre et ça ne me dérangeait pas de passer la semaine en salopette et casquette... Venait le dimanche, où j'étais vraiment inconfortable dans une robe. »[26] Les paroles de Charlotte illustrent plus que sa préférence pour le travail en plein air, elles révèlent la dualité des attentes envers les jeunes filles. Même si on comptait sur elles pour remplacer les hommes aux travaux des champs, on s'attendait à ce qu'elles soient « féminines » quand leur travail était terminé.[27] Les travaux des champs ne libéraient pas les filles des tâches ménagères. Mais si la famille comptait plus d'une fille en âge de travailler, les préférences des filles étaient prises en considération et une forme de répartition et de spécialisation des tâches était faite, certaines s'occupant des tâches ménagères alors que d'autres vaquaient aux travaux des champs.[28]

La contribution importante des filles, que ce soit aux champs ou à la maison, n'était pas reconnue à juste titre, par ceux qui bénéficiaient le plus de leur travail. Agathe Magnan qui, après la mort de sa mère, tenait maison et élevait ses jeunes frères et sœurs devait affronter les critiques de son père qui croyait qu'elle aurait contribué davantage au bien-être de sa famille si elle était devenue religieuse et avait ainsi sauvé les âmes de sa famille.[29] Éva Gagnon, pour sa part, se rappellait douloureusement le jugement que son père avait porté sur son travail. Même si sa sœur et elle faisaient la majorité du travail sur la ferme, jusqu'à ce que leurs frères soient en âge de les aider, leur père clamait, plus tard, que leurs frères avaient contribué davantage puisqu'ils avaient apporté des revenus supplémentaires. Éva lui rappella que c'était grâce au travail de ses filles qui avait permis aux garçons de s'absenter de la ferme pour

25   Glenbow Museum and Library, Projet de Recherche Historique Francophone (PRIIF), REF (F-06) Angéline Michaud-Adam; IRSFJ, AGG 20.13-21.4, Éva Gagnon-Charest.

26   Marie Cimon Beaupré, ed., *Leurs rêves : Nos mémoires, Histoire de la région de Donnelly-Falher et biographies des pionniers*, Donnelly-Falher, 1979, p.359 (traduction de l'auteur).

27   Kohl, *Working Together, op.cit.*, p.34.

28   IRSFJ, AGG 6.7-6.16, Dorilda Nault-Désilets; IRFSJ, DEL 3.8-3.17, Éva Roy.

29   IRSFJ, AGG 27.2-27.18, Agathe Magnan-St-Pierre.

aller travailler à l'extérieur. De plus, la mécanisation de la ferme facilita davantage le travail de ses jeunes frères.[30]

Pour Éva et les jeunes filles comme elle, les travaux ménagers et ceux de la ferme entrèrent vite en conflit avec leur éducation. Alors qu'Éva alla à l'école pendant trois hivers, Lucille Bergerin, aînée d'une famille de 12 enfants, ne pouvait aller à l'école que quelques jours par mois avant d'en être retirée à l'âge de 13 ans pour aider sa mère gravement malade.[31] Le temps très court alloué à l'instruction et la scolarisation tardive des enfants s'expliquent : par l'absence d'écoles dans les régions isolées, par les problèmes de transport, par les semestres scolaires écourtés en raison d'un manque d'enseignant.es ou à cause des température peu clémentes et par les pressions constantes de l'économie familiale.[32]

Ceci fut particulièrement le cas pour les vingt premières années de ce siècle alors que les écoles étaient peu nombreuses et souvent éloignées et qu'on avait besoin de l'apport de tous pour préparer la terre et commencer la production agricole. Dans les années '30, la scolarisation des jeunes filles francophones s'accrût considérablement. Les données du recensement indiquent qu'en 1936, 44% des filles franco-albertaines avaient jusqu'à 5 à 8 ans d'instruction alors que 29% avaient complété plus de 8 ans d'instruction[33]. L'augmentation des années de scolarité se reflète par un taux d'analphabétisme qui diminue considérablement durant cette période, de 11.2% chez les femmes de plus de 65 ans, à moins de 1% chez les 15-20 ans.[34] Les données du recensement démontrent aussi des constantes intéressantes : en moyenne les filles francophones, en milieu urbain comme en milieu rural, passaient plus d'années à l'école que leurs collègues masculins. Il n'y a qu'au niveau postsecondaire que le nombre d'hommes égale ou surpasse le nombre de femmes. D'autre part, les femmes francophones sont moins instruites que les femmes d'origine britannique et que les Albertaines en général.[35]

---

30 IRFSJ, AGG 20.13-21.4, Éva Gagnon-Charest.

31 IRSFJ, IRT, 3.4-3.2, Lucille Bergerin.

32 Même s'il semble que les filles débutaient leurs études vers l'âge de 7 ans, les parents retardaient souvent leur inscription, jusqu'à ce qu'elles soient en mesure de contrôler les chevaux sur une distance de 2 à 3 milles, jusqu'à l'école.

33 *Census of the Prairie Provinces*, 1936, Vol.1, Tableau 69. 27% fréquentèrent l'école pendant cinq ans ou moins. Ce chiffre comprend aussi les enfants qui ne fréquentaient pas encore l'école.

34 Ibid. Tableau 80.

35 Ibid, Tableau 69. La seule catégorie où par exception les femmes francophones surpassent le nombre d'Albertaines et égalent le nombre de femmes d'origine britannique est celle des 17 années de scolarité ou plus. Ceci s'explique par le nombre de religieuses éduquées dans les communautés canadiennes-françaises. Il n'y avait que 68 femmes francophones avec plus de 17 ans de scolarité. Or on comptait aussi 125 religieuses qui déclaraient plus de 17 ans de scolarité soit une forte proportion des femmes francophones très éduquées. Ibid., Vol. 2, Tableau 10.

Pluseurs facteurs ont contribué à garder les enfants francophones en dehors de l'école. Les Francos-Albertains provenaient de plus grosses familles où le chef rapportait 15.5% de moins de revenus que la moyenne albertaine.[36] Ce qui signifie que les familles avaient besoin de la contribution financière des enfants. Deuxièmement, 69% des Franco-Albertains vivaient en milieu rural, comparativement à 63% des Albertains, donc les écoles leurs étaient moins accessibles. Finalement la fréquentation des écoles était relié à la disponibilité d'écoles françaises et catholiques.[37] Carl Dawson, dans son étude d'un groupe de pionniers, en 1936, dans les provinces des Prairies découvre que : « la fréquentation des écoles était particulièrement bonne dans les districts où existaient des écoles françaises et catholiques à la ville comme à la campagne[38]. Il semble que lorsqu'il n'y avait pas d'écoles françaises catholiques, les parents qui avaient besoin de l'aide de leurs enfants, préféraient les garder à la maison plutôt que de les envoyer dans des écoles anglaises non confessionnelles.[39]

Lorsqu'elles étaient enfants, les répondantes ont souffert davantage de l'absence d'écoles françaises que d'écoles catholiques. Pour plusieurs d'entre elles, en particulier celles qui n'avaient pas été exposées à l'anglais avant de commencer l'école, l'instruction fut une expérience frustrante, souvent pénible[40]. L'anglais était, après tout, la langue de l'instruction, même dans les écoles fréquentées majoritairement par des élèves francophones.[41] Des enseignantes parlant français auraient pu rendre l'éducation plus facile pour les élèves unilingues français mais les conseils scolaires ne pouvaient pas toujours en engager ou en recruter.[42] Cependant, pour plusieurs enfants francophones,

---

36 Jusqu'en 1946, le revenu annuel moyen des familles francophones était de seulement 1 427$ comparativement à 1 688$ pour l'Albertain moyen. *Census of the Prairie Provinces*, 1946, Vol. 3, Tableau 27.

37 Le Northwest Territories Act de 175 prévoyait la création d'écoles catholiques financées à même les fonds publics dans les districts oùn un nombre suffisant d'élèves le justifiait. Douglas Francis, et al.; *Destinies: Canadian History Since Confederation*, Toronto, Holt, Rinehart et Winston, 1992, p. 149-150.

38 Carl Dawson, *Group Settlement: Ehnic Communities in Western Canada*, Toronto, MacMillan, 1936, p. 272-273.

39 La faible fréquentation de l'école dans les régions moins peuplées est aussi le résultat des demandes accrues pour de jeunes travailleurs.

40 En 1916, 12.4% des jeunes filles francophones de 10 ans et moins ne parlaient pas l'anglais. En 1935, ce pourcentage diminuait de 5,3%. *Census of the Prairie Provinces*, 1916, Vol.1, Tableau 31 et 1936, Vol.1, Tableau 57.

41 L'Assemblée des Territoires du Nord-Ouest adopta des règlements restreignant l'enseignement du français en 1892. L'anglais devint la seule langue d'instruction même si le français pouvait être enseigné au primaire, ce qui était généralement interprété comme les deux premières années de scolarité. Francis et al., *Destinies, op. cit.*, p. 149-150

42 Les francophones élus pour siéger au conseil d'administration des 118 districts scolaires engagèrent ou tentèrent d'engager des professeurs francophones mais il n'y eut jamais assez d'enseignants bilingues pour combler la demande. Les professeurs francophones dans les régions

l'école demeura une corvée quotidienne. Certaines femmes se rappellent avoir été punies à l'école pour avoir parlé français et avoir été punies à la maison pour avoir parlé anglais. D'autres, comme Ida Guindon, attendait impatiemment de quitter l'école. Elle raconte son soulagement lorsqu'elle réalisa qu'elle n'aurait plus à vivre tous les jours avec une langue qu'elle n'avait jamais comprise.[43]

Les parents essayaient de surmonter les difficultés linguistiques et religieuses en envoyant leurs enfants dans des couvents. Gérées par des communautés religieuses et dispersées à travers la province, ces écoles ne fournissaient pas seulement une éducation française et catholique mais plusieurs, contrairement aux écoles rurales, offraient un programme d'études secondaires.[44] 56% des répondantes qui ont reçu leur éducation, en totalité ou en partie, en Alberta sont allées dans des couvents; 45% comme pensionnaires, 11% comme externes. Quatre des pensionnaires furent envoyées dans des couvents, au Québec, pour une partie de leur éducation. Ce modèle de jeunes filles allant étudier loin de leur domicile, ressemble plus étroitement aux expériences des femmes québécoises qu'à celle des femmes albertaines décrites par Éliane Silverman qui découvrit que « peu de jeunes filles étaient envoyées à l'extérieur, car la plupart des familles n'insistaient pas pour que leurs jeunes filles aient plus d'éducation que celle que leur district offrait. »[45] Parce que les écoles locales ne pouvaient pas toujours fournir cette forme d'éducation — française et catholique — que les parents francophones voulaient pour leurs filles, ceux-ci étaient forcés de trouver des alternatives.

Des arrangements de toutes sortes étaient pris pour envoyer les jeunes filles dans des couvents. Le problème du choix d'une pension, loin de la maison, était simplifié si les parents pouvaient se permettre de payer les frais qui pouvaient atteindre 240$ par année.[46] Sinon, les frères et sœurs plus âgés qui

isolées utilisaient clandestinement le français comme langue d'instruction. Yvette T. Mahé, *School Districts Established by French speaking Settlers in Alberta: 1885-1939*, Edmonton, Faculté Saint-Jean, University of Alberta, 1989, p. 2-10.

43 IRFSJ, ARD 11, Alma Foisy; IRFSJ, AGG 2.24-3.29, Blanche Laplante-Husereau; IRFSJ IRT 6.1-6.3, Yvonne Labrie-Leduc; IRFSJ, AGG 25.15-25.29, Céline Morin-L'Heureux; et PRHF, REF (F-08), Ida Guindon-Côté.

44 Le plus ancien pensionnat fut ouvert à la mission du Lac Ste-Anne en 1861. La mission et l'école furent transférées à St-Albert en 1863. *The Black Robe's Vision: A History of St Albert and District*, St Albert, Alberta, St Albert Historical Society, 1985 Vol 1, p. 20-33.

45 Denise Lemieux et Lucie Mercier, *Les femmes au tournant du siècle, 1880-1940* Québec, Institut québécois de recherche sur la culture, 1989, p. 77-82; Eliane Silverman, *The Last Best West: Women on the Alberta Frontier 1880-1930*, Montreal, Eden Press, 1984, p. 31

46 Anne Gagnon, « *The Pensionnat Assomption: Religious Nationalism in a Franco-Albertan School for Girls, 1926-1960.* » Mémoire M.A., University of Alberta, 1988, p. 71. Le coût mentionné est celui en vigueur en 1926. La plupart des écoles étaient plus abordables que l'élitiste Pensionnat Assomption. L'école de Morinville, par exemple prenait en pension les élèves, sans frais, mais les parents devaient nourrir leurs enfants. Aristide Philippot, Morinville (1891-1941) : *Cinquante années de vie paroissiale*, Edmonton, Éditions La Survivance, 1941, p. 99.

travaillaient, ou des parents plus fortunés, aidaient à défrayer les coûts. Des arrangements pouvaient parfois être conclus pour que les jeunes filles vivent en pension chez des parents[47], mais dans la plupart des cas c'était le troc des biens et services qui permettaient aux filles de demeurer à l'école. Par exemple, Marie Hébert et ses sœurs furent placées dans des familles avec de jeunes enfants, où elles devaient s'en occuper, en échange de leur pension alors qu'Angélina Van Brabant payait sa pension en travaillant aux cuisines du couvent.[48] Plusieurs couvents acceptaient de la glace, du bois de chauffage, du savon, du lait, de la viande, des pommes de terre, du riz, de la farine et de l'avoine comme paiement partiel ou total des frais.[49]

Si des arrangements pour la pension n'étaient pas possibles, poursuivre ses études pouvaient impliquer le déménagement de la famille ou la combinaison d'un certain nombre de stratagèmes pour arriver à joindre les deux bouts. En 1920, la famille de Lucienne Langevin déménagea de la terre familiale, située dans un rang, à une maison au village pour faire en sorte qu'il soit plus facile pour les enfants de se rendre à l'école. Même si leur terre était louée, son père parcourait 4 kilomètres par jour, matin et soir, pour nourrir les animaux et traire les vaches[50]. La mère d'Alice Boisjoly qui se maria à 16 ans et eut peu d'opportunité de se scolariser, fit appel à toutes sortes de stratégies pour que ses 12 filles puissent poursuivre leurs études. Elle eut de l'aide du prêtre de sa paroisse qui contribua aux frais de scolarité et de pension, elle économisa sur les revenus de son mari, elle produisit, autant que possible, ce dont sa famille avait besoin sur la ferme et s'assura de faire travailler davantage sa petite armée d'enfants afin de compenser pour celles qui étaient au loin. Entre 1913 et 1932, cinq des filles Boisjoly reçurent leur certificat d'enseignement et deux devinrent infirmières.[51]

La détermination de cette mère, dans la poursuite de l'éducation de ses filles, était certainement exceptionelle, à la fois par sa persévérence et par son degré de réussite. Par contre, plusieurs pionniers ne pouvaient tout simplement

---

47 PRHF, REF (F-07), Marie-Rose Pagée; IRFSJ, AGG 22.14-23.12, Lucienne Bourbeau-Baril; IRFSJ, ARD 7, Alice Boisjoly-Landry; IRFSJ, ARD 14, Simone Bergeron-Blouin.

48 PRHF, REF (F-14), Marie Hébert-Michaud; Angélina Van Brabant-Couture, entrevue individuelle réalisée le 25 juin 1991.

49 PRHF, REF (F-12) Marie Roy-Hébert; PRHF, REF (F-07) Irène Lemire-Boisvert et Florida Trudeau-Briand; PRHF-REF (F-11) Jeanne Dupuis-Garand.

50 IRFSJ, ARD3, Lucienne Langevin-Laing. Bon nombre d'autres femmes ont aussi raconté que leur famille déménagea pour faciliter la fréquentation de l'école pour leurs enfants : IRFSJ, CHE 23.3, Bernadette Matthieu-Levasseur; PRHF, REF. (F-14), Marie Blanchette-Mencke; PRHF, REF (F-119) Noëlla Morin-Tanguay; PRHF, REF (F-08), Dolorès Jodoin.

51 Même s'il était plus courant que les prêtres aidaient à payer l'éducation des garçons, un certain nombre de femmes confirment que des prêtres ont financé en partie le coût de leur pension ou de celle de leurs sœurs. Voir PRHF, REF (F-08) Dolorès Jodoin-Corbière. Il y avait aussi quatre garçons dans sa famille mais Alice ne se rappelle pas de la durée de leur scolarité. Voir IRFSJ, ARD 7, Alice Boisjoly-Landry.

pas se passer de la contribution de leurs filles. Alors que la majorité des jeunes filles complétaient leurs études élémentaires, des circonstances, telles que la maladie ou la mort de la mère ou la naissance d'un autre enfant dans un famille déjà nombreuse, obligeaient l'entrée hâtive des filles sur le marché du travail à temps plein. Les données du recensement de 1946 estiment que 14% des jeunes francophones, de 14 à 24 ans, n'allaient ni à l'école et n'étaient ni présents sur le marché du travail.[52] On ne peut que déduire que ces jeunes femmes et jeunes hommes travaillaient, sans salaire, à la maison ou sur la ferme.

Pour certaines d'entre elles, la fin de leur scolarité était un moment difficile. Germaine Bussière, qui quitta l'école, à l'âge de 13 ans, pour aider sa mère malade et pour s'occuper des travaux ménagers et des six autres enfants de la famille, se rappelle avec angoisse le moment où elle apprit qu'elle ne pourrait pas entreprendre d'études secondaires. « Je me vois encore, dit-elle, me cacher derrière la maison, pleurer pendant des heures parce que je voulais retourner à l'école, mais je ne pouvais pas. Je voulais devenir professeur. »[53] Les sentiments de Germaine Buissière reflètent aussi ceux de plusieurs femmes interrogées. Comme elle, plusieurs aimaient l'école et furent déçues d'avoir à la quitter. Certaines en voulaient à leurs frères et sœurs qui reçurent plus d'instruction, alors que d'autres prétendaient qu'elles savaient lire et écrire suffisamment et ne ressentaient pas de chagrin.[54] La majorité acceptait la fin de leur scolarité avec résignation. La famille avait besoin de leur contribution à l'économie familiale et peu d'entre elles se questionnaient sur cette obligation.

Pour ces jeunes femmes, la fin de leur scolarité signifiait la poursuite de leur apprentissage dans les habiletés qui allaient être requises dans leurs rôles d'épouses, de mères et de ménagères. Mais pour celles qui étaient forcées d'assumer plus tôt le fardeau des tâches domestiques en raison de la maladie ou de la mort de leur mère, la période d'apprentissage était brève. Dolorès Jodoin avait huit ans quand sa mère devint malade. De son lit, elle lui donnait les instructions et les conseils sur le travail à faire. Dolorès se rappelle qu'elle avait besoin constamment de son avis pour accomplir ses tâches. Quand son père était à la maison, il prenait en charge le travail qui demandait des habiletés que Dolorès n'avaient pas encore acquises. Il cuisait le pain et préparait les repas alors que Dolorès s'occupait des trois plus jeunes enfants et de sa mère alitée.[55]

Pluseurs jeunes femmes comme Dolorès étaient plus ou moins laissées à elles-mêmes pour faire leur apprentissage et à maîtriser les tâches domestiques.

---

52 *Census of the Prairie Provinces 1946*, Vol.3, Tableau 27. La division par sexe n'est pas disponible.

53 IRFSJ, ARD 33, Germaine Bussière-Desaulbiers (Traduction de l'auteure).

54 PRHF, REF (F-06), Angéline Michaud-Adam; IRFSJ, AGG 20.13-21.4. Éva Gagnon-Charest; IRFSJ, IRT 3.4-4.2, Lucille Préfontaine-Bergerin.

55 PRHF, REF (F-08) Dolorès Jodoin-Corbière.

Elles apprenaient par essais et erreurs, en lisant des livres de recettes, ou en dépendant des autres membres de leur famille pour apprendre. Dolorès apprit éventuellement à faire le pain. Même si elle ne révèle pas comment elle l'apprit, il est probable que c'est son père qui le lui enseigna. Une autre femme qui pris en charge la maisonnée à 16 ans, en raison de la maladie de sa mère se rappelle qu'elle dû apprendre, par elle-même, comment conserver la nourriture et préparer les repas. Agathe Magnan, dont la mère fut malade pendant plusieurs années avant de mourir, alors qu'Agathe n'avait que 12 ans, alla étudier au couvent à temps partiel pour apprendre les tâches domestiques. Elle étudiait le français une heure par jour et passait le reste de son temps à aider les religieuses à faire la lessive et le repassage, la couture et la cuisine[56].

Les filles qui travaillaient à la maison accomplissaient aussi toutes sortes d'autres travaux en plus de leurs corvées domestiques. Elles participaient aussi aux entreprises familiales et contribuaient ainsi directement à l'économie familiale. Certaines aidaient à gérer les bureaux de poste qu'un grand nombre de villageois tiraient profit à partir de leur domicile[57]. D'autres tenaient les livres au garage de leur père, au moulin à scie ou alors, d'autres comme Reine Lefebvre, cuisinaient pour les hommes engagés et les travailleurs des camps de son père. La cuisine n'était qu'une des contributions aux entreprises familiales. Après s'être établi à Cold Lake, en 1910, le père de Reine devint entrepreneur d'une série d'entreprises, incluant la propriété et l'exploitation de deux scieries, d'une usine de bardeaux, d'un stationnement, d'une entreprise de pêche commerciale, d'une conserverie de fruits sauvages et d'une compagnie de commandes postales de poissons et de fruits. Ces entreprises n'auraient jamais prospérées sans la main-d'œuvre familiale. Reine et ses deux sœurs aînées, étaient d'une aide sans prix. Selon Reine, elles s'occupaient de la ferme alors que leur père gérait ses entreprises et que leurs frères chassaient et pêchaient.[58]

Le travail des filles était particulièrement crucial dans les entreprises familiales comme les restaurants, les hôtels et les pensions.[59] De 1932 à 1937,

---

56 PRHF, REF (F-11) Florida Trudeau-Briand; IRFSJ, AGG 27.2-27.18, Agathe Magnan-St-Pierre.

57 PRHF, REF (F-12) Éva Desfossés-Johnson; PRHF, REF (F-13), Gilberte Lemay; IRFSJ, RAL 1.1-1.7, Jeanne Boivin-Noël.

58 IRFSJ, AGG 11.2-11.4, Reine Lefèbvre-Lirette; IRFSJ, DEL 5.44-6.6, Aurore Pronovost-Prévost, Provincial Archives of Alberta, Alberta p. 77-219, Blanche Fluet-Staniland; et IRFSJ, IRT 8.4, Raymonde Perras-Riopel.

59 Carl Dawson a observé que, même si dans les années 30, les Canadiens-Anglais possédaient de nombreuses entreprises dans les villages francophones, comme les banques et les élévateurs à grain, les plus petits commerces comme les hôtels et les magasins généraux étaient toujours la propriété des Canadiens-Français. Voir Dawson, *Group Settlement, op. cit.* p., 353. Voir aussi IRFSJ, DEL 6.18-6.51, Gaëtane Côté-Dion, IRFSJ, D019, Juliette-Irma Morin, IRFSJ, RE 625, Zéa Chevigny-Piquette; IRFSJ, RE 620, Dellamen Plamondon; PRHF, REF (F-19), Mme Adrien Turcotte.

Joseph et Alida Lozeau tenaient un magasin, une échoppe de boucher et un restaurant, à partir de leur maison, dans un hameau du nord-est de l'Alberta. Quand Joseph servait ses clients et livrait ses marchandises au magasin, Alida tenait la comptabilité, servait les repas, s'occupait des pensionnaires et de ses 10 enfants. Le couple engagea une bonne qu'il payait 8$ par mois; mais ses gages diminuèrent sensiblement quand les trois filles aînées mirent l'épaule à la roue. Avec les profits ainsi générés, la famille acheta une nouvelle cuisinière, et en 1937, une maison plus spacieuse[60]. Une autre famille établie dans le même hameau, en 1912, prenait régulièrement 3 ou 4 pensionnaires. La mère et les trois aînées tenaient la maisonnée de 14 personnes et selon une jeune fille, faisaient assez d'argent pour faire vivre la maison en entier[61].

Il existe de nombreuses évidences qui démontrent que les filles étaient fières de leurs contributions à l'économie familiale. En 1916, Angélina Bilodeau, 11 ans, commença à accompagner son père à Edmonton au marché pour vendre de la viande et des produits laitiers. Lorsqu'elle atteignit l'âge de 17 ans, elle travaillait seule au marché six jours parsemaine et demeurait en pension chez ses grands-parents. Angélina raconte qu'après une bonne semaine, alors qu'elle avait vendu tous ses produits, elle avait hâte de revoir son père pour lui remettre les 5$ ou 6$ qu'elle avait gagné. Pour sa part, Liane David se rappelle avec fierté que son père avait pu acheter de l'avoine pour les semences du printemps avec l'argent qu'elle avait gagné en trappant des coyotes[62].

Pour beaucoup de ces jeunes filles dont le travail à la maison n'était pas suffisant pour aider à maintenir l'entreprise familiale à flot et dont le travail à la ferme n'était pas indispensable, il existait toujours le travail salarié. Les données du recensement indiquent que le travail domestique était le le choix de travail le plus fréquent[63]. Il y avait, pour les femmes, une progression naturelle des tâches ménagères apprises à la maison qui conduisait au travail domestique. La cuisine, l'entretien de la maison et le soin des enfants pouvaient aussi faire l'objet de travail salarié. Mais ces emplois étaient souvent temporaires et offraient peu de sécurité financière. Plusieurs, comme Irène Lemire, trouvaient

---

60 PRHF, REF (F-14), Laurette Lozeau-Michaud et *Ste-Lina and Surrounding Area*, Ste-Lina, Alberta, Ste-Lina History Book Club, 1978, p. 117-123.

61 IRFSJ, CHE 2.1, Bernadette Rousseau-Riopel. Ce type de pension était courant. Le recensement de 1946, le seul où les données sur les locataires et propriétaires sont disponibles, indique que 5 952 familles étaient propriétaires de leur maison. 944 d'entre elles ou 16%, hébergeaient des pensionnaires, *Census of the Prairie Provinces, 1946*, Vol 3, Tableau 27.

62 IRFSJ, AGG 16.1-16.35, Angélina Bilodeau-Gobeil; IRFSJ, AGG 15.1-15.2, Liane David. Antoinette Hermary vendait, dans un anglais hésitant, des légumes, de porte en porte, à Red Deer. L'argent ainsi gagné, a aidé sa famille à survivre pendant la maladie de son père. Voir IRFSJ, LER 3.1-3.25.

63 47% des femmes francophones, sur le marché du travail, étaient employées dans le secteur de l'industrie domestique. *Census of The Prairie Provinces, 1936*, Vol. 2, Tableau 10.

à s'engager pendant les récoltes pour aider les épouses des fermiers à nourrir les équipes de travailleurs qui comptaient jusqu'à 20 hommes. D'autres jeunes filles aidaient à l'entretien de la maison et s'occupaient des enfants quand une mère était dans les derniers mois de sa grossesse et dans les premières semaines après la naissance d'un bébé[64].

Même lorsque certaines domestiques étaient engagées sur une base permanente, aucune n'était bien rémunérée[65]. Les femmes interrogées gagnaient de 5$ à 15$ par mois incluant la chambre et pension[66]. Certaines recevaient même moins que cette somme. Albertine Belland se souvient qu'elle ne fut jamais payée pour certains des travaux qu'elle avait accomplis chez des familles pauvres. Dans certains cas, on lui offrit des vêtements en guise de salaire[67]. En plus d'un maigre salaire, les travailleuses domestiques devaient travailler de longues heures, pendant tous les jours de la semaine et accomplir des tâches éreintantes. Comme l'une d'entre elles l'explique, il n'y avait pas d'heures fixes de travail, on travaillait jusqu'à ce que les tâches de la journée soient terminées[68]. En plus de ces conditions difficiles, des facteurs additionnels décourageaient les jeunes femmes de faire carrière comme domestiques. Mathilda Drolet qui, à 16 ans, fut engagée pour prendre soin de jeunes enfants, se retrouva à faire la lessive, à entretenir la maison, incluant le récurage des plachers de bois d'une grande maison, à genoux, deux fois par semaine. Selon Mathilda, le dur travail physique exigé par son employeur ne faisait pas partie de l'entente conclue avec son père au moment de son embauche. Mathilda mit fin à cette situation de la seule façon possible : elle quitta son emploi. Malheureusement, elle retourna chez elle un jour avant la fin de son mois de travail et, par mesure de représailles, son employeur retint une partie de son salaire[69].

L'expérience de Mathilda révèle quelques unes des rudes conditions du travail domestique et l'absence de protection en cas de jugement arbitraire de la part des employeurs. Certains parents refusaient, pour ces raisons, de permettre à leurs filles de travailler dans des maisons privées[70]. D'autres essayaient

---

64 PRHF, REF (F-07) et IRFSJ, DEL 7.118-8.49, Irène Lemire-Boisvert; IRFSJ, ARD2, Yvonne Doucet-Drolet; IRFSJ ARD24, Albertine Belland-Gill; PRHF, REF (F-07) Honora Guindon; PRHF, REF (F-14), Laura Tanguay-Maisonneuve.

65 Irène Hamel-Wallace fut engagée comme domestique, pendant 9 ans,dans une famille d'origine allemande. IRFSJ, DEL 2.32-2.42.

66 Durant la période couvrant les années 1909-1940, les travailleurs agricoles en Alberta gagnaient en moyenne 54$ par mois, sans pension. Le salaire mensuel le plus élevé était de 107$ en 1920, le plus bas 35$ en 1934. *Historical Statistics of Canada, 1983*, Series M 78-88, « *Monthly wage without board for male farm labour* ».

67 IRFSJ, ARD 24, Albertine Belland-Gill

68 IRFSJ, ARD2, Yvonne Doucet-Drolet.

69 PRHF, REF (F-07) Mathilda Drolet-Blanchette.

70 IRFSJ, AGG 1.12-1.38, Fayne Baril-Laporte.

de filtrer les employeurs avant de les laisser travailler, mais ce procédé, tel qu'illustré dans le cas de Mathilde, ne permettait pas toujours de détecter les foyers indésirables. De plus, à cause de leurs difficultés linguistiques, de leur absence de formation, et de la rareté des emplois disponibles en milieu rural, la plupart des jeunes femmes ne pouvaient pas se permettre de refuser du travail. Le service domestique avait cependant un élément positif : le caractère temporaire de l'emploi accommodait les exigences de l'économie familiale. Les jeunes femmes pouvaient ainsi combiner un emploi à l'extérieur du foyer familial pour quelques mois, pour améliorer le revenu de la famille, avec le travail sur la ferme familiale lorsque leur contribution était requise[71].

Une telle flexibilité n'était pas accordée aux jeunes femmes qui travaillaient comme domestique dans des institutions : hôtels, hôpitaux et communautés religieuses[72]. Dans celles-ci, les conditions d'embauche et les salaires variaient. Les prêtres assignés à des paroisses étaient aussi des employeurs très recherchés à la fois par les parents et leurs jeunes filles. Ils payaient généralement mieux que dans les maisons privées ou autres institutions, le travail était généralement moins ardu et les travailleuses généralement bien traitées[73]. Cependant, la plupart des institutions n'étaient pas aussi généreuses. Marcelle Lord, dont la famille déménagea en Alberta au début de la Dépression, travaillait dans un petit hôpital de campagne et combinait cuisine, couture et travail de réceptionniste. Durant la première partie de sa journée qui commençait à 6h45, elle cousait jusqu'à cent couches, deux douzaines de pyjamas et des robes de nuit. Parce que son poste de travail était situé près de l'entrée principale, elle agissait aussi à titre de réceptionniste et de guide pour les visiteurs qui passaient par là. À 17 heures elle aidait à préparer les repas et à laver la vaisselle. Pour son travail, elle recevait 4$ par mois, chambre et pension comprises, avait droit à une journée de congé par mois si on avait moins besoin d'elle[74].

---

71 IRFSJ, ARD 24, Albertine Belland-Gill; IRFSJ ARD2, Yvonne Doucet-Drolet.

72 Ces catégories de travail domestique ont été définies par Claudette Lacelle, « *Les domestiques dans les villes canadiennes au XXᵉ siècle : effectifs et conditions de vie.* » dans Histoire Sociale/ Social History, 15, nᵒ 29 1982 , p. 181-207. Les conditions de travail des domestiques sont soulignées par Lacelle et ressemblent aux conditions de travail des domestiques dans les Prairies : Marilyn Barber, *The Servant Problem in Manitoba (1896-1930)* dans Mary Kinnear, *First Days, Fighting Days: Women in Manitoba History*, Regina, Canadian Plains Research Center, 1987, p. 100-119 et Norma Milton, « *Essential Servants: Immigrant Domestics on the Canadian Prairies, 1885-1930*, » in Susan Armitage et Elizabeth Jameson, *The Women's West*, Norman, OK, University of Oklahoma Press, 1987, p. 207-217.

73 IRFSJ, DRK-1-0, Jeanne Bienvenue-Chartrand; PRHF, REF (F-07), Honora Guindon; PRHF, REF (F-14) Laura Tanguay-Maisonneuve; IRFSJ, JUR 1.2, Alice Michaud-Ouellette. Plusieurs femmes ont indiqué qu'elles avaient apprécié travailler chez les prêtres. Voir IFRSJ, ARD2, Yvonne Doucet-Drolet. IRFSJ, AGG 12.2-12.12, Olivine Blais-Lefebvre; IRFSJ, DEL 7.18-8.49, Irène Lemire-Boisvert.

74 IRFSJ, AGG 10.4-11.1, Marcelle Lord-Ouellette.

Certaines jeunes femmes qui avaient faites des études secondaires, ou qui avaient de la formation en commerce ou un talent exceptionnel, si elle n'étaient pas mieux payées, elles avaient cependant des conditions de travail moins pénibles. Certaines travaillaient comme commis dans des bureaux ou des magasins, d'autres comme opératrices de téléphone ou secrétaires, ou comme coiffeuses ou aides-infirmières. Et au moins une d'entre elles fit carrière comme chanteuse professionnelle et artiste[75]. Mais dans la hiérarchie professionnelle féminine, spécialement dans le secteur des services et grâce à l'expansion des occupations de la classe moyenne, dans le secteur des ventes et du travail clérical, les femmes franco-albertaines étaient plus près des conditions de travail des immigrantes d'origine allemande que de leurs concitoyennes anglophones britanniques ou canadiennes. Seulement 12% des femmes francophones travaillaient dans le secteur des ventes et du travail clérical comparativement à 9% des femmes d'origine allemande et à 27% des femmes d'origine britannique.[76]

Nous ne savons pas pourquoi si peu de femmes francophones furent employées dans des postes dit de « cols roses ». La difficulté de s'exprimer en anglais a sûrement été un facteur déterminant. Cécile Déry parlait de sa sœur de 18 ans qui avait travaillé comme sténographe au Québec mais qui, à son arrivée dans l'Ouest en 1911, avait dû travailler comme domestique dans une famille canadienne française puisqu'elle ne parlait pas l'anglais[77]. L'incapacité de parler couramment la langue de travail de la province, limitait évidemment les possibilités pour ces jeunes femmes de faire carrière. Mais leur habileté à parler français pouvait aussi servir à améliorer leurs chances d'obtenir un emploi. De jeunes travailleuses, comme Alicia Foisy 20 ans, quittaient un travail qu'elles n'aimaient pas et déménageaient dans un village éloigné pour travailler chez une connaissance de la famille. Elles étaient ainsi en mesure de profiter du réseau de communication des francophones pour se trouver de l'emploi[78].

---

75 IRFSJ, ARD 23, Sarah Girard; IRFSJ, AGG 25.32-26.62, Thérèse Morin-Lamoureux; IRFSJ IRT 1.1-1.3, Yvonne Régimbald IRFSJ, AGG 19.22-19.27, Jacqueline Sylvestre-Baker; IRFSJ ARD 30, Ella Paradis-Doucet; PRHF, Cécile Belzil; ARFSJ, SHB 7, Armandine Corbière, IRFSJ, D017, Bérangère Mercier. Ces entrevues ont révélé peu de choses sur ces travaux, soit à cause de la brièveté de ces carrières en comparaison avec toute la vie de ces femmes, ou soit à cause de l'agenda des interviews.

76 *Census of the Prairie Provinces, 1936*, Vol 2, Tableau 10. Il semble que le commentaire d'Ann Leger-Anderson, selon lequel « les jeunes femmes nées au Canada atteignaient deux fois plus vite et dominaient dans les carrières, dites, de la classe moyenne », soit comme enseignante, dans le travail de bureau ou les ventes au détail, doit être pondéré. Les secteurs du travail clérical et des ventes furent réellement occupés par des Canadiennes, mais d'origine britannique. Voir « Saskatchewan Women, 1880-1920 », p. 80.

77 IRFSJ, AGG 7.29-8.18, Cécile Déry-Lirette.

78 IRFSJ, ARD 11, Alma Foisy.

La connaissance du français était aussi à l'avantage des enseignantes. Dans les villages francophones, les conseils scolaires étaient constamment à la recherche de professeurs bilingues et certains d'entre eux étaient prêts à leur offrir de meilleurs salaires pour les attirer[79]. Cela eut pour résultat que les femmes francophones entraient dans l'enseignement dans la même proportion que leurs consœurs anglophones[80]. Même si c'était un travail doté d'un modeste statut social, l'enseignement payait mieux que les autres emplois dits « féminins » et était l'une des rares professions à offrir aux femmes une oppportunité de carrière[81]. De plus, en raison de l'accroissement rapide de la population, durant les premières décennies de ce siècle, les possibilité d'emploi étaient nombreuses[82]. Parmi16 des 126 femmes francophones interrogées, qui nous ont parlé de leur vie de jeunes adultes, 13,5% avaient enseigné à l'école[83]. Toutes parlaient fièrement de leur carrière et se rappellaient avec émotion de leurs expériences, même si leurs conditions de vie ou de travail étaient parfois difficiles.

Quand Alice Boisjoly arriva, dans une école rurale, pour occuper un poste d'enseignante, elle fut présentée au couple de fermiers chez qui elle devait prendre pension, mais elle découvrit avec stupeur qu'elle devait partager le seul lit de la maison avec la fermière et son bébé alors que l'époux dormirait tout près sur le plancher.[84] Même si ces arrangements laissaient beaucoup à désirer, en général, les pionniers faisaient de leur mieux pour assurer le confort de l'enseignante. Béatrice Collin raconte qu'alors qu'elle vivait en pension dans une grosse famille, qui avait de la difficulté à joindre les deux bouts, elle était la seule à qui l'on servait du dessert alors que les membres de la famille

---

79 Les écoles bilingues, situées en régions éloignées, devaient payer davantage pour attirer des enseignant.e.s. En 1928-29, Alice Boisjoly quitta son emploi à St-Paul où elle gagnait 840$ pour occuper un poste dans la région de Peace River. Son salaire atteignait 1250$ mais diminua à 750$ durant la Dépression. Voir IRFSJ, ARD7. Ces chiffres reflètent les salaires payés dans la province. « *Annual report of the Department of Education*, voir rapports annuels de 1911, p. 21; 1921 p. 130-131, 1931 p. 116 et 1935 p. 109.

80 Les infirmières étaient également représentées aussi bien chez les francophones que chez les anglophones. *Census of the Prairie Provinces, 1936*, Vol 2, Tableau 10. Le nombre, d'infirmières rencontrées, a été très faible alors nous n'avons que très peu d'informations sur cette expérience professionnelle.

81 J. Donald Wilson, « *I am ready to be of assistance when I can.* » Little Bow and Rural Women Teacher in Bristish Columbia in Alison Prentice and Marjorie Theobald, *Women Who taught: Perspectives in the Hiatory of Women and Teaching*,Toronto, University of Toronto Press, 1991, p. 206.

82 Robert S. Patterson, « *History of Teacher Education in Alberta,* » dans David Jones, Nancy Sheehan et Robert, *Shaping the Schools of the Canadian West*, Calgary, 1979, p 196.

83 Ce pourcentage reflète le nombre d'enseignantes francophones inscrites au recensement de 1936 (12.4%) *Census of the Prairie Provinces, 1936*, Vol 2, Tableau 10.

84 IRFSJ, ARD 7, Alice Boisjoly-Landry.

devaient s'en passer.[85] Les amitiés solides qui se développaient entre les enseignantes et les familles chez qui elles prenaient pension, aidaient les jeunes enseignantes isolées à surmonter la difficile séparation d'avec leurs proches[86].

La jeunesse des enseignantes ne rendait pas seulement leur solitude lourde à porter mais pouvait aussi être une source de problèmes en classe. Plusieurs des élèves, plus âgés que leur professeur mais avec moins d'instruction n'appréciaient pas d'avoir une jeune femme comme professeur. Alice Boisjoly se rappelle avoir eu besoin de demander l'aide du prêtre de la paroisse pour faire en sorte que les plus vieux des garçons restent tranquilles[87]. Être en mesure de contrôler les élèves, moins dociles, n'étaient qu'une des aptitudes que les enseignantes devaient développer en milieu rural. Bien que la plupart des enseignantes interrogées ont travaillé dans des écoles où les élèves étaient majoritairement de langue française, certaines d'entre elles ont aussi enseigné dans des régions colonisées par des immigrants d'origine européenne dont les enfants ne parlaient ni le français ni l'anglais. Ces enseignantes n'avaient pas été formées pour enseigner dans des classes polyglottes et multiculturelles[88].

En dépit des difficultés qu'elles ont surmontées, incluant la planification, l'implantation des programmes scolaires avec peu de ressources, l'enseignement à plusieurs niveaux, le transport à l'école par des températures peu clémentes, le froid glacial qui régnait dans des édifices mal construits et peu isolés, sans mentionner les moments de crise comme les urgences médicales, la plupart des femmes interrogées gardaient de bons souvenirs de cette époque[89]. Elles étaient fières d'avoir surmonté ces moments difficiles. Elles savouraient encore le sentiment du devoir accompli alors que les inspecteurs les complimentaient sur leur travail et elles se remémoraient leur satisfaction devant le succès de leurs élèves. L'enseignement leur donnait aussi une forme d'indépendance inaccessible pour la plupart des femmes francophones.

---

85 IRFSJ, DEL 6.52-6.69, Béatrice Collin-Felsing.

86 IRFSJ, ARD 7, Alice Boisjoly-Landry. Durant les premières décennies de ce siècle, les professeur.e.s pouvaient enseigner après avoir complété leur 11e année et 8 mois d'étude à l'École normale. Alors que certaines d'entre elles faisaient de l'enseignement leur carrière, la plupart n'enseignaient que jusqu'à leur mariage. Les enseignantes, encore jeunes, quittaient la profession, en se mariant. Voir Patterson, « *History of Teacher Eeducation* » *op. cit.*, p. 194-197.

87 IRFSJ, ARD 7, Alice Boisjoly-Landry.

88 IRFSJ, CHE 23.3, Bernadette Matthieu-Levasseur. Selon Robert Patterson, les enseignantes qui partaient travailler dans les communautés immigrantes bénéficiaient de peu de préparation. Les Écoles normales ne les préparaient pas à développer les qualités nécessaires associées avec l'enseignement d'une langue seconde. « History of Teacher Education. » *op, cit.*,p. 198-200.

89 Les difficultés et les conditions rencontrées par les enseignantes, en milieu rural, étaient fréquentes dans l'Ouest. Ceci est souligné dans Robert Patterson, « *Voices From the Past: The Personal and Professional Struggle of Rural School Teachers,* » dans Nancy Sheehan, J. Donald Wilson et D.C. Jones, *Schools in the West: Essays in CanadianEducational History* Calgary; Detselig, 1986, p. 99-111 et J. Donald Wilson « *I am ready to be of assistance,* » p. 29-209

Contrairement à leurs consœurs de langue anglaise qui s'aventuraient seules, dans l'Ouest, à la recherche de travail et de maris, les enseignantes francophones ont été les seules femmes célibataires à aller en Alberta sans leur famille[90]. Peu de femmes démontrèrent le courage et la détermination de Thérèse Labrosse, de Masson Québec, qui arriva en 1923, avec pour seuls bagages, une valise et un certificat d'enseignement, après avoir lu une annonce dans un journal promettant de bonnes gages à des enseignantes bilingues[91]. Ainsi, plusieurs ex-enseignantes interviewées avaient déménagé, dans la province, à la recherche de meilleurs salaires et conditions de travail. Ces choix, même limités, furent rarement possibles pour les autres jeunes femmes francophones.

De plus, même si ces jeunes femmes déménageaient à l'extérieur pour enseigner, leurs responsabilités familiales demeuraient les mêmes. Comme l'une d'entre elles le dit : « Nos parents ne nous avaient pas appris à être indépendantes »[92]. Par conséquent, la vie de ces jeunes travailleuses était circonscrite par les besoins de la famille. Par exemple, Alice Boisjoly retournait chez ses parents, chaque été, pour entretenir la maison, le potager et aider sa mère à faire des conserves[93]. Les parents prenaient aussi, à certains moments, d'importantes décisions qui affectaient l'orientation des carrières de leurs jeunes filles devenues adultes. Anna Guay cessa d'enseigner, pour faire de la couture pour la compagnie de la Baie d'Hudson à Edmonton, à la demande de son père. Il ne voulait pas qu'elle enseigne au loin et suggéra qu'elle apprenne un métier qui la garderait à la maison alors qu'elle pourrait prendre soin de sa mère alitée[94]. Dans certains cas, leurs responsabilités familiales interféraient avec leurs affaires de cœur. Éva Larocque accepta de suivre ses parents en Alberta, en 1917, pour aider sa mère à élever ses 10 autres enfants, même si elle préférait rester en Ontario. Elle y avait une carrière d'enseignante et un mari potentiel[95].

Leurs responsabilités vis-à-vis leur famille incluaient aussi des contributions financières. Les jeunes travailleuses donnaient souvent tous leurs gages à leurs parents afin d'aider la famille à joindre les deux bouts. Comme le tableau 1 l'indique, la contribution financière potentielle des enfants à l'éco-

---

90 Rasmussen et al., *A Harvest Yet to Reap*, p. 12-13; Susan Jeckel, *A Flannel Shirt and Libert: British Immigrant Gentlewomen in the Canadian West*, 1880-1914 Vancouver, University of British Columbia Press, 1982, « Introduction , Eula C. Laffs, « *When Ontario Girls Were Going West*, » Ontario History 60, 1968, p. 71-80.

91 IRFSJ, JUR 2.8-2.24, Thérèse Labrosse-Vallée (traduction de l'auteure) IRFSJ, DEL 6.52-6.69 Béatrice Collin-Felsing.

92 IRFSJ, A66, 19.22-19.27, Jacqueline Sylvestre-Baker (traduction de l'auteur).

93 IRFSJ, ARD 7, Alice Boisjoly-Landry.

94 IRFSJ, ARP 6, 73.392, Anna Guay-Caron.

95 IRFSJ, IRT 3.2, 7.1 Éva Larocque.

nomie famliale était substantielle. Le tableau démontre clairement ce que bon nombre d'historiens avaient noté : la plus grande période de prospérité, dans le cycle des familles de la classe ouvrière, correspondait au moment où les enfants célibataires travaillaient et contribuaient à l'économie familiale[96]. Les données indiquent que, dans les familles rurales qui ne vivaient pas des produits de l'agriculture et dans les familles urbaines, la contribution financière des jeunes était plus importante dans les familles où le père était âgé de plus de 65 ans. En apportant près du 2/5 du revenu familial, les enfants à l'époque de leur productivité maximale, étaient ainsi capables de combler le revenu déclinant d'un parent âgé[97].

Tableau I

	REVENU ANNUEL MOYEN ($) DES CHEFS DE FAMILLE FRANCO-ALBERTAINS								
Âge du chef de famille	Revenu de la famille moyenne et pourcentage du revenu familial contribué par les enfants, 1946								
	Province			Ferme en milieu rural			Vivant en milieu rural non-fermier		
	Chef	Famille	%	Chef	Famille	%	Chef	Famille	%
Total	1427$	1641$	13	862$	938$	8	1373$	1501$	9
Moins de 35 ans	1272$	1303$	2	834$	834$	0	1241$	1268$	2
35-44 ans	1518$	1605$	5	954$	977$	2	1450$	1500$	3
45-54 ans	1565$	1976$	21	876$	1047$	16	1583$	1832$	14
55-64 ans	1474$	1993$	26	769$	1113$	31	1286$	1591$	18
Plus de 65	1209$	1871$	35	575$	750$	23	1110$	1810$	39

URBAIN 1000 +			
	Chef	Famille	%
Total	1528$	1793$	11
Moins de 35 ans	1353$	1391$	3
35-44 ans	1635$	1747$	6
45-54 ans	1658$	2157$	23
54-65 ans	1591$	2197$	28
Plus de 65	1325$	2071$	36

96 Terry Copp, *The Anatomy of Poverty: The Condition of the Working Class in Montreal* Toronto, McClelland and Stewart, 1974 et Louise Tilly et Joan Scott, *Women, Work and Family* New York, Holt, Rinehart et Winston, 1978 p. 6-105.

97 Parmi les familles qui vivaient sur la ferme, la contribution décroissante des enfants au revenu familial est observée quand le père est âgé de 65 ans ou plus, ce qui semble indiquer que les aîné.es ont quitté le foyer familial, probablement pour fonder, à leur tour, leur propre famille.

Même si les données contenues dans le tableau 1 ne font pas la différence entre les contributions des hommes et des femmes, en faisant un certain nombre de suppositions, il est possible d'estimer en général la contribution financière annuelle des jeunes femmes. En supposant qu'il y avait autant de jeunes femmes que de jeunes hommes au travail et que les femmes gagnaient en moyenne la moitié du revenu des hommes, les femmes pouvaient ainsi contribuer au revenu familial entre 62.25$ et jusqu'à 175$ par année[98]. Ceci demeure un estimé très conservateur puisque nous savons que les jeunes femmes donnaient souvent plus de la moitié de leur salaire. Le père d'Éva Larocque encaissait directement les gages de son employeur. Il payait à sa femme le coût de la chambre et pension de sa fille puis distribuait l'argent à travers la maisonnée. Selon Éva, ses parents planifiaient tout et lui donnaient ce dont elle avait besoin[99].

Plusieurs parents considéraient le paiement de la chambre et pension comme une contribution juste en autant qu'elle était versée en argent sonnant. Jacqueline Sylvestre qui travaillait pour le gouvernement povincial, en 1936, se rappelle avoir reçu son salaire, en certificats de propriété du Crédit Social, mais sa mère refusa de les accepter en guise de paiements[100]. Comme Jacqueline, la plupart des jeunes femmes qui vivaient à la maison ou en pension avec des parents, avaient juste un peu d'argent pour leurs dépenses personnelles. Mais celles qui vivaient au loin, en particulier en ville, où elles n'avaient pas de famille pour leur offrir l'hébergement, gagnaient souvent à peine de quoi couvrir leur loyer et leurs dépenses et encore moins contribuer à l'économie familiale[101].

---

98 Le chiffre le plus élevé pour les familles, en miliu urbain, correspond aux résultats de Jane Synge's sur la contribution accrue des jeunes femme à Hamilton. Voir « The Transition From School to Work: Growing up Working Class in Early 20th Century, Hamilton, Ontario dans K. Ishwaran, Childhood and Adolescence in Canada Toronto, McGraw-Hill Ryerson, 1979, p. 55-253.

99 IRFSJ, IRT 3.2, 7.1, Éva Larocque.

100 IRFSJ, AGG 19.22-19.27 Jacqueline Sylvestre-Baker. « Les Prosperity Certificates » furent vendus par le gouvernement Aberhart en 1936 dans l'espoir de satisfaire les électeurs qui réclamaient leurs dvidendes de 25$. Voir Howard et Tamara Palmer, Alberta: A New History Edmonton, Hurtig, 1990, p. 70-268.

101 Yvonne Doucet-Drolet se rappelle d'avoir marché pieds nus, alors qu'elle travaillait pour des fermiers, pour ne pas user ses souliers. Voir Irfsj, ARD2 : PrHf, Ref (F-19) Noëlla Tanguay; PRHF, Ref (F-07), Honora Guindon; IRFSJ, AGG 104-11.1, Marcelle Lord-Ouellette IRFSJ, JUR 1.2, Alice Michaud-Ouellette; IRFSJ, ARD 23, Sarah Girard; Dans son étude sur le travail des jeunes femmes à Edmonton durant les années de la Dépression, Rebecca Coulter trouva que les revenus des jeunes femmes étaient généralement moindres que le minimum requis pour s'assurer une vie décente. Voir The Working Young in Edmonton, 1921-1931, dans Joy Farr, Childhood and Family in Canadian Hurtig, Toronto, McClelland and Stewart, 1982, p. 53-152.

En conclusion, nous pouvons affirmer que peu de jeunes femmes franco-albertaines, au tournant du siècle, ont pu bénéficier de la période d'études et de loisirs qui correspond aujourd'hui avec l'adolescence. Que ce soient à la maison ou sur les fermes, dans les villages ou dans les villes, elles furent initiées très tôt au travail et aux responsabilités de l'âge adulte. Elles aidaient à l'économie familiale, en s'occupant des enfants, en effectuant du travail domestique ou en participant aux corvées de la ferme et aux travaux des champs quand le besoin s'en faisait sentir. En plus de leur force de travail elles assuraient le succès des entreprises de la maisonnée et rapportaient un revenu d'appoint important. Ce travail assurait, à certains moments, à la fois la survie de la maisonnée comme unité sociale et comme entreprise familiale. Dans d'autres cas, leur travail servait à accroître le confort physique et financier de la famille.

Il y a peu de doute que la vie de ces jeunes femmes était composée d'un mélange d'obéissance et d'obligations familiales et que ces responsabilités interféraient avec leur scolarité et leurs perspectives de travail[102]. L'absence d'écoles françaises catholiques dans certaines régions et leurs lacunes en anglais ont aussi limité la qualité et la quantité de jeunes femmes scolarisées ainsi que leurs choix de carrières. Certains parents ont tenté de surmonter ces limites en envoyant leurs filles étudier dans des couvents. Mais même avec ces études, les obligations des filles, face à leur famille, prévalaient sur l'école et la carrière. En dépit des restrictions imposées dans leurs vies, la plupart de ces jeunes femmes ne luttaient pas contre cette dépendance. Alors que peu d'entre elles détestaient manquer l'école et que d'autres sentaient leur travail déva-lorisé, la plupart considère avoir éprouvé de la satisfaction dans les tâches accomplies et les connaissances acquises alors qu'elles participaient à la survie de l'entreprise familiale. La protection, que les parents accordaient aux filles et ce, malgré son aspect de dépendance, adoucissait malgré tout, les contraintes de leurs devoirs.

---

102 Eliane Silverman, *In Their Own Words Mothers and Daughters on the Alberta Frontier, 1890-1929*, Frontier 2, no 2, 1977, p. 38

Il n'y avait pas de toilettes pour femmes!

Marie-Louise Perron

Marie-louise Perron est née en Saskatchewan. Elle détient un baccalauréat en arts visuels, ainsi qu'un baccalauréat en éducation de l'Université de la Saskatchewan et une maîtrise en ethnologie de l'Université Laval.

De 1985 à 1991, elle occupe le poste d'archiviste francophone aux Archives de la Saskatchewan à Régina. Depuis 1992, elle est le chef du Bureau de la décentralisation de l'accès aux Archives nationales du Canada, ou elle développe des systèmes qui permettent aux utilisateurs de faire de la recherche à distance.

La conférence intitulée « Il n'y avait pas de toilettes pour femmes! » a été prononcée en 1990 à Gravelbourg en Saskatchewan dans le cadre de la réunion annuelle de la Fédération provinciale des femmes fransaskoises (FPFF). Cet organisme est voué à l'avancement des femmes dans une société où l'apport, le talent, la voix politique des femmes demeure dans l'ombre des acquis de la population masculine.

Femmes francophones, femmes anglophones, femmes des communautés culturelles, dans la Saskatchewan du début du siècle, toutes ont partagé une vie qui faisait appel à un un courage à toute épreuve, une détermination, une endurance et une foi en l'avenir de leurs enfants. Au cours de la conférence, les images stéréotypées des femmes propagées par l'histoire officielle sont juxtaposées à leurs propres paroles tirées des fonds d'archives pendant qu'elles soignent leurs proches, enfilent le pantalon pour rentrer la récolte, ramassent des billots de construction sur la rivière, bref prennent les moyens qu'il faut pour faire vivre la famille et évoluer la société.

Bonsoir tout le monde! Ça pourrait vous paraître drôle, mais je me suis bien demandée comment j'allais vous saluer ce soir. **Mesdames** semble quelque peu trop formel puisque on se connaît quand'même depuis assez longtemps. **Chères consœurs** fait aujourd'hui partie du discours syndicaliste et puisque c'est à propos de la place des femmes dans l'histoire que je voudrais vous parler, ça non plus ça ne va pas. Alors, je me permets de vous adresser **chères amies, chères vous**.

Si « Il n'y avait pas de toilettes pour femmes! » vous semble un titre un peu discutable pour un discours de banquet, il n'y a pas de quoi vous énerver. La partie « toilettes » proprement dite, — si on peut ainsi dire — va être très courte.

Je vais commencer comme à la façon de mes ancêtres métis et vous raconter une histoire.

Il était une fois, il n'y a pas très longtemps, trois jeunes personnes s'inscrivaient à l'université pour perfectionner leurs études dans leur domaine respectif. Deux choisissaient des études en génie civil et la troisième en éducation.

Vers la fin de la première année de leurs études, les trois (deux jeunes femmes et un jeune homme) se cherchèrent un travail d'été. Le jeune homme, qui était en génie, se trouva rapidement un emploi auprès d'une firme d'ingénieurs, où on lui accorda immédiatement un bureau et les services d'une secrétaire particulière.

La jeune femme en génie se trouva, elle aussi un emploi d'été. Elle était l'une des trois seules femmes admises en génie civil cette année-là, car il y avait un quota, à cette époque-là, pour ces études. Après une période de recherche ardue, elle, tout comme ses deux consœurs d'étude, se sont retrouvées sur des chantiers de construction à titre de « flag girls ».

La jeune femme inscrite en éducation mit beaucoup, beaucoup plus de temps à se trouver un travail d'été. Ne voulant pas s'occasionner de dépenses supplémentaires en déménageant de la ville universitaire et ainsi disperser ses économies et ses énergies, elle chercha du travail sur place. Plusieurs postes étaient ouverts à l'administration de la ville et aussi de l'université pour des emplois d'assistants-jardiniers. Elle venait de la campagne et connaissait bien depuis l'âge de dix ans la culture de plantes de toutes sortes. En toute confiance, elle posa sa candidature pour plusieurs de ces emplois — toujours avec les mêmes résultats. Oui, ses connaissances en horticulture étaient acceptables et oui, on croyait à ses capacités de travailler fort MAIS, très malheureusement, et on le regrettait beaucoup, hélas, il n'y avait pas de toilettes pour femmes sur les lieux de travail!

Bien à contrecœur, la jeune femme ne prit pas seulement un emploi, mais bien deux emplois cet été-là, et ce à l'extérieur de la province. Pour être logée et nourrie, elle garda les enfants de ses hôtes, et pour se faire de l'argent, elle travailla pour le « Petit Colonel » l'après-midi et le soir.

Quelles conclusions avez-vous tiré de cette anecdote? On pourrait en effet en tirer plusieurs. La première, que les activités des hommes sont plus importantes que celles des femmes, donnant ainsi aux hommes plus de choix dans ce qu'ils décident de faire de leurs vies. La deuxième, que lorsque la société accorde aux hommes les emplois les mieux rémunérés, les femmes n'y accèdent que très difficilement. La troisième conclusion inquiète, parce qu'elle concerne la stratégie souvent adoptée par les groupes de pression pour les droits des femmes : la stratégie des « petits pas ». Peut-être suis-je devenue impatiente avec le temps, mais il y a des jours où je vous assure qu'il me semble que la stratégie des petits pas mène tout droit à de très petites victoires.

Ce point de vue est sans doute trop pessimiste. Peut-être. Toutefois, mon travail d'archiviste me fait voir tous les jours l'histoire de notre pays. J'ai tous les jours sous les yeux la vie, le travail, les luttes des femmes, complètement passés sous silence, à moins que ça soit des **femmes** qui en font le témoignage. Sinon, bref, la femme brille en général dans les livres d'histoire, par son absence! Elles étaient pourtant bien là, les femmes, à tout instant partageant le même travail, les mêmes peines, les mêmes joies que les hommes. Elles sont disparues, cependant, quand est venu le moment de consacrer, par écrit, la **valeur** de ce qu'**elles** ont fait pour développer le pays.

J'ai pensé que peut-être cela vous plairait alors de faire pencher la balance dans l'autre sens et de faire parler le silence sur quelques-unes de ces femmes. Les témoignages que je vais vous livrer ne font pas encore partie de nos écrits sur l'histoire, mais ils sont néanmoins conservés sous forme de manuscrits déposés aux archives. Comme on pourrait s'y attendre, autrefois comme aujourd'hui, elles ne finissaient pas toutes comme Cendrillon, ces femmes. Je crois qu'il est important cependant de **dire** ce que les femmes on fait, le dire partout, et le dire **souvent**.

Il y a alors l'histoire de cette femme arrivée à Moose Jaw à l'été de 1884. Elle écrivait : « Tous nos effets de maison étaient empilés dans l'entrepôt de l'immigration et je ne les ai revus qu'au mois de novembre. J'avais le linge du bébé, un changement de sous vêtements et la robe que j'avais sur le dos. Voilà ma toilette cet été-là. »

Il y en a une qui nous a laissé son cahier de remèdes qu'elle utilisait pour combattre les différentes maladies qu'elle rencontrait. Puisqu'il n'y avait pas de médecins, elle a dû prendre son courage à deux mains pour se soigner elle-même, tout son petit monde et même ses voisins.

Une autre parle du manque de services médicaux en 1903 : « À Saskatoon, 350 enfants sont morts de la *complainte d'été* (une sorte de grippe intestinale). Notre petit frère l'a eue. Le médecin était à une distance de soixante milles et ma mère faisait ce qu'elle pouvait. Papa est allé chercher l'infirmière, mais mon petit frère mourut avant qu'il ne revienne. Nous, on était plus vieux et plus forts et on s'en est sorti. »

Toutes les femmes parlent de la terrible solitude qu'elles ont dû affronter. Encore une autre écrivait : « À l'été de 1906, on a eu des voisins, un homme, sa femme et leurs trois enfants dont un bébé. Monsieur était électricien à Winnipeg et ne connaissait rien à la ferme. Il est retourné à Winnipeg à l'automne pour se faire de l'argent pour défricher le homestead le printemps suivant. Madame est restée seule avec ses enfants cet hiver-là. Son voisin le plus proche était à un mille de chez elle. Parce qu'elle ne pouvait pas sortir à cause des enfants, elle est restée dans la maison tout l'hiver. »

On peut bien se demander comment elles ont fait pour ne pas virer folles nos aïeules! C'était du monde avec du cran, ces dames-là! Encore une écrivait sur sa mère qui avait tenu un magasin général : « Les femmes étaient particulièrement habiles en ce qui concerne la tenue d'un magasin général. Elles comprenaient les besoins des femmes et des enfants, et l'importance de la nourriture dans la survie des pionniers. »

Les femmes ne s'en faisaient pas non plus pour enfiler un pantalon pour travailler dans les champs. Si vous cherchez sur les photographies d'époque des femmes au travaux de défrichage, aux moissons, ou aux foins, vous les trouverez difficilement. Chapeaux sur la tête, brûlées par le soleil, elles sont indistinguables des hommes. Quelqu'un dans les environs de Delmas a laissé cette anecdote au sujet de sa mère : « ...Mon père était encore parti travailler à l'extérieur, et ma mère déplorait qu'il n'arrive pas assez tôt et le grain se perdait en *vailloches* sur le terrain. La sœur de mon père était chez nous. Elles ont pris un *buggy* et un *express*, elles ont attelé les chevaux, et rentré à elles deux presque toute la récolte. Des amis de mon père qui passaient en train au bout de notre terre avaient dit à mon père quand ils sont arrivés à Delmas : « Savais-tu que tu avais des hommes qui ramassaient le grain chez vous? Mon père leur a répondu : « C'est ma femme et ma sœur. Ils ont répondu : « Bien non! Ils étaient en pantalon! De répondre mon père : « Si vous pensez que ma femme a peur de mettre des culottes, vous ne la connaissez pas bien. Moi, je ne suis jamais surpris de rien au sujet de ma femme.» Et il leur racontait qu'en revenant de la messe le dimanche, elle prenait des courses avec un certain monsieur qui pensait qu'il avait un meilleur cheval que le sien. Elle gagnait toujours. »

Il paraît que Monsieur étant souvent absent, Madame s'organisait drôlement bien en son absence. Le récit continue ainsi :

« Une fois ma mère a vu passer des billots sur la rivière. Elle a pris la chaloupe et après m'avoir couché dans le fond, elle et un petit Métis de 7 ou 8 ans qu'un missionnaire lui avait confié, ont ramené au bord de la rivière tous les billots flottants qu'elle était capable de récupérer, les attachant avec tout ce qu'elle pouvait trouver de corde,... même ses jarretières. ...Quand mon père est revenu, elle lui a dit : « Regarde le beau bois que je t'ai ramassé pour construire ta grange. »

Vous diriez sans doute, « Mais tout cela s'est amélioré avec le temps, n'est-ce pas? Ça c'était l'ancien temps; après, c'était différent. Les femmes ont acquis le droit de vote, quand'même. » Ah, oui! Elles ont eu le droit de **vote**, mais toujours pas le droit d'être **visible** dans ce qui est perçu comme étant **valable** dans la société.

Comment expliquer un tel écart entre la participation et la visibilité des femmes?

Les documents audiovisuels déposés aux archives peuvent nous donner des indices. C'est passionnant et décourageant à la fois de voir les images qui nous ont vendu notre idée de ce que c'est que notre société.

Parmi ces vieux films, il y en a un qui date du temps du premier ministre Anderson au moment où il était encore ministre de l'Éducation de la Saskatchewan. On y voit les personnalités politiques décernant des prix aux enfants et aux adultes méritants. Parmi ces personnes, il y a une femme qui se voit décerner une décoration — c'était pour avoir eu 14 enfants! De lui-même, le fait d'avoir 14 enfants n'est pas inhabituel. C'était courant à l'époque. Parmi les femmes de notre génération, plusieurs de nos propres mères ou de nos grands-mères ont eu plus de 10 enfants. Ce qui frappe, cependant, c'est la figure de cette femme *méritante* qui tourne vers la caméra un regard si abattu, si désespéré que ça vous fend le cœur. Ça, c'était un film tourné à des fins pédagogiques! Je l'ai trouvé très instructif...

« Bon, ça c'était les années 20-30 », vous dites. Et 1941, ça vous dirait d'y jeter un coup d'œil? On y va, pour un film tourné par le *Wheat Pool*, mettant en vedette les agriculteurs de la province. Enfin, des femmes! Et oui, elles sont là — dans les cuisines, dans les jardins, dans la basse-cour, bref toutes des places **désignées** pour femmes. Une séquence est particulièrement révélatrice. Le film est muet, mais on peut imaginer la conversation entre l'homme et la femme dans la scène. La femme est en train de faire sa lessive dehors, ses instruments autour d'elle : la grosse cuve, les chaudières, le tordeur, la planche à laver. Vous vous rappelez de la planche à laver? La voix dramatique du narrateur annonce le développement des machines qui rendent le travail plus facile. Le mari arrive. Je me dis : « Youppi! Il va annoncer qu'il existe des machines à laver à moteur. » Pas du tout, il lui montre une pièce d'une machine agricole! Le regard que lui jette cette femme-là vaut 10,000$!

D'accord, d'accord! Vous dites. Une autre décennie; passons aux années 50! Ça vous dirait, 1959? On y va! Un film portant le titre *Portrait of Saskatchewan* nous montre des femmes **en masse**! Toujours dans les cuisines, s'occupant des enfants, ou même celle qui, en pique-nique, s'assure que tout le monde a du *fun*. Elle charrie l'eau, entre le bois — pendant que son mari, assis sur les marches du chalet contemple la nature et atttire l'attention sur les oiseaux qu'il a repérés! Ça, c'était un film tourné par le ministère du Tourisme.

Je ne conte aucune blague! Utilisées comme outils pédagogiques, comme instruments pour la promotion du tourisme, ou comme publicités des sociétés comme le *Wheat Pool*, ces images indiquent comment a été **consacrée** la place de la femme dans l'histoire.

Comment se fait-il que l'histoire sur la vie des femmes ait été ignorée par les historiens, les politiciens, ou n'importe qui d'autre qui avait un peu de pouvoir? Pourtant les femmes composent la moitié de la population quand même!

C'est simple. Et ça continue! C'est toujours le phénomène des toilettes pour femmes. Retournons un instant à notre histoire. Il n'y a pas de quoi vous inquiéter; nous n'y resterons pas longtemps. Je vais tout simplement en faire une traduction :

Qui dit: *Pas de toilettes pour femmes*, dit pas de *place désignée pour femmes*. Et pas de *place désignée* équivaut, la plupart du temps, à pas de place du tout. S'il n'y a pas de place, il n'y a personne, n'est-ce pas? Pas de place pour femmes, pas de femmes. Il n'y a qu'un pas entre « Pas de place » à « Pas de droits ». Ça été très longtemps le cas et c'est encore toujours trop vrai aujourd'hui; les femmes de la planète ne jouissent pas de leur pleins droits politiques et économiques que ce soit au niveau du travail ou en matière de santé, ou de leur sécurité physique et psychologique.

Alors, nous voilà aujourd'hui, avec quelques « places » de plus pour nous, mais toujours des places qui, dans bien des cas, n'ont pas vraiment de rapport avec nos aptitudes, nos compétences, ni nos désirs. Si cet énoncé n'était pas vrai, pourquoi serions-nous ici, toutes ensemble, à en parler?

Je crois qu'il est temps de cesser de revendiquer des *places désignées* dans la société. Il est temps de tout simplement prendre notre place dans cette société qu'on appelle la nôtre. Il est temps de cesser de **demander** et de prendre les moyens qu'il faut pour **faire**. D'ailleurs, nous n'avons guère le choix; l'état de la planète et des peuples qui l'habitent l'exigent.

Cela implique non seulement un engagement de notre part, dans notre communauté, mais également à tous les niveaux politique. Eh, oui! Si nous prenons pour acquis que les gouvernements sont élus par des **personnes** pour le plus grand bien du plus grand nombre de **personnes**, il me semble que les gouvernements, à tous les niveaux, devraient se soucier, en premier lieu, des **personnes**, entre autres, celles qui se sont vues, finalement, accordées le statut de **personnes** devant les tribunaux. D'ailleurs, puisque la majorité des **personnes** dans la société est conposée de femmes et d'enfants, il me semble, n'en déplaise à ceux qui pensent le contraire, que les gouvernements devraient davantage en tenir compte. Les dossiers touchant les femmes et les enfants, de par le **nombre** de ces **personnes**, sont du ressort **public**, et point du domaine **privé** comme le prétendent certains. On l'a déjà dit : « **La place de la femme est dans la chambre — des Communes** »! Moi, j'ajouterais: « **Ou toute autre place ou se prennent des décisions qui régissent sa vie.** » Là aussi, il nous reste à **prendre** notre place.

En terminant, j'aimerais vous lire un petit texte que j'avais composé il y a déjà quelques années. Il résume en quelque sorte ma pensée sur le sujet.

Il n'y a rien à faire.
Il faut reprendre nos cliques et nos claques,
Nos doutes et nos drames
Et marcher.
Marcher!
Quitter les déserts de nos enfances
Et de nos adolescences,
Se lever et marcher;
Refuser les tombeaux qui nous sont déjà alloués
À nous,
Et à nos enfants,
Et à leurs enfants.
Il faut se lever et marcher,
Rapidement
Dans une direction
Qui ne mène pas à la guerre,
Mais dans la direction des jardins
Et du pain et du vin
À partager.
Ensemble!
Marcher!
Vers les voix
De milliers d'enfants heureux
Qui chantent
Au loin.
Enfin!

Je vous remercie.

La neutralité à l'épreuve : des Acadiennes à la défense de leurs intérêts en Nouvelle-Écosse du 18ᵉ siècle

Maurice Basque
et **Josette Brun**

Maurice Basque est directeur des Études acadiennes à l'Université de Moncton. Ses recherches portent sur la notabilité et le pouvoir en Acadie. Il a publié plusieurs livres dont De Marc Lescarbot à l'AEFNB, Histoire de la profession enseignante acadienne au Nouveau-Brunswick, *ouvrage pour lequel il a reçu le prix France-Acadie en 1995.*

Josette Brun est candidate au doctorat en histoire à l'Université de Montréal. Ses recherches portent sur le veuvage en Nouvelle-France au 18ᵉ siècle. Elle a terminé un mémoire de maîtrise en histoire à l'Université de Moncton en 1994 sur « Les femmes d'affaires dans la société coloniale nord-américaine : le cas de l'Île Royale, 1713-1758 ».

> *« En temps de révolution, qui est neutre est impuissant. »* Victor Hugo

En 1713, par le traité d'Utrecht, l'Acadie française est cédée à la Grande-Bretagne. Les autorités coloniales britanniques tentent de faire prêter aux Acadiens, qui adoptent une politique de neutralité, un serment d'allégeance inconditionnel au monarque anglais. Afin d'illustrer la nature des compromis qu'ont dû faire de nombreux Acadiens dans le contexte d'une occupation dont l'issue semblait incertaine, nous étudions, dans cet article, le parcours de quelques femmes du groupe seigneurial et de l'élite acadienne qui ont été actives, dans la lutte entre les puissances françaises et britanniques, de 1713 à 1755. Nous explorons ainsi les questions de l'étanchéité des sphères d'activités féminines et masculines et du pouvoir des femmes en Acadie du 18ᵉ siècle. Comme beaucoup d'Acadiens, elle ont cherché à influencer le cours des événements en ménageant leurs relations avec les deux puissances européennes afin de veiller à leurs intérêts, occupant ainsi un espace public dit masculin. Cette étude illustre l'écart entre l'esprit de la politique de neutralité et la réalité vécue par les « French neutrals »

Introduction

En 1713, la France et la Grande-Bretagne signent le traité d'Utrecht, mettant ainsi fin à la guerre de Succession d'Espagne. L'Acadie « dans ses anciennes limites », conquise en 1710, est cédée à la Grande-Bretagne et devient la Nova Scotia. Les quelques milliers d'Acadiens et d'Acadiennes qui vivent alors en Acadie deviennent sujets de la Couronne anglaise. S'ils s'apprêtent à connaître une période prospère de leur histoire sur les plans social et économique, il en est tout autrement sur le plan politique. Les années qui les séparent de la Déportation de 1755 seront en effet marquées par les tentatives répétées des autorités coloniales britanniques de leur faire prêter un serment d'allégeance au monarque anglais. Les Acadiens, coincés entre les intérêts impériaux de la France et de la Grande-Bretagne en Amérique du Nord, adoptent une politique de neutralité. Bon gré, mal gré, les Britanniques s'accommodent pendant quelques décennies de ces « French neutrals » en territoire britannique[1].

Dans l'historiographie acadienne, on accorde une grande importance aux refus répétés des Acadiens de signer un serment inconditionnel à la Couronne britannique pendant la période allant de 1713 à 1755. Ce serment qui, « dans les sociétés traditionnelles [...] est d'une importance majeure »[2], nous dit Yves Durand. Les auteurs rattachent d'abord le refus des Acadiens de signer le serment d'allégeance sans réserve à la Couronne britannique à la « solidarité (des Acadiens) avec les Français naturellement, ceux de Québec et ceux de France, par la communauté de langue et de religion, par la personne d'un même souverain naturel »[3]. Robert Rumilly écrit au sujet du refus répété de signer ce serment que même le gouvernement français croit inévitable : « N'est-ce pas remarquable, pour des gens séparés de la France depuis plusieurs générations? À ces Acadiens libres et obstinés, tirons notre chapeau! »[4] Pour Léon Thériault, ce refus du serment et ce désir d'autonomie « font état des premiers choix politiques des Acadiens, choix courageux si l'on tient compte des circonstances combien difficiles et contraignantes de l'époque »[5].

En fait, selon John Reid, les Acadiens avaient développé une forte tradition d'adaptation au cours du siècle précédent marqué du sceau de l'incertitude par les conquêtes successives :

---

1   Pour un survol de l'histoire de l'Acadie coloniale française et anglaise, voir Jean Daigle, « L'Acadie de 1604 à 1763, synthèse historique », dans *L'Acadie des Maritimes*, sous la direction de Jean Daigle, Moncton, Chaire d'études acadiennes, 1993, p. 1-44.

2   Yves Durand, « L'Acadie et les phénomènes de solidarité et de fidélité au XVIIIe siècle », *Études canadiennes*, no 13, décembre 1982, p. 82.

3   *Ibid*, p. 84.

4   Robert Rumilly, *L'Acadie anglaise, (1713-1755)*, Montréal, Fides, 1983, p. 64.

5   Léon Thériault, *La question du pouvoir en Acadie*, Moncton, Éditions d'Acadie, 1982, p. 21.

The violent conflicts of the previous century had created a strong tradition of adaptability and political pragmatism as Acadians tried to survive as a coherent society despite conflicting French and English claims to rule the colony. In part this meant maintaining effective though informal structure of local community government »[6].

Dans ce contexte politique, les Acadiens ont cherché à affirmer leur indépendance tout en ménageant leurs relations avec les Britanniques et les Français à la fois, ce qui explique la signature de serments conditionnels à la Couronne britannique protégeant le libre exercice de la religion catholique et leur permettant d'observer une politique de neutralité dans tout conflit entre les deux puissances[7]. Dans l'esprit des Acadiens, comme l'explique Naomi Griffiths, la victoire finale n'était acquise ni à la France, ni à la Grande-Bretagne, et il était parfaitement acceptable de prêter serment à la Couronne britannique tant que cela ne les engageait pas à prendre les armes contre les Français. La politique de neutralité était, selon Griffiths, le fruit d'une stratégie consciemment élaborée par le leadership acadien. Cette historienne affirme que de toute façon, la loyauté des Acadiens, comme celle des autres communautés rurales, allait surtout à leurs terres: « Acadians considered themselves the rightful inhabitants of the lands on which they lived, not just negotiable assets to be moved about as pawns for the purposes of a distant empire »[8]. Elle contredit ainsi carrément Yves Durand qui croit que les Acadiens préfèrent « Dieu aux hommes, son serment aux tentations diverses, quitte à perdre pour un temps une terre avec laquelle les persécutés ont pourtant un lien charnel »[9]. Comme Michel Roy, qui reconnaît que la population acadienne, malgré ses protestations de neutralité, reste profondément inclinée du côté français, nous pensons que les considérations matérielles, la religion, la ferveur patriotique et les intérêts privés et collectifs ont tous joué dans un large éventail d'intensité[10].

S'ils fournissent diverses interprétations sur les causes ayant mené à l'adoption d'une politique de neutralité, les historiens s'attardent très peu à la façon dont les Acadiens l'ont vécue[11]. Neutres sur papier, l'étaient-ils dans leurs actions? Afin d'illustrer la nature des compromis qu'ont dû faire de

---

6   John G. Reid, *Six crucial Decades, Times of Change in the History of the Maritimes*, Halifax, Nimbus Publishing, 1987, p. 30.

7   Daigle, « L'Acadie », *op. cit.*, p. 27.

8   Naomi E.S. Griffiths, *The Contexts of Acadian History, 1686-1784, Montréal/Kingston*, McGill-Queen's University Press, 1992, p. 40-43.

9   Durand, « L'Acadie », *op. cit.*, p. 84.

10   Michel Roy, *L'Acadie des origines à nos jours, Essai de synthèse historique*, Montréal, Québec-Amérique, 1981, p. 94-125 passim.

11   Pour une étude de cas, voir Maurice Basque, *Des hommes de pouvoir, Histoire d'Otho Robichaud et de sa famille, notables acadiens de Port-Royal et de Néguac*, Néguac, Société historique de Néguac, 1996.

nombreux Acadiens dans le contexte d'une occupation britannique dont l'issue semblait incertaine, nous allons étudier le parcours de quelques femmes qui ont été actives dans la lutte entre les puissances françaises et britanniques de la période allant de 1713 à 1755. Il est peu commun d'adopter une telle perspective pour l'étude d'une question qui ne se limite pas à l'expérience des femmes mais se situe au cœur de l'histoire de toute une société coloniale. « Il est tellement évident pour beaucoup d'esprits que les femmes n'étaient pas, ne pouvaient être des participantes efficaces dans certains domaines de l'activité humaine »[12], écrit Naomi Griffiths. Ce silence de l'historiographie laisse penser que les femmes n'y ont joué aucun rôle significatif. Pourtant, en consultant les archives, on voit que des Acadiennes ont même joué un rôle énergique malgré « les pressions sociales dominantes de leur époque »[13]. Nous explorons ainsi, par le biais de l'étude de la neutralité acadienne, les questions de l'étanchéité des sphères d'activités féminines et masculines et du pouvoir des femmes dans les sociétés préindustrielles occidentales[14]. La participation des femmes dans des domaines d'activités qui ne relèvent pas de l'économie domestique est une réalité incontournable qui témoigne de la complexité de l'organisation sociale. Si elle en est une caractéristique fondamentale, la différenciation des rôles sexuels traverse néanmoins des zones grises, où les espaces publics et privés se superposent ou s'entrecoupent, modelées principalement par les intérêts et les nécessités socio-économiques familiales. De même, si le pouvoir et l'autorité sont perçus comme étant l'apanage des hommes dans les sociétés patriarcales préindustrielles, les femmes exercent, dans des circonstances variées et par divers moyens, du pouvoir.

Aux 17e et 18e siècles, en France et en Angleterre comme dans leurs colonies d'Amérique du Nord, les conceptions sociales dominantes définissent le mariage comme étant la destinée naturelle de la femme et la sphère domestique, son principal domaine d'activité[15]. On s'attend cependant à ce que les épouses collaborent à l'entreprise du mari, mais le plus souvent dans des tâches qui leur sont spécifiques[16]. Les femmes n'ont pas accès aux fonctions publiques (par exemple, notaire) et, selon les principes du droit privé (Coutume de Paris française et Common Law anglaise), les épouses sont soumises

---

12   Naomi Griffiths, « Les femmes en Acadie, un survol historique », *Vie Française*, Québec, 1987.

13   *Ibid.*

14   Linda K. Kerber, « Separate Spheres, Female Worlds, Woman's Place: The Rhetoric of Women's History », *The Journal of American History*, vol. 75, n° 1 (juin 1988), p. 9-39; C. Dauphin et al, « Culture et pouvoir des femmes : essai d'historiographie », *Annales E.S.C.*, n° 2 (mars-avril 1986), p. 271-293; Mary Beth Norton, *Founding Mothers and Fathers. Gendered Power and the Forming of American Society*, New York, Alfred A. Knopf, 1996.

15   Olwen Hufton, « Le travail et la famille », dans *Histoire des femmes XVIe-XVIIIe siècles*, sous la direction de Georges Duby et Michelle Perrot, Paris, Plon, 1991, p. 42.

16   Joan Scott et Louise Tilly, *Women, Work and Family*, New York et London, Routledge, 1989 1ère édition: New York, Holt, Rinahart and Winston, 1978.

juridiquement à l'autorité du mari[17]. L'autorité maritale est fondée sur deux principes ancrés dans les mentalités : la supposée supériorité naturelle des hommes et la nécessité de n'avoir qu'un seul chef à la tête d'une famille ou d'un couple, cellule de base de la société. Selon la Coutume de Paris en vigueur en Nouvelle-France[18], les femmes mariées doivent être dûment autorisées par leur mari pour administrer leurs biens[19], s'engager par contrat, se lancer en affaires ou soutenir une action en justice. Les célibataires majeures[20] et les veuves en ont cependant le droit puisqu'on leur accorde la pleine capacité juridique. Les principes de la Common Law en vigueur dans les colonies britanniques se rapprochent de ceux de la Coutume de Paris en ce qui a trait aux droits accordés aux femmes[21]. Les différences entre ces deux cadres juridiques de même que leurs conséquences sur la vie des Acadiennes sous les deux régimes mériteraient d'être analysées en profondeur.

Il importe de nuancer « l'incapacité » des femmes mariées de même que le potentiel de pouvoir et d'autorité des célibataires et des veuves en Acadie comme ailleurs dans les colonies nord-américaines. D'une part, le célibat définitif est rare et les femmes se marient en moyenne bien avant d'avoir atteint leur majorité[22]. D'autre part, la flexibilité du cadre juridique laisse aux familles une marge de manœuvre significative qui fait que les épouses prennent souvent une part active aux activités, formelles ou non, qui relèvent en principe du domaine masculin[23]. Les démarches entreprises par Françoise Marie Jacquelin pour appuyer son mari, Charles de Saint-Étienne de La Tour, dans la lutte de

---

17   Sur la condition juridique des femmes en Nouvelle-France, se référer à la fine analyse de France Parent et Geneviève Postolec, « Quand Thémis rencontre Clio : les femmes et le droit en Nouvelle-France », *Les Cahiers de Droit*, vol. 36, n° 1 (mars 1995), p. 293-318. Pour ce qui est des colonies américaines, voir l'étude de Marylynn Salmon, *Women and the law of property in early America*, Chapel Hill, University of North Carolina Press, 1986.

18   Plusieurs coutumes coexistent en France comme en Nouvelle-France, mais c'est la prestigieuse Coutume de Paris, vers laquelle tendent les autres coutumes, qui a été officiellement instaurée dans la colonie française. Les clauses relatives aux droits accordés aux femmes ne varient guère d'une coutume à l'autre.

19   Le mari a même la gestion des biens « propres » de sa femme, c'est-à-dire des biens hérités par celle-ci, mais il ne peut en disposer (par exemple, vendre une terre) sans son accord.

20   L'âge de la majorité est fixé à 25 ans. Les garçons ont le droit de demander leur "émancipation" avant l'âge de 25 ans, privilège qui n'est pas accordé aux filles.

21   Marilyn Salmon, *Women and the Law*.

22   L'âge moyen des femmes au mariage est de 21 ans à Port-Royal de 1650 à 1755. Gisa Hynes, « Some Aspects of the Demography of Port-Royal, 1650-1755 », *Acadiensis*, vol. 3, n° 1 (automne 1973), p. 11.

23   Lorsqu'il s'agit d'une activité formelle, comme la signature d'un contrat ou la poursuite d'une action en justice, elles doivent être « dûment autorisées » par leur mari. France Parent, « Entre le juridique et le social : le pouvoir des femmes à Québec au XVIIᵉ siècle », thèse de maîtrise, Québec, Université Laval, *Les cahiers de recherche du GREMF*, 1991. Pour ce qui est des colonies anglaises, voir Laurel Thatcher Ulrich, *Goodwives : Image and Reality in the Lives of Women in Northern New England*, 1650-1750, New York, Vintage Books, 1982.

pouvoir qui l'a opposé à Charles de Menou d'Aulnay pendant les débuts tur-
bulents de la colonie acadienne, illustrent ce fait[24]. Maurice Basque a aussi
montré comment les femmes, par leur parole, jouent un rôle dans la gestion du
pouvoir communautaire en Acadie coloniale en maniant la rumeur et la
diffamation pour servir leurs intérêts et veiller au maintien de l'ordre social[25].

Le veuvage constitue un cas particulier. S'il est souvent temporaire, les
remariages étant très fréquents[26], de nombreuses femmes jouissent néanmoins
de la pleine capacité juridique pendant des périodes de durée variable. À Port-
Royal, capitale coloniale de l'Acadie française rebaptisée Annapolis Royal par
les Britanniques, la durée moyenne du veuvage des femmes est de trois ou
quatre ans[27]. Les veuves peuvent prétendre au statut de chef de ménage,
devenir tutrices de leurs enfants mineurs, administrer le patrimoine familial et
reprendre l'occupation du mari s'il ne s'agit pas d'une fonction publique. Ce
nouveau potentiel de pouvoir et d'autorité leur est accordé afin qu'elles
puissent préserver le patrimoine familial en vue de le transmettre aux enfants
et subvenir aux besoins de leur famille sans devenir un poids pour la société.
L'historiographie de la Nouvelle-France et des colonies anglaises voisines,
fournit de nombreux exemples de veuves qui profitent de la latitude que leur
accorde la loi afin de veiller à leurs intérêts et à ceux de leur famille[28].
L'expérience de Jeanne Motin, veuve du gouverneur de l'Acadie Charles de
Menou d'Aulnay, qui tente à partir des années 1650 de maintenir les acquis de
son mari, en s'engageant dans la lutte de pouvoir qui a suivi le décès de ce
dernier, et de protéger le patrimoine familial des griffes des créanciers, est
révélatrice des défis que doivent relever de nombreuses femmes et des

---

24 Elle se rendra à plusieurs reprises en France et à Boston pour lui trouver des appuis et défendra
    en son absence, en 1645, le fort La-Tour sur la rivière Saint-Jean contre les troupes du sieur
    d'Aulnay. Forcée de se rendre et d'assister à l'exécution de ses soldats, elle mourra en captivité
    au bout de quelques semaines. George MacBeath, « Françoise Marie Jacquelin », *Dictionnaire
    biographique du Canada*, vol. I, Québec, Presses de l'Université Laval, 1966, p. 394-395; M.A.
    MacDonald, *Fortune & Latour : The Civil War in Acadia*, Toronto, Methuen, 1983.

25 Maurice Basque, « Genre et gestion du pouvoir communautaire à Annapolis Royal au 18e siècle »,
    Dalhousie Law Journal, vol. 17, no 2 (automne 1994), p. 498-508.

26 Hynes affirme que presque toutes les veuves se remarient à Port-Royal, même celles faisant partie
    des groupes d'âges plus élevés. « Some Aspects », p. 13.

27 *Ibid*, p. 12.

28 Kathryn Young, « 'sauf les perils et fortunes de la mer' : Merchant Women in New France and the
    French Transatlantic Trade, 1713-1746 », *Canadian Historical Review*, vol. 77, no 3 (septembre
    1996), p. 388-407; Josette Brun, « Les femmes d'affaires dans la société coloniale nord-
    américaine : le cas de l'Ile Royale, 1713-1758 », thèse de maîtrise, Université de Moncton, 1994;
    Jan Noel, « New France : Les femmes favorisées », dans *Rethinking Canada, The Promise of
    Women's History*, sous la direction de Veronica Strong-Boag et Anita Clair Fellman, Toronto,
    2e édition, Copp Clark Pitman, 1991, p. 28-50; Liliane Plamondon, « Une femme d'affaires en
    Nouvelle-France : Marie-Anne Barbel, veuve Fornel », *Revue d'histoire de l'Amérique française*,
    vol. 31, no 2 (septembre 1977), p. 165-186. Pour les colonies américaines, voir notamment Lisa
    Wilson Waciega, « A 'Man of Business': The Widow of Means in Southeastern Pennsylvania,
    1750-1850 », *William and Mary Quarterly*, 3e série, vol. 44, no 1 (janvier 1987), p. 40-64.

circonstances particulières qui mettent à l'épreuve le caractère de certaines d'entre elles[29]. En Acadie, les veuves semblent même jouir d'un certain pouvoir « politique » en tant que chefs de famille puisque les chefs de file acadiens les consultent parfois au même titre que les hommes avant d'entreprendre certaines démarches auprès des autorités coloniales. À preuve, une requête au sujet de la nomination de députés acadiens envoyée au gouverneur anglais Philipps par les Acadiens d'Annapolis Royal en 1720, signée par 110 hommes, précise aussi que toutes les veuves sont du même avis[30].

Dans cette perspective, l'étude de la neutralité acadienne par le biais de l'action féminine comporte un intérêt évident puisqu'elle nous permet de lever le voile sur certains aspects méconnus de la vie des Acadiennes du 18e siècle tout en mettant en lumière la complexité des stratégies individuelles dans une ancienne colonie française devenue anglaise depuis 1713. La documentation disponible nous permet surtout d'étudier les femmes issues du groupe seigneurial et de l'élite acadienne, soit celles qui ont laissé des traces de leurs activités dans les archives.

« Ses droits et ses justes prétentions »

Alors que les autorités coloniales britanniques d'Annapolis Royal s'évertuent à faire prêter un serment d'allégeance inconditionnel aux Acadiens pendant les années 1720 et 1730, des Acadiennes vont profiter de ce contexte politique pour le moins tendu afin de promouvoir leurs propres intérêts. Il s'agit de Marie de Saint-Étienne de La Tour, de sa nièce Agathe de Saint-Étienne de La Tour et de Marie-Madeleine Maisonnat. Née en Acadie vers 1665, Marie de Saint-Étienne de La Tour était fille de Jeanne Motin, veuve d'Aulnay, et de son deuxième mari, l'ancien gouverneur de l'Acadie, Charles de Saint-Étienne de La Tour. Devenue veuve d'Alexandre LeBorgne de Bellisle, seigneur de Port-Royal, vers 1691, Marie de Saint-Étienne de La Tour succède à son époux comme seigneuresse de Port-Royal ou « Dame propriétaire et seigneur de Port-Royal et de parties d'Acadie », comme le notent les documents de la période[31]. Le traité d'Utrecht de 1713 reconnaissait aux seigneurs acadiens la pleine jouissance de leurs privilèges seigneuriaux à condition qu'ils prêtent serment à la Couronne britannique[32]. Contrairement à d'autres, la dame de Bellisle semble avoir conservé son statut de seigneuresse sous l'administration coloniale anglaise en Nouvelle-Écosse.

---

29 George MacBeath, « Jeanne Motin », *Dictionnaire biographique*, vol. 1, p. 525.

30 *Inventaire général des sources documentaires sur les Acadiens*, premier tome, Moncton, Éditions d'Acadie, 1975, p. 428.

31 Josette Brun, « Marie de Saint-Étienne de La Tour », *Cahiers de la Société historique acadienne*, vol. 25, n° 4 (octobre-décembre 1994), p. 244-262.

32 *Ibid*, p. 258.

C'est moins avec le pouvoir colonial britannique qu'avec sa propre nièce que Marie de Saint-Étienne de La Tour rencontre des difficultés au sujet de son domaine seigneurial. Fille de son frère Jacques de Saint-Étienne de La Tour et d'Anne Melanson, Agathe est une Acadienne assez particulière. Orpheline de père, Agathe avait environ onze ans lorsque sa mère a convolé en secondes noces avec Alexandre Robichaud de Port-Royal en 1701[33]. Au lendemain de la Conquête britannique, Agathe de Saint-Étienne de La Tour abjure la foi catholique, embrasse la religion anglicane et épouse, à l'hiver 1712-1713, le lieutenant Edmund Bradstreet, de la garnison anglaise d'Annapolis Royal[34]. Devenue veuve en 1718 et ayant deux jeunes fils, Agathe se remarie vers 1723 avec un autre officier britannique de la garnison d'Annapolis Royal, soit le lieutenant Hugh Campbell qui décède en 1730[35]. Il est à remarquer que d'autres Acadiennes ont également convolé en justes noces avec des officiers britanniques d'Annapolis Royal. Parmi ces femmes figurent Marie-Madeleine Maisonnat, de Port-Royal, qui a épousé en 1711 William Winniett, un ancien lieutenant de la garnison anglaise d'Annapolis Royal, et trois de ses filles qui se sont alliées aussi par mariage à des officiers britanniques de la Nouvelle-Écosse[36]. Loin d'endosser, par leurs actions, la politique de neutralité des Acadiens, Marie-Madeleine Maisonnat et ses filles semblent jouir d'une certaine influence parmi l'élite britannique d'Annapolis Royal. Ainsi, selon l'officier britannique John Knox, Marie-Madeleine Maisonnat aurait présidé des conseils de guerre à l'intérieur du fort d'Annapolis Royal. Sa présence parmi ce groupe d'officier devait ressembler à une réunion de famille; rappelons que trois des membres de ce conseil étaient ses gendres. Si sa neutralité était fort douteuse, sa solidarité à l'endroit de ses parents acadiens de la région d'Annapolis Royal semble plus certaine. Elle aurait profité de son influence sur certains membres du conseil de la Nouvelle-Écosse afin de protéger les intérêts de sa famille élargie coincée entre les rivalités impériales françaises et britanniques[37]. Femme de caractère, elle donna un jour la réplique dans un anglais approximatif à un commentaire désobligeant du capitaine Knox, réplique qui illustre bien sa situation d'Acadienne passée dans le camp britannique : « Me

---

33 Basque, *Des hommes de pouvoir*, *op. cit.*, p. 35-36.

34 Paul Delaney, « The Husbands and Children of Agathe de La Tour », *Cahiers de la Société historique acadienne*, vol. 25, n° 4 (octobre-décembre 1994), p. 263-265.

35 *Ibid*, p. 283.

36 Hector J. Hébert, « Marie-Madeleine Maisonnat », *Dictionnaire biographique du Canada*, vol. 3, Québec, Presses de l'Université Laval, 1974, p. 454-455.

37 Élisabeth Winniett semble avoir adopté la même attitude que sa mère à l'endroit de ses compatriotes acadiens. Au moment du Grand dérangement, son époux l'officier britannique John Handfield était responsable de déporter les familles acadiennes de la région de Port-Royal. Il est fort probable qu'Élisabeth ne fut pas étrangère à la permission accordée par Handfield à la famille de son oncle Jean-Simon LeBlanc de demeurer un peu plus longtemps dans la région. Basque, *Des hommes de pouvoir*, *op. cit.*, p. 103-104.

have rendered King Shorge more important services dan ever you did, or peut être ever shall; and dis be well known to peoples en authorité . »[38]

Comme les Maisonnat-Winniett, Agathe de Saint-Étienne de La Tour n'a certes pas été partisane de la politique de neutralité de ses compatriotes acadiens. Avant même la signature du traité d'Utrecht, soit après la Conquête anglaise de 1710, elle avait choisi son camp. De plus, dès 1714, elle se lance dans une opération fort complexe. Déclarant qu'elle avait obtenu de ses parents leurs parts des seigneuries acadiennes depuis la Conquête anglaise, elle affirmait qu'elle était maintenant propriétaire de toutes les terres seigneuriales d'Acadie[39]. Sa tante, Marie de Saint-Étienne de La Tour, s'inscrit en faux face aux prétentions de sa nièce. En juin 1725, la dame de Bellisle se présente devant le Conseil anglais d'Annapolis Royal pour défendre ses droits seigneuriaux. Devant la complexité du débat, le Conseil reporte sa décision[40]. Malgré l'opposition ferme de sa tante, Agathe fait reconnaître par le gouvernement britannique « ses droits et ses justes prétentions » sur les seigneuries acadiennes; en février 1734, Londres lui achète ses titres, ce qui fait du monarque anglais le seul et unique seigneur en Nouvelle-Écosse. Une année plus tôt, soit en 1733, le fils de Marie de Saint-Étienne de La Tour, Alexandre LeBorgne de Bellisle, avait prêté en son nom et pour sa mère et sa sœur le serment d'allégeance à la Couronne britannique, croyant ainsi obtenir la reconnaissance des droits seigneuriaux hérités de son père[41]. Cette demande n'a pas eu de suite en raison de la vente de ces mêmes droits par sa cousine Agathe, maintenant veuve Campbell. Marie de Saint-Étienne de La Tour est néanmoins dans les bonnes grâces des autorités coloniales britanniques pendant ces années qui précèdent son décès en 1739, à l'âge de 84 ans. Le Conseil d'Annapolis lui permet en effet de percevoir certaines rentes en 1734 et l'exempte en 1736 d'une taxe sur le bois coupé dans les terres non concédées[42].

Les itinéraires présentés ci-haut démontrent une certaine complexité dans le choix et l'élaboration de stratégies individuelles par des Acadiennes membres du groupe seigneurial et de l'élite coloniale. Face à une administration coloniale britannique qui cherche à se gagner la loyauté et non la neutralité des Acadiens, ces femmes ont su tirer leur épingle du jeu en protégeant leurs propres intérêts. Plus fidèle à ses privilèges seigneuriaux qu'au monarque de Versailles, Marie de Saint-Étienne de La Tour s'est habilement servie d'une politique d'ouverture de la part des Britanniques à l'endroit des élites

---

38 Knox, John, *An Historical Journal of the Campaigns in North America* (Arthur G. Doughty), Toronto, The Champlain Society, 1914, vol. 1, p. 95-96.

39 Brun, « Marie de Saint-Étienne de La Tour », *op. cit.*, p. 258.

40 *Ibid*, p. 258-259.

41 *Ibid*, p. 260.

42 *Ibid*, p. 259-260.

acadiennes afin de se maintenir dans les premières loges de la hiérarchie interne de la société acadienne. De son côté, sa nièce Agathe s'est résolument détachée de sa solidarité naturelle avec ses parents acadiens pour profiter du nouveau contexte politique en Nouvelle-Écosse. Après avoir vendu les droits seigneuriaux acadiens à la Couronne britannique en 1734 pour la somme de 2 000 livres sterling, elle se retire en Irlande, près de la famille de son premier époux où elle décédera vers 1765[43]. Contrairement à Agathe de Saint-Étienne de La Tour, les Maisonnat-Winniett n'ont pas boudé leur réseau familial acadien après avoir épousé des officiers britanniques.

D'autres Acadiennes vont aussi jouer un rôle important dans cette Acadie dite anglaise. Notre attention se porte maintenant vers la décennie des années 1740, une période difficile pendant laquelle la politique de neutralité acadienne est rudement mise à l'épreuve.

Ménager la chèvre et le chou

Françoise LeBorgne de Bellisle naît deux ans après la signature du traité d'Utrecht, soit en 1715. Ses parents sont Alexandre LeBorgne de Bellisle et Anastasie de Saint-Castin, une métisse. Ses ancêtres ne sont pas d'illustres inconnus : les LeBorgne, les Saint-Castin, les La Tour et le chef abénaki Madockawando ont tous laissé leurs traces dans l'histoire de l'Acadie[44]. La mère de Françoise, fille d'une Amérindienne abénakie et du baron de Saint-Castin envoyé en Acadie pour diriger les Abénakis contre les Anglais, était bien éduquée et connaissait plusieurs langues, qu'elle aurait transmises à sa fille[45]. Son père Alexandre (cousin d'Agathe de Saint-Étienne de La Tour) venait d'une famille marchande de vieille souche de La Rochelle, qui avait revendiqué au 17e siècle, la propriété des terres seigneuriales d'Acadie en tant que créancière de l'ancien gouverneur d'Aulnay, avant de s'établir à Port-Royal et de s'allier à cette famille par un mariage avec Marie de Saint-Étienne de La Tour, fille du second mariage de la veuve d'Aulnay avec Charles de Saint-Étienne de La Tour[46]. L'union d'Alexandre LeBorgne de Bellisle avec Anastasie de Saint-Castin lui confère une grande influence auprès des Amérindiens. Ayant vécu auprès de la nation de sa femme à Pentagouët, il connaît bien leurs mœurs et leur langue[47]. W.O. Raymond nous dit que son hostilité envers les Anglais est

43 Delaney, « The Husband », *op. cit.*, p. 282.

44 En ce qui concerne les ancêtres de Françoise, se référer au *Dictionnaire biographique du Canada*, vol. I.

45 W.O. Raymond, *The River St. John, its physical features, legends and history from 1604 to 1784*, The Tribune Press, Sackville, N.B., 1950 (1ère éd. 1910).

46 Voir Mason Wade,« Emmanuel Le Borgne », *Dictionnaire biographique*, vol. 1, p. 444-446; Clément Cormier, « Alexandre Le Borgne de Belle-Isle », *Ibid*, p. 446-447.

47 Donat Robichaud, *Les Robichaud, Histoire et généalogie*, Séminaire St.-Charles, Bathurst, 1968, p. 201.

bien connue mais affirme que le père de Françoise était bien vu de ces derniers[48]. En 1732, une lettre d'Armstrong, gouverneur de la Nouvelle-Écosse, lui nie pourtant les droits qu'il revendique parce qu'il « a épousé une Amérindienne, qui depuis toujours les fréquentent et vit avec eux, les provoquant même à commettre des hostilités »[49]. Pour qu'on lui accorde les droits seigneuriaux « dont jouissait son défunt père »[50], Alexandre LeBorgne de Bellisle signe le serment d'allégeance en 1733[51], à l'époque où sa cousine Agathe de Saint-Étienne de La Tour négociait la vente de tous les droits seigneuriaux acadiens aux Britanniques[52]. La requête présentée aux autorités britanniques « tant en son Nom que pour sa Mère et sa sœur »[53] n'aura pas de suite en raison de la reconnaissance par la Grande-Bretagne des prétentions d'Agathe de Saint-Étienne de La Tour sur les terres seigneuriales d'Acadie en 1734. Il attend quelques années en vain à Annapolis Royal avant de se retirer à la Rivière Saint-Jean en 1736[54].

Un an plus tard, en 1737, Françoise LeBorgne de Bellisle épouse Pierre Robichaud, fils de François Robichaud et de Madeleine Thériault. La famille Robichaud est liée de plus près aux Anglais. Pierre, qui travaille pour son oncle, le marchand Prudent Robichaud, est chargé d'approvisionner la garnison anglaise du fort d'Annapolis Royal en bois de chauffage. Ce commerce est mal vu par certains Acadiens qui tentent de lui mettre des bâtons dans les roues[55]. En 1739, le couple s'installe à la rivière Saint-Jean et fonde l'établissement des Robichaud où ils vivront jusqu'en 1758[56]. La France et la Grande-Bretagne se disputent ce territoire depuis le traité d'Utrecht et il en sera ainsi jusqu'en 1759[57]. La région est donc très agitée. Le gouverneur Armstrong décrit ce climat aux Lords of Trade, en 1732 : « A small colony of French have settled themselves in the St. John River [...] who despise [...] all authority »[58]. La France, qui essaie d'y attirer les Acadiens, demande aux Amérindiens

---

48 Raymond, *The River, op. cit.*, p. 87 et 91.

49 Clarence D'Entremont, *Histoire du Cap Sable de l'an mil au traité de Paris — 1763*, vol. 3, Eunice, Louisiane, Hébert Publications, 1981, p. 1720.

50 *Ibid*, p. 1682.

51 Nous ne savons pas s'il s'agit d'un serment conditionnel ou inconditionnel.

52 *Ibid*, p. 1678.

53 Azarie Couillard-Després, *Histoire des seigneurs de la Rivière du Sud et de leurs alliés acadiens*, Saint-Hyacinthe, Imprimerie de La Tribune, 1912, p. 232-233.

54 Robichaud, *Les Robichaud, op. cit.*, p. 201.

55 Basque, *Des hommes de pouvoir, op. cit.*, p. 57-113.

56 Robichaud, *Les Robichaud, op. cit.*, p. 201.

57 Raymond, *The River, op. cit.*, p. 93.

58 *Nova Scotia Archives IV. Minutes of His Majesty's Council at Annapolis Royal, 1720-1734* (édité par Archibald M. MacMechan), Halifax, 1908, p. 95.

d'effrayer les Anglais qui voudraient s'y établir[59]. Les tribus amérindiennes (Micmacs, Malécites et Abénakis) qui vivent dans la région de la Rivière Saint-Jean sont perçues par les Anglais comme étant les plus puissantes et belliqueuses de toute l'Acadie[60]. Les liens de sang qui unissent les Amérindiens et les Acadiens renforcent la solidarité face à l'envahisseur. Les habitants de cette région ont accueilli par des coups de feu, en 1749, les officiers anglais venus exiger un serment d'allégeance des Acadiens et la soumission des Amérindiens après la signature du traité d'Aix-la-Chapelle entre la France et l'Angleterre[61]. Les hostilités prolongées et la lenteur de la colonisation au siècle précédent avaient permis aux Micmacs et aux Malécites de garder plus longtemps leurs traditions. Les pressions de la colonisation, au lendemain du traité d'Utrecht, leur ont fait réaliser toute l'importance d'affirmer leur souveraineté. Les Britanniques estimaient que la Conquête leur donnait tous les droits sur les territoires tandis que les Amérindiens les considéraient comme de simples usurpateurs. Ils finirent toutefois par signer des traités de paix avec les Britanniques, notamment en 1725 et en 1749[62]. Françoise LeBorgne de Bellisle, comme sa mère métisse, « servait fréquemment d'interprète pour les Amérindiens auprès des autorités anglaises et françaises » [63].

Une fois à la rivière Saint-Jean, les LeBorgne ont continué à revendiquer la reconnaissance de leurs droits seigneuriaux[64]. Françoise LeBorgne de Bellisle semble bien vue et respectée par les autorités britanniques. Elle écrit plusieurs fois au lieutenant-gouverneur de la Nouvelle-Écosse, Paul Mascarene. Deux réponses de ce dernier ont été conservées. Dans la première, en 1741, il lui donne conseil quant à sa requête concernant les terres seigneuriales et lui dit qu'il a beaucoup d'estime pour elle[65]. En 1744, la guerre de Succession d'Autriche éclate entre la France et la Grande-Bretagne. La France veut reconquérir l'Acadie. À Louisbourg, capitale de la colonie française de l'Île Royale située au Cap-Breton[66], on charge François Dupont Duvivier

---

59 Raymond, *The River*, *op. cit.*, p. 93.

60 *Ibid.*

61 Marie-Claire Pitre, *Les Pays-bas, histoire de la région Jemseg-Woodstock sur la rivière Saint-Jean pendant la période française (1604-1759)*, Fredericton, Société d'histoire de la rivière Saint-Jean, 1985, p. 116.

62 Olive Patricia Dickason, « Amerindians between French and English in Nova Scotia, 1713-1763 » dans *Sweet Promises, A Reader on Indian-White Relations in Canada*, Toronto, University of Toronto Press, 1991, p. 46.

63 Robichaud, *Les Robichaud*, *op. cit.*, p. 202.

64 *Ibid.*

65 Beamish Murdoch, *History of Nova Scotia, or Acadie*, Halifax, 1865, p.14.

66 Cette colonie où se sont installés de nombreux Acadiens a été créée à la suite du traité d'Utrecht en vertu duquel la France renonçait à ses colonies de Terre-Neuve et de l'Acadie.

d'une expédition visant à reconquérir l'Acadie. François Dupont Duvivier était, comme sa cousine Françoise LeBorgne de Bellisle, un descendant de la famille La Tour[67], et avait des intérêts communs avec les LeBorgne. Le Conseil d'Annapolis Royal pensait avoir réglé les disputes entre les familles seigneuriales en négociant l'achat de toutes les terres seigneuriales d'Acadie de leur cousine, Agathe de Saint-Étienne de La Tour. C'était sans compter sur la ténacité des autres descendants de Charles de Saint-Étienne de La Tour, qui espéraient qu'un retour éventuel de l'Acadie à la France leur permettrait de récupérer leurs possessions. En 1735, dans une lettre, François Dupont Duvivier demandait à ses oncles d'Entremont de Pobomcoup[68] d'inciter les Amérindiens à persuader les Acadiens de ne pas coopérer avec le gouvernement d'Annapolis[69].

En 1744, Françoise LeBorgne de Bellisle, comme d'autres membres de sa famille, a clairement pris parti du côté de la France. Son frère Alexandre était aux côtés de Duvivier lors de l'expédition française, dirigeant l'attaque amérindienne contre les forces britanniques regroupées à Annapolis Royal au début de 1744[70]. La Dame de Bellisle aurait quant à elle mené environ 70 Malécites de la vallée de la rivière Saint-Jean jusqu'à l'autre côté de la Baie Française[71] pour le siège de la capitale[72]. Elle aurait utilisé ses bâtiments pour le transport des Amérindiens et fait plusieurs voyages pour leur livrer certaines informations et diverses fournitures[73]. Il est important de souligner que Françoise LeBorgne de Bellisle a accompli toutes ces démarches en son propre nom. Son mari n'a laissé aucune trace dans le journal de l'expédition. Appuyait-il les actions de sa femme ou s'y opposait-il en vain? Il est permis de penser que la neutralité apparente du mari pouvait servir à protéger la famille du discrédit auprès des autorités britanniques[74]. Cependant, les actions subséquentes de son épouse semblent plutôt témoigner de l'initiative et de la détermination de celle-ci. D'autres femmes sont touchées directement par l'expédition de Duvivier. Plusieurs Acadiennes de la région des Mines ont fourni du pain, des biscuits et

67 La belle-mère de François Dupont Duvivier, Anne de Saint-Étienne de La Tour, et la grand-mère paternelle de Françoise LeBorgne de Bellisle, Marie de Saint-Étienne de La Tour, étaient les filles de Charles de Saint-Étienne de La Tour.

68 Pobomcoup est situé dans le Sud de la péninsule néo-écossaise.

69 D'Entremont, *Histoire du Cap Sable, op. cit.*, p. 1716.

70 Raymond, *The River, op. cit.*, p. 89.

71 Aujourd'hui la Baie de Fundy.

72 Bernard Pothier, *Course à l'Accadie, Journal de campagne de François du Pont Duvivier en 1744*, Moncton, Éditions d'Acadie, 1982, p. 77.

73 *Ibid*, p. 174-75.

74 Une bonne partie des Robichaud demeurée à Annapolis Royal était connue à l'époque pour leur anglophilie. Voir Basque, *Des hommes de pouvoir, op. cit.*

du beurre aux soldats de l'expédition canado-française[75]. L'économie domestique, domaine privilégié des femmes, devenait ainsi très liée à l'espace public du conflit opposant Français et Britanniques. Certaines femmes vécurent ces années d'une façon plus brutale en perdant un époux tué lors de ces conflits. Ce fut le cas de Marie LeBlanc, belle-sœur de Françoise et veuve d'Alexandre LeBorgne de Bellisle[76], ce qui ne l'empêcha pas pour autant de livrer « diverses fournitures » pour le compte de l'expédition Duvivier[77]. Pour sa part, Marie Allain fut emprisonnée avec son jeune fils lorsque la tête de son époux, le négociant Nicolas Gauthier, fut mise à prix par les Britanniques en raison de sa collaboration active à cette même expédition. En captivité pendant dix mois, « les fers aux pieds », ils réussirent à s'évader en février 1746 en « forçant les barreaux de la prison et en escaladant les murs du fort »[78].

Après l'échec de l'expédition de Duvivier, la reprise de l'Acadie par les Français semble improbable. Dès l'automne, Françoise LeBorgne de Bellisle écrit au lieutenant-gouverneur Mascarene, à Annapolis Royal. On comprend, d'après la réponse que lui fait ce dernier, qu'elle lui a dit ne pas avoir donné son appui aux Français. En parlant de l'engagement de son père et de son frère auprès de Duvivier, Mascarene écrit : « I am agreably surprised [...] and very glad to see by your letter that you did not share in those sentiments; and that you have remained true to the obligations which bind you to the government of the King of Great Britain . » Il refuse néanmoins de lui accorder la protection qu'elle demande pour son établissement sur la rivière Saint-Jean en soulignant : « we can not protect those who trade with our declared ennemies. Therefore you must resolve to remain on this (the English) side during the continuance of the present troubles, and to have no intercourse with the other »[79]. Il est clair que Françoise essaie de se garder la faveur des Britanniques. Sans doute déçue, comme beaucoup d'Acadiens, de l'échec des Français, elle sent que le vent a tourné et que son avenir est désormais entre les mains des Britanniques. Elle semble réussir à entretenir de bonnes relations avec les autorités anglaises puisqu'en 1749, elle sert d'interprète pour les Amérindiens à l'occasion du renouvellement d'un traité de paix avec les Britanniques « faithfully interpreted to us by Madame de Bellisle, inhabitant of this river, nominated by us (the

---

75 Pothier, *Course à l'Accadie, op. cit.*, p. 162-164 et 173-175.

76 Il s'agit du fils d'Alexandre LeBorgne de Bellisle et d'Anastasie de Saint-Castin, frère de Françoise et petit-fils de Marie de Saint-Étienne de La Tour. Stephen White, *Dictionnaire généalogique des familles acadiennes* (en préparation), Centre d'études acadiennes, Moncton.

77 Pothier, *Course à l'Accadie, op. cit.*, p. 173-174.

78 Bernard Pothier, « Joseph-Nicolas Gauthier, dit Bellair », *Dictionnaire biographique du Canada*, vol. 3, p. 273.

79 Raymond, *The River, op. cit.*, p. 89.

native signers) for that purpose »[80]. Elle « aide » ainsi les Amérindiens à faire la paix avec ceux qu'elle souhaitait jeter hors de l'Acadie cinq ans auparavant.

En 1758, Françoise LeBorgne de Bellisle et une partie de sa famille fuient la rivière Saint-Jean avec le lieutenant Boishébert et des amis acadiens et amérindiens lors du raid destructeur du colonel Monckton dans cette région. Leur établissement, baptisé « le Nid D'Aigle », était un poste stratégique « qui permettait de voir venir de loin toute embarcation ennemie et permettait également aux habitants d'être bien renseignés sur tout agissement suspect par leurs amis indiens »[81]. Les nombreux embranchements de la rivière leur permettaient d'atteindre rapidement la colonie voisine du Canada[82]. En 1760, partie de la rive sud du Saint-Laurent où elle s'était installée avec son mari[83], elle se rend en Acadie où elle apprend qu'une trentaine d'Acadiens accompagnés d'une cinquantaine d'Amérindiens préparent une attaque contre le magasin du Fort Frederick. Elle envoie sur-le-champ un Amérindien avertir les Anglais du projet qui se trame, ce qui permet à ces derniers de mettre les fournitures en sécurité à l'intérieur du fort[84]. C'est la dernière trace que Françoise LeBorgne de Bellisle semble avoir laissé dans l'histoire acadienne. Qu'espérait-elle tirer de cette démarche? Les Acadiens étaient peut-être divisés sur les actions à entreprendre après le désastre de la Déportation, ce qui aurait pu l'inciter à vouloir saboter le projet de ce groupe d'Acadiens menés par Joseph Broussard dit Beausoleil. Il est aussi possible qu'elle ait souhaité obtenir de cette façon une faveur des Britanniques au sujet de son ancien établissement. Enfin, nous nous perdons en conjectures...

Somme toute, les intérêts personnels et familiaux tournant autour des droits seigneuriaux ont pesé plus lourd dans l'esprit de Françoise LeBorgne de Bellisle que la loyauté à la France... ou à la Grande-Bretagne. Elle n'a donc pas fait preuve du loyalisme frisant l'exaltation que Yves Durand prête aux Acadiens. Le ballottement de ses allégeances le démontre assez bien, d'ailleurs. Sa prise de position pour la France lors de la guerre de 1744 n'est sans doute pas due à un sentiment de loyauté. La question des droits seigneuriaux devait planer bien haut dans ses préoccupations. Il est permis de penser que sa vie aurait pris une tout autre tournure si les Britanniques avaient rendu les droits seigneuriaux à la famille LeBorgne dès les années 1730. Ses racines franco-amérindiennes de même que les allégeances traditionnelles de sa

---

80   Dickason, « Amerindians Between », *op. cit.*, p. 53.

81   *Ibid.*

82   C'est ainsi que l'on se référait à la colonie française de la vallée laurentienne qui deviendra plus tard la province de Québec.

83   C'est là qu'elle mourra en 1791, à l'âge de 79 ans. Robichaud, *Les Robichaud, op. cit.*, p. 203.

84   Régis Brun, « Papiers Amherst concernant les Acadiens (1760-1763) », *Cahiers de la Société historique acadienne*, vol. 3, n° 7 (avril, mai et juin 1970), p. 276.

famille d'origine ont déterminé certaines de ses attitudes ou de ses décisions en faveur de la France. Divers facteurs de son environnement social, notamment les liens avec les Amérindiens et le climat du lieu où elle habitait ont renforcé ces dispositions. Son alliance avec la famille Robichaud, plus près des Britanniques, a pu faciliter ses bons contacts avec les autorités d'Annapolis Royal. C'est toutefois l'oppression des circonstances, soit l'impossibilité de récupérer les droits seigneuriaux, l'échec de l'expédition française de 1744 et le durcissement de la position britannique qui l'ont surtout poussée à entretenir de bonnes relations avec les conquérants.

Conclusion

Par leurs actions, ces femmes ont occupé l'espace public en Acadie coloniale du 18e siècle. À l'instar de beaucoup d'Acadiens, elles ont cherché à influencer le cours des événements en ménageant leurs relations avec les puissances françaises et britanniques afin de veiller à leurs intérêts. Le rôle qu'elles ont joué illustre la complexité de la réalité vécue par les « French neutrals » de même que la nature des stratégies utilisées par certaines d'entre elles et nous renvoie une image qui s'éloigne de celle que l'on donne habituellement des Acadiennes de la période coloniale. Si l'appartenance de ces femmes à l'élite acadienne a conditionné la nature de leurs actions, elle n'est pas le seul facteur expliquant leurs activités dans un domaine dit masculin. La participation des femmes dans la sphère publique, comme celle des hommes, est conditionnée à la fois par la différenciation des rôles sexuels, les impératifs familiaux, les circonstances de leurs vies personnelles et le contexte social, économique et politique dans lequel elles évoluent. Dans cette perspective, l'analyse des moments de leurs actions et du poids relatif des divers facteurs qui les déterminent est éclairante.

Les jumelles Dionne : cinq petites Franco-Ontariennes dans un contexte d'exclusion sociale[1]

David Welch

David Welch est professeur agrégé à l'École de service social de l'Université d'Ottawa depuis quatre ans. Ses recherches sont concentrées sur la communauté franco-ontarienne, surtout en ce qui concerne le développement des services sociaux et la place de l'économie sociale au sein de la communauté.

Il est membre du comité de rédaction de la Revue canadienne de politiques sociales et actif dans divers groupes sociaux, dont le Conseil de planification sociale d'Ottawa-Carleton.

Le but de cet article est de resituer les quintuplées Dionne dans le contexte de la communauté franco-ontarienne des années 30 et 40, communauté ayant sa propre histoire et ses contradictions. Replacer la comunauté au centre de l'événement nous permet de mieux comprendre les interactions de la famille Dionne avec la communauté plus large franco-ontarienne et la réponse de celle-ci à la réalité des quintuplées. L'objectif ici n'est pas d'étudier les nombreux évènements qui ponctuèrent la lutte de la famille Dionne pour reprendre la garde légale des quintuplées, mais plutôt d'examiner quatre exemples qui nous permettront de comprendre les différentes formes d'interactions entre la famille Dionne et la communauté franco-ontarienne.

---

1   Le présent texte est une version révisée et mise à jour d'un article publié en anglais dans le *Journal of Canadian Studies*, vol. 29, nº 4, 1994-1995. Je tiens à remercier les auteures des autres articles sur les quintuplées Dionne contenus dans le même numéro, c'est-à-dire Cynthia Wright, Marianna Valverde, Kathy Arnup et Kari Delhi, qui m'ont fait part de leurs commentaires sur la première version de mon article. Je suis également reconnaissant à Lucie Brunet pour ses documents d'archives sur la Fédération des femmes canadiennes-françaises. Elle m'a aussi apporté des informations utiles sur le rôle de la FFCF et de sa présidente, Almanda Walker-Marchand, dans la lutte pour la garde des quintuplées. Enfin, je remercie le Centre de recherche en civilisation canadienne-française (CRCCF) pour l'accueil chaleureux de ses employées et l'utilisation de ses archives.

L'histoire des quintuplées Dionne a été racontée à de nombreuses reprises depuis 60 ans. On nous a dit comment elles vivaient et ce qu'elles mangeaient, on nous a parlé de leurs relations avec leur famille, leurs tuteurs provinciaux et, peut-être davantage, avec le docteur Roy Dafoe. La plupart des récits ont toutefois omis, sauf en passant, de situer les quintuplées dans le contexte de leur communauté ethnoculturelle en transformation — la communauté franco-ontarienne ou canadienne-française de l'Ontario[2] des années 1930 et 1940.

Le présent texte examine d'abord les quintuplées Dionne comme membres d'un groupe précis qui a son histoire et ses contradictions propres. En plaçant ce groupe au centre de la scène, nous pourrons mieux comprendre les relations de la famille Dionne avec l'ensemble de la société canadienne-française[3]. Nous verrons également comment cette dernière a réagi à la réalité des quintuplées.

Ensuite, l'article devrait montrer que la communauté franco-ontarienne ne s'est pas comportée de façon homogène face à la naissance des quintuplées. Les opinions changeaient constamment au gré des événements, mais variaient aussi selon la classe, le sexe et la région. Il y avait donc des différences notables dans les réactions.

Le but ici n'est pas de considérer les nombreuses péripéties de la lutte des Dionne pour recouvrer le droit de garde des quintuplées. L'accent portera plutôt sur quatre exemples qui illustrent les interactions de la famille et de la société canadienne-française. Nous verrons d'abord le rôle et les motifs du curé qui encouragea Oliva Dionne à « exposer » les quintuplées à Chicago peu après leur naissance en 1934. Nous examinerons ensuite la participation de la société canadienne-française, en particulier celle des groupes de femmes, qui s'est intensifiée après l'adoption en mars 1935 de la *Dionne Quintuplets' Guardianship Act* (loi sur la mise en tutelle des quintuplées Dionne). Nous présenterons aussi beaucoup plus en détail l'engagement des chefs, hommes et femmes, de la communauté franco-ontarienne lors du congédiement de l'infirmière et de l'enseignante canadiennes-françaises qui s'occupaient des quintuplées au début de 1938. Enfin, nous montrerons comment les quintuplées elles-mêmes ont affirmé en 1941 leur identité canadienne-française — événement qui produisit un mouvement de ressac de la part des communautés anglophones au Canada et aux États-Unis.

---

2   Les termes « Franco-Ontarien » et « Canadien français en Ontario » sont synonymes dans le texte, comme c'était la pratique à l'époque. L'expression la « société canadienne-française » désigne toutes les personnes de langue maternelle française au Canada sauf les Acadiens qui ne se sont jamais considérés comme des Canadiens français.

3   Nous mettrons l'accent sur la relation des quintuplées avec la communauté franco-ontarienne. En raison de l'unité plus forte qui existait alors au Canada français, nous ferons toutefois souvent allusion au rôle actif joué par les Canadiens français du Québec dans la vie des quintuplées.

Pour étudier les événements relatifs aux quintuplées Dionne, nous adopterons surtout la perspective des Canadiens français. Nous mettrons moins l'accent sur les Anglo-Canadiens qui ont dominé les discussions au cours des dernières années, alors que les Canadiens français étaient généralement présentés comme des acteurs passifs qui se contentaient de réagir aux diverses situations.

Le Nord-Est franco-ontarien, berceau des quintuplées

La construction du chemin de fer du Canadien Pacifique en 1882-1883 dans le nord-est de l'Ontario a ouvert la région entre Mattawa et Sudbury pour les pionniers blancs. Des milliers de Canadiens français de la vallée de l'Outaouais et du Québec, qui cherchaient à économiser suffisamment pour acheter des terres, faisaient partie des équipes de construction, surtout comme bûcherons. Encouragés par la compagnie ferroviaire qui avait besoin d'argent comptant pour poursuivre la construction et par l'Église catholique qui cherchait à retenir la population dans les campagnes, des centaines de travailleurs du chemin de fer ont acheté des terres à bas prix de chaque côté de l'emprise de la voie ferrée. De plus, « le chemin de fer a favorisé la croissance de l'exploitation forestière en créant un marché pour le bois, en fournissant une main-d'œuvre expérimentée et en ouvrant de nouvelles régions boisées[4] ». Très souvent, les hommes travaillaient l'hiver dans les camps de bûcherons et le reste de l'année sur la ferme avec leur famille. Quand elles se sont établies dans le nord-est de l'Ontario, les familles canadiennes-françaises ont repris en grande partie les formes socioéconomiques qu'elles avaient connues au Québec et dans la vallée de l'Outaouais.

En 1901, 15 384 Canadiens français habitaient le district de Nipissing et constituaient 42 % de la population totale[5]. Ils avaient tendance à se regrouper en communautés homogènes où souvent 90 % des gens étaient de culture canadienne-française, même s'il pouvait y avoir quelques milles plus loin un village presque entièrement composé d'anglophones. Ils pratiquaient une agriculture de subsistance et vendaient tout surplus aux villages ou aux camps de bûcherons des environs. Ces communautés à l'économie mixte agroforestière suivaient de très près le modèle établi dans l'est de l'Ontario et au Québec où la vie s'organise autour de la paroisse. L'époux possédait la terre et, dans la pratique, les femmes leur étaient subordonnées mais jouaient un rôle économique semblable à celui d'auparavant. Elles continuaient à mettre au monde des enfants et à les élever, ainsi qu'à besogner sur la ferme. Sages-femmes et guérisseuses, elles amassaient aussi des fonds pour les activités

---

4   G. Brandt, « The development of French Canadian social institutions in Sudbury, Ontario, 1883-1920 », *Laurentian University Review*, vol. 11, n° 2, 1979, p. 5-22.

5   G. Brandt, « *J'y suis, j'y reste* »: The French Canadians in Sudbury (1883-1913), thèse de doctorat, Toronto, York University, 1976.

scolaires ou communautaires et se dévouaient bénévolement pour organiser les divers événements sociaux de la paroisse. Les besoins de leurs familles et de leurs communautés primaient sur leurs besoins spécifiques comme femmes[6].

Dans les années 1920, le nord-est de l'Ontario était en pleine mutation. La population canadienne-française quittait déjà les terres peu productives pour s'installer dans les villages où se trouvaient des industries de pâtes et papiers ainsi que dans les villes minières. Là où la terre était relativement fertile, comme aux environs de North Bay, l'agriculture de subsistance se convertissait graduellement à une production plus commerciale. Malgré la distance jusqu'aux villes plus importantes, l'isolement diminuait progressivement avec la généralisation de l'usage du téléphone. Plus tard, dans les années 1930 et 1940, avec l'électrification des campagnes, l'agriculture s'améliora, l'éclairage électrique devint une réalité et les appareils de radio firent leur entrée dans les foyers. Après la Première Guerre mondiale, de meilleures routes et des voitures moins dispendieuses avaient donné plus facilement accès aux villes et villages voisins. Les campagnes traditionnellement isolées, centrées sur la famille et la paroisse, se transformaient peu à peu sous l'influence de ces facteurs externes. À cette époque, des formes socioéconomiques traditionnelles cœxistaient avec des formes modernes.

Les Canadiens français avaient été parmi les premiers Blancs à s'établir dans le nord-est de l'Ontario et participaient activement à l'économie, mais avaient peu de pouvoir à l'extérieur de leurs communautés immédiates. Au fil du temps, leur présence avait suscité des réactions diverses chez la majorité anglophone. Jusqu'aux années 1880, leur croissance démographique graduelle dans l'est, le sud-ouest et le nord-est de la province était généralement passée inaperçue. À partir de cette époque, l'hostilité envers les catholiques franco-phones devait cependant prendre de l'ampleur pour diverses raisons : leur nombre plus élevé et leur plus grande concentration, leur résistance à l'assimi-lation et l'animosité croissante contre les catholiques et les Canadiens français partout au Canada, surtout après la pendaison de Louis Riel en 1885. Partant de la notion qu'il n'y a en Ontario qu'une seule langue et une seule religion, le gouvernement commença à imposer des restrictions à l'éducation de langue française à partir des années 1880. Enfin, en 1912, alors qu'une grande partie de l'élite anglo-protestante dénonçait un complot canadien-français visant à s'emparer des nouvelles régions du Nord-Est, le gouvernement adopta le Règlement 17 qui mit presque fin à l'enseignement en français dans la province. C'est seulement en 1927 que l'interdiction sera levée en partie dans certaines écoles[7].

---

6   M. Labelle, *La reproduction et l'appropriation dans des organismes de femmes francophones dans le nord de l'Ontario : 1850 à 1950*, mémoire de maîtrise, Ottawa, Université d'Ottawa, 1984.

7   R. Choquette, *Langue et religion*, Ottawa, Éditions de l'Université d'Ottawa, 1977.

En réaction aux préjugés des anglophones, l'Ordre de Jacques Cartier voit le jour à Ottawa en 1926. Fondée par des membres du clergé et de l'élite masculine, cette société secrète a pour but de veiller à ce que les Franco-Ontariens puissent avoir des emplois dans la fonction publique fédérale. Graduellement, l'Ordre s'étend partout au Canada français, y compris au Québec. Il devient un organisme voué à la défense de la langue, de l'économie et des droits politiques des Canadiens français. En Ontario, il devait jouer un rôle dans les débats au sujet de la garde des quintuplées Dionne.

Bon nombre de Canadiennes françaises se sentaient isolées dans les fermes et les petits villages des régions de langue française en Ontario. Pour remédier à ce problème, Almanda Walker-Marchand fonde la Fédération des femmes canadiennes-françaises (FFCF) à Ottawa en 1914[8]. D'abord créée afin d'amasser des fonds pour un navire-hôpital durant la Première Guerre mondiale, la FFCF en vint à se consacrer à des œuvres charitables. Elle a contribué aussi à mobiliser la communauté franco-ontarienne dans la lutte contre le Règlement 17. Avec ses sections partout au Canada, la FFCF a été un groupe de soutien important pour les Canadiennes françaises. Son siège national à Ottawa et ses sections du nord-est de l'Ontario devaient appuyer activement la famille Dionne, en particulier Elzire Dionne[9].

L'économie dans les régions rurales du Nord-Est, qui dépendait en partie de l'agriculture et de l'exploitation forestière, combinait des formes de production capitaliste et de subsistance. Des années 1880 aux années 1930, malgré de multiples difficultés et contradictions, elle avait fourni à la communauté franco-ontarienne le soutien matériel et symbolique pendant qu'ailleurs s'opéraient des bouleversements rapides. Les formes économiques adoptées ont permis à la population franco-ontarienne de préserver des formes culturelles propres et de produire des représentations collectives particulières. La précarité de leur existence socioéconomique forçait cette population à compter sur elle-même, sur la famille élargie, ses villages, bref son groupe ethnique. Elle avait ainsi pu continuer « à vivre alors que d'autres avaient disparu ou péri[10] », même lorsque cela signifiait vivre « à la frontière du système économique dominant[11] ».

Avec le temps, l'isolement géographique relatif de la population franco-ontarienne ainsi que le mépris de la communauté anglophone dominante pour sa langue et sa culture avaient aidé à renforcer la frontière la séparant de la majorité anglophone. Rejetée et traitée comme subordonnée, elle avait appris à

---

8   L. Brunet, *Almanda Walker-Marchand*, Ottawa, L'Interligne, 1992.

9   *Ibid.*

10   J. Berger, *Pig Earth*, London, Writers and Readers Publishing Cooperative, 1979, p. 196.

11   *Ibid.*, p. 197.

rejeter bon nombre des pratiques culturelles de la majorité. Elle a néanmoins réussi à survivre et à se développer comme communauté en créant des formes économiques distinctes et en construisant ses propres institutions sociales.

Les Dionne et la communauté franco-ontarienne de Corbeil

Situé dans le canton d'East Ferris du district de Nipissing, Corbeil se trouve à seulement neuf milles de North Bay sur la ligne principale du CPR en provenance d'Ottawa. Les premiers pionniers y arrivèrent en 1882 avec la venue du chemin de fer. En 1888, des gens venus du Québec et de Saint-Joseph d'Orléans près d'Ottawa s'y installèrent[12]. La première église paroissiale fut construite en 1891 et servit d'école jusqu'à la construction d'une bâtisse distincte en 1920[13]. Les terres assez peu fertiles permettaient surtout une agriculture de subsistance. Au moment de la naissance des quintuplées, la paroisse de Corbeil comptait 104 familles dont 102 étaient canadiennes-françaises[14].

En 1934, Corbeil était typique des villages agricoles du nord-est de l'Ontario à plusieurs égards . La Crise de 1929 avait détruit en bonne partie l'économie de la région, ce qui avait entraîné la fermeture des usines de pâtes et papiers ainsi que des camps de bûcherons et le ralentissement de l'activité minière. Sans être prospère, le village avait néanmoins su résister. Le message prêché depuis toujours par l'Église catholique, c'est-à-dire qu'une famille pouvait au moins survivre pourvu qu'elle n'abandonne pas sa terre, semblait se confirmer[15]. Situé à neuf milles seulement de North Bay mais sans électricité, Corbeil et sa population de 500 âmes demeuraient plutôt isolés.

À quatre milles de là, se trouvait le village de Callander, dans le district de Parry Sound. Anglophone, il ne comptait qu'une minorité de francophones; il était plus prospère que Corbeil, même s'il avait perdu davantage durant la Crise parce qu'il avait davantage au point de départ. Situé sur la route et la ligne de chemin de fer principales reliant Toronto et North Bay, Callender avait l'électricité, le téléphone, l'eau courante, un médecin et un bureau de poste[16]. Les différences entre Callander et Corbeil reflètent certaines des divisions sociales et ethniques si courantes dans la région : les centres de services plus prospères étaient généralement de langue anglaise, tandis que les villages

---

12 M. Larocque, *Pour un Cinquantenaire*, Documents historiques n⁰ 23, Sudbury, La Société historique du Nouvel-Ontario, 1952, p. 58.

13 *Ibid.*, p. 59.

14 H. Legros et R. P. A. Joyal, « Mémoire sur les parents et les jumelles Dionne », *North Bay et les jumelles Dionne*, Documents historiques n⁰ 19, Sudbury, La Société historique du Nouvel-Ontario, 1950, p. 37.

15 Avec le regain de prospérité durant la Deuxième Guerre mondiale et l'exode des campagnes vers les villes, l'inefficacité du message de l'Église apparut clairement.

16 P. Berton, *The Dionne Years*, New York, W. W. Norton & Co., 1977, p. 23.

canadiens-français, à l'écart des réseaux d'influence utiles à l'établissement de services gouvernementaux, restaient souvent moins développés[17]. Même de nos jours, les gens sont portés à dire que les quintuplées Dionne venaient de Callander, où vivait le docteur Dafoe, plutôt que de Corbeil où elles sont nées et ont été élevées.

Nous possédons certains renseignements sur la vie d'Elzire et d'Oliva Dionne à Corbeil. Olivier Dionne, grand-père des quintuplées et originaire de South Durham près de Sherbrooke au Québec[18], y a acheté 300 acres en 1896[19]. Quelques années plus tôt, il avait épousé Rosalie Couture à Biddeford, dans le Maine. Tous deux avaient travaillé dans les filatures de coton de la Nouvelle-Angleterre avant de venir s'établir à Corbeil[20]. Le père d'Elzire Dionne, Moïse Legros, est né à Masham, au Québec, en 1875 et sa mère, Falomé Demers Legros, à Saint-Joseph d'Orléans dans l'est de l'Ontario. La ferme des Legros se trouvait un peu au sud de la ferme des Dionne dans la prochaine concession[21].

Malgré ce qu'on a souvent écrit, les Dionne n'étaient pas de pauvres petits fermiers. Oliva Dionne, né le 27 août 1903 à Corbeil, avait étudié pendant neuf ans[22] à une époque (1929) où seulement 2,5% de la population franco-ontarienne avait terminé une huitième année, par comparaison à seulement 8 % des élèves de toute la province[23]. Il avait fréquenté l'école à Callander et avait appris un peu l'anglais. Il était donc plus instruit que la plupart des gens en Ontario. Il différait aussi des hommes canadiens-français du Nord-Est qui, après quelques années d'études, devenaient ouvriers salariés afin d'amasser suffisamment d'argent pour acheter une terre. Quand Oliva eut terminé ses études, il dut travailler sur la ferme de son père; durant l'hiver, il faisait la trappe et la chasse. À une époque, il s'occupait de l'entretien des

---

17 Souvent, surtout dans les villes de compagnies comme Iroquois Falls et Kapuskasing, les travailleurs anglophones des industries de pâtes et papiers vivaient dans de coquettes villes bien dotées en services, tandis que les bûcherons canadiens-français incapables de payer le loyer devaient vivre dans des villes de baraques de l'autre côté de la rivière ou de la voie ferrée, à l'extérieur des secteurs aménagés.

18 R. Prévost, « La vérité sur les bébés Dionne », *Le Samedi*, n° 3, 19 juin 1935, p. 13. Cet auteur soutient également que les Dionne sont arrivés à Corbeil en 1894.

19 M. Larocque, *op. cit.*, p. 58.

20 *Le Droit*, 28 mai 1935. On y prétend que la famille s'est établie à Corbeil en 1895. Par conséquent, d'après trois sources contradictoires, nous savons qu'elle est arrivée entre 1894 et 1896.

21 *Ibid.*

22 L. Lapierre, *Monsieur Oliva Dionne, sa vie, son caractère, ses actions*, Toronto, TVOntario, 1986. Ce travail de recherche a servi à la réalisation d'une émission dans la série télévisée *Témoins du passé*.

23 Ministère de l'Éducation, *Report of the Minister of Education 1932*, Toronto, ministère de l'Éducation.

chemins pour la compagnie *Canadian Northern Railway*[24]. En 1925, peu après son mariage avec Elzire Legros, alors âgée de 16 ans, il versa 6 000 $ à son père pour une ferme de 195 acres, soit une forte somme à l'époque[25]. Alors que les gens avaient peu d'argent liquide et bon nombre dépendaient d'une forme d'aide gouvernementale, Oliva Dionne n'avait aucune dette et possédait même une voiture[26]. Contrairement aux images stéréotypées qui présenteront plus tard les Dionne comme de pauvres fermiers canadiens-français ignorants, leur situation financière était relativement bonne, du moins par comparaison à celle de leur communauté, de leur région et probablement même de la province.

La famille Dionne était pour le moins patriarcale : la terre, la voiture et les machines agricoles appartenaient à Oliva. Il prenait les décisions financières importantes pour la famille et rien ne laisse penser qu'il demandait l'avis d'Elzire à propos des affaires du ménage. D'après des entrevues avec l'une des filles plus âgées (Thérèse), Luce Lapierre[27] trace un portrait assez favorable d'Oliva Dionne. Elle le présente comme un homme proche des siens, même s'il parlait peu, était fier et agissait en patriarche. Toutefois, une publication récente rédigée à partir d'une série d'entrevues avec les trois quintuplées encore vivantes donne de lui une image très négative. Il est non seulement accusé d'avoir abusé sexuellement de certaines quintuplées après leur retour dans la famille en 1943, mais il est aussi décrit comme un père dominateur, insensible, soupçonneux et rempli de ressentiment contre les quintuplées[28]. Contrairement à sa femme, il était instruit, parlait anglais et avait travaillé en dehors de Corbeil dans sa jeunesse. Il avait donc été plus en contact avec le monde extérieur. Ceci devait lui donner plus de poids dans les négociations subséquentes pour la garde des quintuplées et augmenter la dépendance de sa femme lorsqu'il deviendrait porte-parole de la famille.

Dans la société rurale canadienne-française, les jeunes femmes aidaient très tôt à élever leurs frères et sœurs plus jeunes. Elles avaient donc beaucoup moins tendance à voyager et à avoir des contacts avec les autres communautés. Toutefois, les fillettes fréquentaient très souvent l'école quelques années de plus et étaient donc plus instruites. Bien qu'elles étaient soumises à leurs

---

24 *Le Droit*, 28 mai 1935.

25 L. Lapierre, *op. cit.*, p. 7.

26 P. Berton, *op. cit.*, p. 23.

27 L. Lapierre, *op. cit.*, p. 17-18.

28 J.-Y. Soucy, *Secrets de famille*, Montréal, Libre Expression, 1995. Les accusations d'abus sexuel telles qu'elles sont présentées dans le livre semblent très plausibles. Toutefois, les autres enfants encore vivants ont nié ces accusations et dénoncé le livre. Il faut signaler que les quintuplées présentent les autres enfants de façon très négative. Comme le père et la mère sont maintenant décédés, ils ne peuvent donc se défendre. Les démentis des autres enfants Dionne ne suffisent toutefois pas à détruire le bien-fondé des accusations, puisque l'abus est généralement caché au reste de la famille.

époux, les femmes s'occupaient néanmoins des finances de la ferme et de la correspondance nécessaire en raison de leur scolarité supérieure. Ceci leur donnait un rôle précis et même un certain pouvoir dans la famille, car leurs époux dépendaient souvent d'elles pour les questions où les études étaient importantes.

La situation était un peu différente dans la famille Dionne. Même si Elzire avait été une élève studieuse aux dires de son enseignante, elle avait dû quitter l'école à onze ans après seulement trois ans d'études[29]. Le décès soudain de sa mère l'obligea en effet à s'occuper de ses cinq frères plus âgés[30]. Comme elle avait dû prendre soin d'eux à un si jeune âge, elle n'avait pas vraiment voyagé à l'extérieur de la région immédiate. Elle parlait peu l'anglais bien qu'elle le comprenait.

L'image de la famille nombreuse a souvent servi à illustrer les pratiques culturelles archaïques de la société canadienne-française en général et de la famille Dionne en particulier. On voulait ainsi prouver que les Dionne étaient non seulement de pauvres petits fermiers, mais aussi des gens satisfaits d'être des machines-à-enfants. Ces préjugés prennent leur source dans la préférence de la classe moyenne pour des familles plus petites et la croyance qu'avoir un grand nombre d'enfants est vulgaire, primitif, et prouve l'appartenance aux classes inférieures. Vu son taux de natalité plus élevé, la population canadienne-française cadrait donc avec ce stéréotype. L'hostilité à son endroit venait aussi de la peur qu'elle n'en vienne à surpasser ainsi la majorité anglophone, surtout dans des régions comme le Nord-Est[31]. Après la naissance des quintuplées en 1934, le *Globe and Mail* alla jusqu'à déclarer que « ces nouveaux-nés vont faire resurgir les appréhensions par rapport à la descendance canadienne-française dans le nord de l'Ontario[32] ». C. F. Silcox, qui devait plus tard témoigner dans le procès intenté en 1937 à Dorothea Palmer pour la diffusion de renseignements sur le contrôle des naissances, affirma :

Derrière ce grand problème, il y a l'extraordinaire fécondité
des Canadiens français et le soupçon qu'ils tentent délibérément de
surpasser les anglophones, même s'ils vont peut-être ainsi réduire
leurs niveaux de salaire et de vie, et tout ce qui en dépend[33].

---

29 *Le Droit*, 28 mai 1935.

30 P. Berton, *op. cit.*, p. 25-26.

31 *Ibid.*, p. 168.

32 Cité dans Angus Mclean et Arlene Mclean, *The Bedroom and the State*, Toronto, McClelland & Stewart, 1986, p. 124.

33 *New York Times*, 29 août 1935 cité dans Mclean et Mclean, *ibid.*

Le sentiment anti-francophones était alimenté par le fait que, malgré la Crise, la population totale de l'Ontario avait augmenté de 10 % entre 1931 et 1941, tandis que la population francophone, composée surtout de jeunes (naissances et émigration du Québec), avait grimpé de 25 % durant la même période[34].

La réalité ne se conformait toutefois pas entièrement aux stéréotypes. Il est vrai que l'Église catholique continuait à faire pression sur la population canadienne-française pour qu'elle ait beaucoup d'enfants. Le taux de natalité avait néanmoins déjà commencé à chuter, surtout dans les villes[35]. Les familles y subissaient moins l'influence de l'Église et avaient accès aux renseignements sur le contrôle des naissances. De plus, les enfants n'y étaient plus un atout sur le plan financier. Le taux de natalité des francophones restait élevé au Canada là où les enfants avaient encore un rôle économique à l'intérieur de la famille. Dans le nord-est de l'Ontario et le village de Corbeil, les enfants, loin d'être un fardeau, se rendaient utiles en participant à l'économie mixte agroforestière. Dès le jeune âge, ils travaillaient sur la ferme avec leurs parents. Ils s'en occupaient avec leur mère quand leur père était parti dans les camps de bûcherons. Le taux plutôt élevé de mortalité infantile était aussi un facteur d'incitation aux familles nombreuses. À ces facteurs s'ajoutaient les pressions de l'Église et la position subordonnée des femmes dans le couple. La famille nombreuse était donc la norme acceptée.

En ce qui concerne Elzire Dionne, on peut ajouter qu'elle n'avait jamais eu beaucoup d'autres possibilités. Dans son enfance, elle avait dû élever ses frères et leur servir de mère. Puis, à 16 ans (ce qui était jeune d'après la coutume chez les Canadiens français), elle avait épousé Oliva Dionne. Peu de temps après, elle donnait naissance à leur premier enfant. Même dans le contexte des perspectives déjà limitées qui s'offraient aux Canadiennes françaises à l'époque, Elzire n'avait donc eu à peu près aucun choix. Indépendamment de ce qu'elle aurait pu vouloir faire, elle avait appris à accepter son rôle de mère[36].

---

34 D. Welch, *The Social Construction of Franco-Ontarian Interests Towards French Language Schooling*, thèse de doctorat, Toronto, University of Toronto, 1988, p. 272.

35 Mclean et Mclean, *op. cit.*, chapitre 6.

36 À cet égard, Pierre Berton est par trop simpliste lorsqu'il dit d'Elzire Dionne qu'elle se complaît dans son rôle maternel. Peut-être avait-elle appris à « aimer » sa situation de mère, mais qu'aurait-elle pu faire d'autre? Dans le livre *Secrets de famille*, de Soucy, les quintuplées toujours en vie racontent que leur mère était totalement dominée par leur père et pleine de ressentiment envers les quintuplées. Elle semblait détendue et heureuse seulement lorsque leur père était absent.

La garde des quintuplées et la société canadienne-française

Comme l'ont montré Luce Lapierre et Pierre Berton[37], les Dionne ont d'abord été bouleversés par la naissance des cinq bébés qui survécurent. Les sages-femmes qui se sont occupées d'Elzire à la naissance ont joué le rôle habituel des sages-femmes, qui avaient en général un taux assez élevé de succès. Les frais médicaux et la pauvreté de la plupart des familles de fermiers faisaient en sorte que le médecin était appelé seulement pour les cas les plus compliqués. La principale inquiétude d'Oliva Dionne était de fournir rapidement ce qu'il fallait pour nourrir les cinq bébés, surtout à une époque où les cinq autres enfants étaient encore très jeunes (la plus âgée avait huit ans) et ne pouvaient se rendre très utiles sur la ferme ou dans la maison. La présence des sages-femmes à la naissance, l'acceptation des nouveaux bébés par les parents (une fois le choc initial passé) puis par le voisinage faisaient partie des choses prévues dans une communauté rurale canadienne-française des années 1930. Ce sont les réactions du monde extérieur qui devaient bouleverser cette réalité.

« Le chemin de l'enfer est pavé de bonnes intentions »

Il ne fait guère de doute qu'Oliva Dionne fit une erreur en signant un contrat avec Ivan I. Spear de l'exposition *Century of Progress* de Chicago peu après la naissance des quintuplées. Il y avait toutefois déjà eu d'autres cas où des jumeaux avaient été présentés au public. Ceci créa néanmoins un tollé dans la population ontarienne et fournit une excuse au gouvernement provincial pour mettre en tutelle les quintuplées. Les médias peignirent Oliva Dionne au pire comme un profiteur cupide et au mieux comme un être stupide. Bien que sa capacité de jugement lors de la signature du contrat soit discutable, sa réaction était jusqu'à un certain point prévisible dans les circonstances inhabituelles et stressantes de cette naissance.

Au point de départ, Oliva consulta le docteur Dafoe. Le médecin lui aurait apparemment dit d'en profiter, car il y avait peu de chance que les quintuplées survivent[38]. De façon plutôt hypocrite, le médecin devait se présenter par la suite comme le grand défenseur des quintuplées contre le monde extérieur, y compris leurs parents.

Oliva Dionne fit alors ce qu'auraient probablement fait la plupart des chefs de famille canadiens-français à l'époque. Avant même de discuter avec sa femme, il parla avec le curé de Corbeil, le père Daniel Routhier. Le curé, qui souhaitait faire construire une nouvelle église pour la paroisse, lui donna son appui. En devenant l'agent des Dionne, il recevrait 7 % du montant du contrat pour le fonds de construction de son église. Oliva Dionne obtiendrait 23 % du

---

37 L. Lapierre, *op. cit.*; P. Berton, *op. cit.*

38 P. Berton, *op. cit.*, p. 60.

montant et le groupe de Spear, le reste[39]. Plus tard en 1936, le père Routhier aurait déclaré par écrit :

> *Je crois que la naissance de ces bébés est un miracle pour montrer au monde que le contrôle des naissances est néfaste. Ces bébés devraient construire une église ici. Monsieur Dionne allait probablement faire beaucoup d'argent et quand je lui ai demandé ce qu'il donnerait, il a accepté volontiers d'en faire construire une. Il aurait toutefois pu oublier par la suite... Quand le contrat a été rédigé, j'ai donc inclus une clause pour protéger l'église. Monsieur Dionne a accepté, mais ceci a causé bien des malentendus.[40]*

Dans une entrevue accordée en 1936[41], le père Routhier semble avoir modifié son histoire (peut-être à cause des protestations publiques) quant aux raisons pour lesquelles il avait encouragé Oliva Dionne à signer le contrat. Il prétendait que, même si le premier ministre Henry de l'Ontario avait envoyé personnellement 25 $, les gouvernements fédéral et municipal avaient affirmé n'avoir aucun argent pour venir en aide à la famille. Après l'offre de Spear, le père Routhier aurait dit à Dionne que si le gouvernement provincial apprenait que les Américains faisaient des pressions sur la famille, il se sentirait obligé de les aider. Le curé pensait qu'ils pourraient toujours se soustraire au contrat si Elzire Dionne ou le docteur Dafoe refusait de signer. En fait, c'est bien ce qui s'est passé. Selon le père Routhier, Mme Dionne refusa de signer, ce qui invalida le contrat[42]. Pour sa part, le docteur Dafoe ne permit pas qu'on déplace les quintuplées. Le père Routhier écrivit alors aux promoteurs pour leur annoncer la résiliation de l'entente et leur rendre leur chèque. D'après lui, toute l'affaire aurait dû s'arrêter là.

Aux yeux du public et des médias, toutefois, le tort était déjà fait. Ce qu'il y a de tragique c'est qu'Oliva Dionne avait agi comme le voulait la pratique à l'époque. En tant que chef de famille, il avait consulté le médecin puis le curé. Le contrat une fois rédigé, il s'était tourné vers sa femme pour obtenir la signature nécessaire. De mauvais conseils et une erreur de jugement n'auraient pas

---

39 *Ibid.*, p. 60-61.

40 P. Griffiths, « Papa and Mama Dionne », *Chatelaine*, mars 1936, p. 15, CRCCF-C2/177/3.

41 L. Guay, « Affaire Dionne », *La Patrie*, 3 mai 1936, p. 54, CRCCF-C2/177/4. La presse condamnait le père Routhier comme un profiteur. Puisqu'il avait été affecté à la paroisse seulement de façon temporaire, il la quitta peu de temps après pour une autre près d'Ottawa. Il soutint n'avoir jamais signé le contrat original, même s'il avait rédigé la version qu'auraient dû signer les Dionne et le docteur Dafoe.

42 Lillian Barker soutient qu'Elzire Dionne n'a entendu parler du contrat « que très, très longtemps après; lorsqu'Oliva Dionne, désespéré, y apposa sa signature, elle était si gravement malade qu'elle n'aurait pu tenir une plume », *America*, 18 octobre 1941. Un article paru dans *L'Action catholique*, le 4 janvier 1937, prétend aussi qu'Elzire ne signa jamais le contrat.

dû causer un tel scandale. Les attaques des médias contre la famille transformèrent pourtant l'événement en crise majeure. En quelques semaines, le nouveau gouvernement libéral tentait de se faire passer pour le sauveur des quintuplées en les décrétant pupilles de la Couronne[43]. Les médias ne condamnèrent pas le médecin pour son appui initial et ne se donnèrent pas la peine de vérifier les clauses de protection contenues dans le contrat, par exemple le consentement nécessaire des deux parents et du docteur Dafoe. Ils ont plutôt accablé de leur mépris la cible la plus facile : un fermier canadien-français ébahi qui cherchait à obtenir un peu d'argent pour faire face à une situation totalement inattendue. Oliva et Elzire Dionne ainsi que le reste de la famille, y compris les quintuplées, devaient le payer chèrement durant les années subséquentes. Comme devaient le signaler plus tard certaines personnes de la société canadienne-française, un anglophone de classe moyenne dans la même situation aurait-il essuyé le même mépris et subi le même traitement que ce fermier canadien-français du nord-est de l'Ontario[44]? L'article du *Mirror* de New York, publié en décembre 1934 durant la visite du docteur Dafoe, montre les attitudes ethnocentriques envers la famille Dionne. Le chroniqueur, Hendrik Willem Van Loon, écrit en effet :

> *[...] Je ne peux pas dire que vos quintuplées m'intéressent beaucoup... un père sans travail et une mère dont le seul but dans la vie semble avoir été de produire le plus grand nombre d'enfants le plus rapidement possible — il est peu probable qu'une telle combinaison fournisse au monde une nouvelle récolte de génies. Le Canadien français possède sans aucun doute certaines vertus qui le rendent digne de la miséricorde divine. Je doute cependant que les quotients intellectuels cumulés de vos cinq fardeaux ne dépasse jamais celui d'un seul petit bébé chinois ou batak...[45]*

L'opposition croissante de la communauté franco-ontarienne

L'intérêt de la communauté franco-ontarienne se manifesta davantage après l'adoption du *Dionne Quintuplets' Guardianship Act* en mars 1935. Par cette loi, le gouvernement provincial faisait des quintuplées des pupilles de la Couronne jusqu'à leur dix-huitième anniversaire. Il semblerait que, durant la période entre la naissance des quintuplées en mai 1934 et l'adoption de la loi, la population canadienne-française acceptait en général que ces dernières avaient besoin de soins médicaux spéciaux pour survivre, ce qui pouvait signifier leur isolement du reste de la famille pendant plusieurs mois. Elle présumait qu'elles seraient rendues à leurs parents dès que le permettrait leur état de

---

43 Voir l'article de M. Valverde dans le *Journal of Canadian Studies*, vol. 29, n° 1, 1994-1995.

44 *Le Droit*, 16 juillet 1941.

45 P. Berton, *op. cit.*, p. 90-91.

santé. Cependant, la loi de 1935 devait empêcher la réunification de la famille en les confiant à la Couronne pendant 18 ans. À partir de ce moment, s'amorcent les vrais efforts de mobilisation. Fait intéressant, ce fut le mouvement des femmes canadiennes-françaises qui devait le premier intervenir de façon importante.

Avant l'adoption de la loi, les Franco-Ontariennes avaient pris contact avec la famille Dionne. Peu après la naissance des quintuplées, la section de North Bay de la Fédération des femmes canadiennes-françaises (FFCF) lui envoya des vêtements de bébé[46]. En juin 1934, Almanda Walker-Marchand, fondatrice et présidente de la FFCF, donna 20 $ à Elzire Dionne. En février 1935, elle écrivit à Mme Legros, tante d'Elzire et l'une des sages-femmes présentes à la naissance. Elle lui disait que les parents avaient le droit de garde de leurs enfants. Toutefois, elle critiquait leur voyage à Chicago ce mois-là et priait Mme Legros de veiller à ce qu'aucun autre incident du genre ne se reproduise[47]. Elle exhortait les Dionne à obtenir des conseils avant de signer tout autre contrat. Elle ajoutait que Mme Legros et la famille Dionne pouvaient compter sur son appui et sur celui des femmes de la section de North Bay[48]. En avril 1935, elle se rendit à Corbeil « sur les instances des membres de la section de North Bay pour discuter des moyens à prendre pour la protection des époux et des quintuplées Dionne dans le *bill* que la législature est à passer en loi[49] ». Après sa visite, elle rédigea un rapport dans lequel elle protestait contre la situation et proposa que la loi soit révoquée. Elle le transmit ensuite au premier ministre Mitchell Hepburn par l'intermédiaire de Paul Leduc, conseiller juridique de la FFCF et ministre provincial des Mines[50].

Il est intéressant de noter que, durant la même période, le personnel du siège national de la FFCF ne voulut avoir aucun contact avec Leo Kervin, gérant de la famille Dionne, qu'il considérait comme un profiteur. En avril 1935, Kervin se rendit à Ottawa pour tenter d'obtenir la bénédiction de la FFCF, mais en vain. Il ne fut pas admis à l'assemblée annuelle et n'eut droit qu'à une rencontre de quelques minutes avec Almanda Walker-Marchand. Le rapport annuel de la FFCF, repris brièvement dans le journal *Le Droit*,

---

46 L. Brunet, *op. cit.*

47 Il est intéressant de noter que les anglophones et les Canadiens français critiquèrent tous deux le voyage à Chicago. À l'époque, beaucoup de gens considéraient que Chicago était une ville sordide, remplie de bandits, où régnaient la corruption et le vice, un peu comme l'image actuelle de Las Vegas pour bon nombre de gens. Par conséquent, les Canadiens français trouvaient que les Dionne s'abaissaient en s'y rendant. De plus, ils pensaient que cela nuirait à leur possibilité de ravoir les quintuplées.

48 Lettre d'Almanda Walker-Marchand à Mme Legros, Archives nationales, dossiers FFCF, Mg28-1-231, vol. 1.

49 Procès-verbal du comité exécutif de la FFCF, avril 1935, cité dans L. Brunet, *Almanda Walker-Marchand*, Toronto, TVOntario, 1986, p. 22.

50 L. Brunet, *ibid.*

mentionne que l'organisme avait fait des efforts afin « d'encourager ceux-ci (les Dionne) à résister à l'armée des exploiteurs qui les approchent constamment...[51] ». Kervin raconta ceci plus tard dans une lettre au père Joyal, secrétaire général de l'Association canadienne-française d'éducation de l'Ontario (ACFÉO). Après avoir parlé de l'article négatif, il se plaignait en disant qu'il « avait vu qu'elle l'avait appelé un exploiteur... ». Il poursuivait en affirmant que « les dames de North Bay lui ont dit qu'elle (Almanda Walker-Marchand) devait me voir sinon elles n'assisteraient pas à l'assemblée, parce qu'elles veulent aider les parents à faire révoquer la loi ». Selon lui, Almanda tenait ses renseignements négatifs à son sujet de certaines personnes de Toronto (il ne donne aucun nom), mais de toute façon, dit-il: « Aucun d'eux n'ose me faire face. J'en sais long et je les vois venir chaque fois qu'ils tentent quelque chose. » Il conclut que ses honoraires sont raisonnables et que « tout bon catholique au pays devrait aider les parents à recouvrer leur droit, puisque ce sont de bons catholiques pratiquants[52] ». Kervin ne parvint à convaincre personne. L'adoption de la loi avait invalidé le contrat conclu avec les Dionne qui lui accordait ainsi qu'à son assistant 40 % de tous les profits des activités de promotion[53]. Par la suite, Oliva et Elzire Dionne congédièrent Kervin parce que le bénéfice qu'il tirait des quintuplées nuisait selon eux à leur possibilité de les ravoir.

Dans une lettre à Almanda Walker-Marchand, Mme Arcade Blais, présidente de la section de Sturgeon Falls, dit qu'Elzire Dionne sentait que le ministre du Bien-être social, David Croll, l'avait oubliée dans la nouvelle loi. Elle fait probablement allusion au fait qu'Elzire ne fut pas désignée parmi les tuteurs. Mme Blais demande si la FFCF pourrait faire quelque chose pour changer cette situation[54]. Plus tard, lors d'une conférence sur l'aide à l'enfance tenue à Toronto en juin 1936, Almanda Walker-Marchand mentionna que la divine providence avait envoyé les bébés aux Dionne et non au docteur Dafoe! Selon elle, il faudrait parler de la Pouponnière Dionne plutôt que de la Pouponnière Dafoe. Le ministre Croll acquiesça et ordonna de changer les affiches[55]. La FFCF continua à faire des démarches au nom de la famille Dionne.

Une lettre de J. R. Hurtubise, député fédéral de Sudbury, adressée au père Joyal le 7 mai 1935 donne un autre exemple des interventions du leadership franco-ontarien. Hurtubise lui dit avoir rencontré le ministre Paul Leduc à Toronto. Le ministre avait admis avec lui que des religieuses francophones

---

51 *Le Droit*, 27 avril 1935, CRCCF-C2/177/2.

52 CRCCF-C2/177/1.

53 P. Berton, *op. cit.*, p. 96.

54 Dossiers de la FFCF, CRCCF-C53/34/7.

55 *Le Droit*, 3 juin 1936.

devraient s'occuper des quintuplées. Après en avoir parlé avec le ministre Croll, ce dernier le lui avait promis[56].

Un éditorial publié dans *Le progrès de Hull* le 17 mai 1935 exprime peut-être le plus clairement les préoccupations des Canadiens français. L'auteur reconnaît d'abord que l'aide de nombreuses personnes a permis aux bébés de survivre, mais poursuit en déclarant que :

> [...] *quelles que soient les causes de leur survivance, ils sont les enfants de leur mère et de leur père, qui ont ce droit chrétien et naturel de les élever à leur manière, comme ils élèvent leurs autres enfants, et que même l'état, pas plus qu'un individu, n'a le droit de s'en emparer, de les arracher à leurs parents.*

Faisant ensuite allusion à Elzire Dionne, il mentionne que :

> *Le résultat immédiat est que leur mère, une bonne mère canadienne-française, qui a du cœur et qui, parce qu'elle aime ses enfants ne veut pas les élever à l'anglaise en les confiant à une 'nurse' ou à une 'maid', souffre un martyr continuel de se voir ainsi privée de l'affection de ses petites, de se voir, elle la mère, poussée au deuxième, troisième et quatrième rang; méprisée, ignorée, insultée même.*

L'éditorial ajoute à propos d'Oliva Dionne que :

> [...] *tout cela (la protection des quintuplées) peut être accompli tout en plaçant les cinq jumelles dans un foyer confortable où M. Dionne sera le chef, comme ça doit être dans un foyer chrétien; où Mme Dionne remplira dignement son rôle de mère.*

ce qui fait ressortir clairement la réalité de l'autorité patriarcale dans la famille et le rôle subordonné de la mère. L'éditorial parle ensuite de la place des membres de la famille élargie dont beaucoup ont fait des études supérieures et sont donc en mesure d'affirmer que « la famille Dionne peut faire le travail d'éducation auprès des enfants mieux que des gardes-malades [sic] indifférentes et désintéressées, mieux que des tuteurs salariés ».

Enfin, l'éditorial se termine en disant qu'accuser les parents de vouloir profiter de leurs filles :

> [...] *c'est insulter publiquement toute une race, une des races les plus nobles, les plus dévouées et consciencieuses de tout le continent américain. C'est oublier ce que furent les mères canadiennes-françaises dans le passé, ce qu'elles sont encore aujourd'hui.*[57]

---

56 CRCCF-C2/177/1.

57 *Le progrès de Hull*, 17 mai 1936, CRCCF-C2/177/2.

Cet article exprime sans équivoque la vision sociale de la majorité de la population canadienne-française à l'époque. On pensait par-dessus tout que l'État allait à l'encontre du droit naturel en s'ingérant dans la façon d'élever les enfants, car les parents en ont la garde. Les Canadiennes françaises pouvaient facilement s'identifier avec Elzire Dionne qui souhaitait élever elle-même ses enfants au lieu de les confier à une infirmière ou à une gouvernante. Sa colère devant son exclusion comme tutrice suscitait certainement beaucoup de sympathie. Peut-être sa colère et sa douleur transparaissent-elles le plus clairement dans la remarque suivante: « Je ne veux plus avoir d'enfants pour le gouvernement[58]. » La population canadienne-française pensait généralement que le père est le chef du ménage et que la famille a le droit et le devoir de s'occuper des enfants et de les éduquer comme bon lui semble, tout en respectant les rôles sociaux de la mère et du père. Nier ceci constituait une attaque non seulement contre la famille Dionne mais aussi contre l'ensemble de la société canadienne-française (alors appelée la race). La plupart des personnes qui écrivaient pour soutenir la famille soulignaient que les quintuplées avaient pu survivre à cause de plusieurs facteurs à la fois spirituels et matériels. Le premier était la volonté de Dieu et la force de la mère, le deuxième, le travail des deux sages-femmes, le troisième, l'intervention du docteur Dafoe au moment opportun, et le quatrième, l'aide extérieure de la Croix-Rouge et des autres autorités médicales. Ces personnes insistaient sur les efforts collectifs de toutes les parties[59] et ne se bornaient pas à féliciter le docteur Dafoe ou le corps médical.

Les défenseurs canadiens français de la famille soulevaient d'autres questions. À titre d'exemple, certains s'inquiétaient de ce que le *Dionne Quintuplets' Guardianship Act* protégeait le droit des quintuplées à être élevées dans la religion catholique mais non leur droit à la langue française. À l'époque, il était inconcevable d'accepter de séparer la langue et la religion[60], car «la langue » restait « gardienne de la foi ».

N.-E. Larivière, député à l'Assemblée législative du Québec et originaire des environs de Corbeil, proposa au gouvernement de Duplessis :

> [...] d'inviter les parents des quintuplées à venir demeurer dans la
> province de Québec. Ce geste réjouirait tous les Canadiens français du
> Dominion, qui souffrent de voir l'un des leurs en butte aux tracasseries

---

58 *Le Droit*, 22 mai 1935, CRCCF-C2/177/2.

59 Pour des exemples de ces positions, voir l'éditorial dans *Le Droit*, 28 mai 1935, CRCCF-C2/177/2; *Le Droit*, 29 mai 1935, CRCCF-C2/177/2 lorsque les sages-femmes reçurent des félicitations publiques et une somme de 50 $ chacune; une lettre du père Legros, un cousin d'Elzire Dionne, adressée à *La Presse*, le 13 juillet 1935, CRCCF-C2/177/1, pour n'en nommer que quelques-uns.

60 H. Legros et A. Joyal, *Mémoire sur les parents et les jumelles Dionne*, 7 octobre 1935, CRCCF-C2/177/5.

du gouvernement ontarien. Et la venue de la famille Dionne dans le Québec [sic] mousserait considérablement le tourisme chez nous.[61]

Dans un éditorial, l'*Ottawa Journal* répondit ainsi :

L'Ontario est prêt à faire beaucoup pour plaire au Québec, mais il y a des limites. Il y a bien des choses que nous pourrions donner au Québec que le Québec apprécierait peut-être mais dont nous pourrions nous passer. Même si on nous demandait M. HEPBURN, une entente serait possible. Lorsque le Québec demande nos quintuplées, par contre, le moment est venu de dire Non.

Nous tenons aux quintuplées pour plusieurs bonnes raisons qui nous suffisent. Il y a le point de vue sentimental. Il y a le fait qu'il n'existe aucune autre famille du genre dans le monde entier, ni dans les annales de l'histoire authentique. Il y a en outre la question très pratique de la valeur des quintuplées comme attrait touristique...[62]

Il est intéressant de noter que bon nombre d'anglophones et de francophones du Canada semblaient s'entendre sur au moins une chose — les énormes sommes à tirer des quintuplées comme attraction touristique!

Ce serait une erreur de penser que toute la société canadienne-française appuyait la famille Dionne. Bien des gens au Québec condamnaient les parents comme c'était le cas au Canada anglais et aux États-Unis. Plusieurs personnes d'origine canadienne-française écrivirent ainsi au premier ministre Hepburn avant et après l'adoption du projet de loi en 1935 pour le féliciter d'avoir pris en charge les petites, surtout après que leurs parents les eurent « exhibées » sur une scène à Chicago[63]. Leurs lettres laissent entendre qu'en raison de ces actes publics, les Dionne n'étaient plus dignes d'être des parents. Hector Legros, un cousin de Mme Dionne, écrivit au premier ministre pour l'informer qu'il n'approuvait pas le voyage des Dionne à Chicago en février 1935[64]. Ces critiques suscitèrent une vive réplique de la part des défenseurs de la famille. Dans une lettre adressée à Mitchell Hepburn, Alma Dionne, sœur d'Oliva, termine en disant que : « Ce n'est pas plus honteux de monter sur scène que de dépendre de l'aide sociale[65]. »

---

61 *La Patrie*, 16 mai 1936, CRCCF-C2/177/4.

62 *Ottawa Journal*, 14 mai 1936.

63 Documents de M. Hepburn, PAO, RG3, boîte 182.

64 *Ibid*. Hector Legros devait par la suite consacrer beaucoup de temps et d'énergie à défendre la famille.

65 *Ibid*.

D'autres parmi la population canadienne-française soutenaient que les quintuplées avaient pu survivre seulement grâce aux anglophones et aux protestants, insinuant par là que la société canadienne-française n'avait ni l'intérêt ni les capacités d'en faire autant[66]. Dans une entrevue accordée en 1935, Henri Marceau, député provincial de Nippissing, alla même plus loin. Après avoir prétendu qu'avec les 75 $ par mois reçus du gouvernement la famille gagnait plus que l'année précédente, il poursuivait :

> *Que les sociétés soi-disant patriotiques et certains messieurs se mêlent de leurs affaires! Que les catholiques du Québec ne se préoccupent pas des intérêts des jumelles Dionne, surtout en y apportant des préjugés de race et de langue. Qui a fait le plus pour les bébés alors que ceux-ci avaient besoin de la charité? C'est la Croix Rouge ontarienne et des hôpitaux protestants. Et depuis, ces associations 'patriotiques' et 'catholiques' ont-elles fait quelque chose pour les Dionne, ont-elles fait des dons comme de grandes maisons d'affaires anglaises? Non!...[67]*

Il s'agit de l'une des attaques les plus virulentes d'un Canadien français contre les membres de sa propre communauté. Même si elle n'était pas courante, cette attitude représentait néanmoins une certaine mentalité « du colonisé » qui avait cours au Canada à l'époque. Elle traduisait la conviction que seuls l'argent, l'autorité, la générosité et les capacités supérieures des anglophones permettaient à la population canadienne-française de s'en sortir. La contribution des membres de la communauté francophone ou de la famille Dionne elle-même était jugée secondaire par rapport au rôle des anglophones, en particulier les membres de la profession médicale comme le docteur Dafoe.

Il faut toutefois comparer ces positions avec les attitudes des personnes qui appuyaient la famille Dionne dans ses efforts pour ravoir les quintuplées. Même en leur donnant leur appui, elles ne niaient pas le rôle qu'avaient joué au début le docteur Dafoe et le gouvernement (David Croll). Une exception fut la violente attaque antisémite contre Croll parue dans *Le Patriote*, un journal fasciste de Montréal[68]. Les gens pensaient que les quintuplées maintenant en bonne santé devaient être rendues à leur famille le plus tôt possible et que leurs parents devraient en obtenir à nouveau entièrement le contrôle.

Il semble donc que la loi de mars 1935 sur la mise en tutelle des quintuplées et les activités publiques organisées à *Quintland* pour le premier anniversaire en mai 1935 ont marqué le début des nombreuses interventions

---

66   *L'Action catholique, op. cit.* Dans ce cas, le journal accusait *Le Soleil* de penser ainsi.

67   R. Prévost, *Le Samedi*, 29 juin 1935, p. 13, CRCCF-C2/177/2.

68   *Le Patriote*, sans date, mais probablement en 1935 peu après l'adoption de la loi sur la tutelle des quintuplées, CRCCF-C2/178/5. Oliva Dionne a aussi utilisé des propos antisémites pour attaquer David Croll à un moment donné. Il fut critiqué pour cela dans le *Catholic Register*.

officielles de la société canadienne-française. Les organismes et les gens commencèrent à remettre en question non seulement les événements de l'année précédente, mais aussi la façon dont la presse et les personnalités avaient présenté les faits. Beaucoup des premiers actes publics d'appui vinrent du mouvement des femmes canadiennes-françaises, plus particulièrement de la FFCF.

Après les nombreux gestes d'appui de la communauté franco-ontarienne durant les six premiers mois de 1935, les interventions publiques semblent diminuer. Certaines nouvelles déclarations publiées en mars et en avril 1936 ne concernaient pas les quintuplées mais plutôt le film *The Country Doctor* (le médecin de campagne). Les critiques se divisaient en deux catégories. Un critique de Québec se disait surtout bouleversé du portrait peu flatteur d'Oliva Dionne, lequel était présenté comme un paysan rustre, ce qui renforçait un certain stéréotype des Canadiens français surtout ceux de la campagne : « Ce prototype de la race canadienne-française, on lui fait jouer un rôle d'idiot, et, tout le long du film, il est l'objet de la risée des spectateurs. » Plus loin, le même auteur dit :

> *[...] ce film va contribuer énormément chez les spectateurs, l'impression que nous sommes des primitifs, des êtres grossiers, fanatisés par nos croyances religieuses, et que la seule force que l'on admire chez nous, si l'on peut dire, c'est de vulgaire reproducteur.*[69]

D'autres critiques, cette fois du nord-est de l'Ontario, pensaient que le fait de décrire cette région comme une vaste étendue sauvage nuirait au tourisme au bout du compte[70].

Vers la fin de 1937, des lettres ont été échangées entre l'ACFÉO et Élie Cholette, député fédéral de Nipissing, au sujet d'études dont le docteur Blatz fait état dans le livre *Collected Studies on the Dionne Quintuplets* publié après une conférence sur les quintuplées[71]. Le père Arthur Joyal, secrétaire général de l'ACFÉO, craignait que, pour poursuivre ses expériences, le docteur Blatz ne veuille faire instruire les quintuplées surtout en anglais. Il s'inquiétait également que ces dernières ne soient transférées à l'école du docteur Blatz à Toronto. Il se demandait si les infirmières étaient catholiques. Dans une lettre confidentielle où il répondait à l'ACFÉO, Élie Cholette explique comment il a fait sa propre enquête à l'insu du juge Valin, l'un des tuteurs. Selon lui, les quintuplées apprenaient effectivement plus d'anglais que de français depuis la visite des délégués à la conférence de Toronto, le mois précédent. Il mentionne

---

69 G.-E. Marquis, courrier des lecteurs, *L'Action catholique*, 2 mai 1936, CRCCF-C2/177/4. Selon une note de la rédaction du journal, d'autres lettres dans le même ton avaient été reçues.

70 *Le Droit*, 24 mars 1936; Jeannyves, *Le Droit*, 31 mars 1936, CRCCF-C2/177/3.

71 W. E. Blatz et coll., *Collected Studies on the Dionne Quintuplets*, Toronto, University of Toronto Press, 1937.

que le curé de Corbeil, le juge Plouffe de North Bay, le docteur Joyal (médecin de la famille Dionne) et lui-même appuyaient l'idée d'enseigner d'abord aux petites à parler français. Ils s'opposaient en cela au juge Valin selon lequel les quintuplées devaient apprendre les deux langues en même temps[72]. Un autre document, que semble avoir écrit Arthur Joyal durant la même période, aborde encore le travail du docteur Blatz. On y signale que certains chercheurs, après avoir fait subir aux quintuplées des tests en anglais, ont conclu que leur lenteur dans l'apprentissage de la langue était principalement due au fait qu'elles apprenaient surtout en français. L'auteur écrit que, peu après ces tests, le docteur Blatz commença à leur parler en anglais. Il suggère de remplacer le juge Valin par le juge Plouffe. Il faudrait aussi, selon lui, dire au docteur Blatz de rester « chez lui » parce que les Canadiens français ont les compétences nécessaires pour trouver leurs propres solutions à tout problème d'apprentissage éventuel des quintuplées. Enfin, il suggère de confier les études des quintuplées au ministère de l'Éducation de la province et non à la *University of Toronto*[73].

Ces lettres confidentielles constituent les premiers exemples de l'action d'un réseau franco-ontarien « clandestin ». Puisque l'appartenance à l'Ordre de Jacques Cartier, appelé couramment La Patente, était tenue secrète, il se peut que toutes les personnes mentionnées en faisaient partie, sauf peut-être le juge Valin. Il est également possible que l'Ordre ait commencé à cette époque à intervenir plus activement dans la vie des quintuplées. Le juge Plouffe, aussi de North Bay, était un nationaliste franco-ontarien bien connu et que plusieurs pensaient qu'il était un des dirigeants de l'Ordre[74]. Nous savons que peu après l'échange de ces lettres et tout de suite après le congédiement de l'infirmière et de l'enseignante francophones en mars 1938, une campagne bien orchestrée s'organisa. On cherchait à se débarrasser du docteur Blatz, à isoler le docteur Dafoe et à rendre les quintuplées à leur famille. La lutte qui reprenait avec une vigueur renouvelée suscita la participation de tous les secteurs de la société canadienne-française.

L'éducation et la langue d'enseignement

Dans son livre *The Dionne Years*, Pierre Berton propose plusieurs raisons pour expliquer le regain de la lutte au début de 1938. Il mentionne notamment une légère perte d'intérêt pour les quintuplées, une flambée du sentiment

---

72 Correspondance d'Arthur Joyal et Élie Cholette, 14 novembre et 6 décembre 1937, CRCCF-C2/177/6.

73 Ce document intéressant de deux pages ne porte ni signature, ni date. D'après son contenu, il aurait été écrit entre novembre et décembre 1937. Les caractères d'imprimerie laissent penser qu'il aurait été tapé sur une machine à écrire de l'ACFÉO. Peut-être s'agissait-il au départ d'une annexe à une lettre de l'organisme. CRCCF-C2/177/5.

74 Nous savons que le juge Plouffe était non seulement un membre actif mais aussi un des chefs de l'Ordre à North Bay. Voir J.-Y. Pelletier, *J. A. S. Plouffe*, Toronto, TVOntario, 1986.

nationaliste parmi la population canadienne-française, surtout avec l'élection du gouvernement de Duplessis en 1936, et la conviction de certains intellectuels que les quintuplées seraient mieux dans leur famille[75]. Si les éléments en question ont certainement exercé une influence, un regard sur la situation de la société canadienne-française montre qu'il faut aussi tenir compte d'autres facteurs. Premièrement, depuis le printemps de 1935 et avant l'élection de Duplessis, les médias canadiens-français et une bonne partie de l'élite canadienne-française exigeaient le retour des quintuplées dans leur famille puisque leur santé n'était plus menacée. Deuxièmement, les Canadiens français en avaient assez des attaques contre la famille Dionne et les Canadiens français en général. Troisièmement, la famille et le leadership franco-ontarien se rendaient maintenant compte que le moment de l'entrée à l'école approchait. Il devenait donc beaucoup plus urgent de déterminer quelle langue les quintuplées apprendraient et dans quelle langue elles seraient instruites. Quatrièmement, au début de février, le congédiement par le docteur Blatz de Jacqueline Noël, une des infirmières, et de Claire Tremblay, l'enseignante, puis l'embauche de femmes parlant peu le français, voire pas du tout, mobilisèrent encore davantage la famille. Bien qu'Oliva Dionne n'ait pas toujours eu des attitudes et des actions cohérentes, ce nouvel événement devint un prétexte important pour reprendre sa lutte afin de recouvrer la garde des quintuplées.

De la naissance des quintuplées en 1935 jusqu'au début de 1938, l'ACFÉO avait suivi les événements et donné un certain soutien à la famille mais sans intervenir publiquement de peur d'accentuer les tensions. Le 26 février 1938, Oliva et Elzire Dionne écrivirent à l'ACFÉO pour demander officiellement un appui. La lettre est plutôt étrange. Écrite à la main, elle porte la signature des parents, mais Oliva Dionne semble l'avoir signée pour les deux. On y lit « je veux » au lieu de « nous voulons », ce qui laisse penser qu'il menait seul la barque[76]. Dans cette lettre, les Dionne affirment que le docteur Blatz dirige l'éducation des quintuplées et leur enseigne l'anglais plutôt que le français. D'après eux, cette décision est motivée par des considérations commerciales et non pédagogiques. Ils accusent le docteur Blatz de vouloir que les quintuplées sachent mieux l'anglais pour pouvoir faire plus de films[77]. En conclusion, disent-ils, à quoi bon pour les quintuplées de gagner des millions

---

75 P. Berton, *op. cit.*, p. 166-167.

76 Lettre d'Oliva et Elzire Dionne à Aimé Arvisais, 26 février 1938, CRCCF-C2/177/7.

77 Comme il a été mentionné, Oliva Dionne paraît agir de façon contradictoire par moments. Dans ses interactions avec l'ACFÉO et la communauté franco-ontarienne, il semblait un fervent nationaliste puisqu'il refusait que l'on enseigne aux quintuplées en anglais. Toutefois, lorsqu'il discutait avec les autres tuteurs, il ne semblait pas s'opposer à ce que les quintuplées apprennent l'anglais. Sa préoccupation, comme celle des autres tuteurs, était de s'assurer qu'elles fassent le plus d'argent possible grâce à leurs films. Voir à ce sujet, M. Valverde, « Families, Private Property, and the State : The Dionnes and the Toronto Stork Derby », *Journal of Canadian Studies*, vol. 29, n⁰ 4, 1994-1995, p. 15-35.

si elles en viennent à perdre leur langue maternelle[78]. Le même jour, Oliva écrivit au docteur Dafoe pour l'informer qu'il s'opposait au congédiement de Mademoiselle Tremblay et avait demandé à l'ACFÉO de le représenter[79]. Ne ménageant aucun effort, il adressa le même jour un télégramme au premier ministre Hepburn dans lequel il reprenait essentiellement ses propos au docteur Dafoe[80]. Oliva Dionne venait de déclarer la guerre!

Un document juridique rédigé en anglais par Henri Saint-Jacques, avocat des Dionne, résume sans doute le mieux la position de la famille et celle de l'ACFÉO par la suite. L'avocat y explique pourquoi les quintuplées devraient avoir d'abord une bonne base en français avant d'apprendre l'anglais. Il dit :

> *M. Dionne est alarmé par les méthodes pédagogiques employées. Il insiste fortement pour que le français soit la seule langue d'enseignement à l'heure actuelle. Non qu'il rejette la langue anglaise. Au contraire, il désire que tous ses enfants l'apprennent bien, mais seulement après avoir acquis une bonne base en français. Il faut rappeler que les quintuplées ont seulement quatre ans et sont plutôt en retard dans leur développement. Ses affirmations sont justes sur le plan pédagogique et physiologique; elles se fondent sur la justice élémentaire et le bon sens... La langue est l'outil le plus puissant en éducation. C'est un véhicule vivant de la culture dans le sens le plus large de ce terme. Chaque langue incarne de manière vivante les caractéristiques nationales et les traits personnels des individus qui la parlent. C'est une vérité fondamentale, qui n'exige aucune preuve, que pour toucher les sentiments, la pensée et la volonté des enfants, il faut utiliser un instrument qui se rapproche le plus possible de leurs caractéristiques. Les principaux traits de l'enfant sont déterminés par une longue hérédité qui lui donne ses particularités familiales et nationales. Ils constituent avec d'autres facteurs ce que l'on nomme parfois l'être psychologique intime de l'enfant. Il paraît donc évident pour quiconque que la langue française est le seul véritable instrument qui peut actuellement servir à éduquer naturellement — plutôt qu'artificiellement — les quintuplées Dionne. C'est la voie royale vers une éducation complète pour elles. Sans cela, leurs progrès seront nécessairement très lents et incomplets.[81]*

Ce document nous aide à comprendre pourquoi la famille insistait tant pour que les quintuplées apprennent le français avant l'anglais et pourquoi elle a

---

78 *Ibid.*

79 Lettre d'Oliva Dionne au docteur Roy Dafoe, 26 février 1938, CRCCF-C2/177/7.

80 Télégramme d'Oliva Dionne au premier ministre Hepburn, 26 février 1938, CRCCF-C2/177/7.

81 Document juridique préparé par Henri Saint-Jacques, 28 mars 1938, CRCCF-C2/177/7/ACFO.

réagi si vivement au congédiement considéré injuste de l'infirmière et de l'enseignante. Pour la famille, il fallait agir tout de suite ou rater un moment important dans la vie et le développement linguistique des quintuplées.

Jacqueline Noël et Claire Tremblay disaient avoir été congédiées parce qu'elles ne montraient pas suffisamment d'anglais aux petites et tenaient les Dionne au courant de ce qui se passait à la pouponnière[82]. L'ACFÉO croyait avoir des motifs clairs pour intervenir dans ces congédiements. Au cas où il aurait subsisté un doute, Oliva Dionne écrivit encore une fois à l'organisme le 1er mars 1938. Il demandait essentiellement la même chose qu'auparavant et déclarait : « Je délègue à l'Association mon autorité, mes droits et mes pouvoirs[83]. » En fait, dans une lettre adressée à Mitchell Hepburn la même date, l'ACFÉO réitérait la position de Dionne :

> *Vous êtes sans aucun doute au courant, monsieur le Premier ministre, que ce n'est pas la première fois que Monsieur Dionne fait appel à nous par rapport à ses célèbres filles. C'est aussi bien connu que parfois, malgré un grand inconvénient pour nous et notre conviction à l'égard des intérêts de toutes les parties, nous nous sommes abstenus d'intervenir directement ou indirectement. Nous sommes heureux aujourd'hui de dire que nous avions raison de croire fermement que vous traiteriez le problème des Dionne à la lumière des principes élevés avec lesquels vous avez abordé d'autres problèmes aussi délicats et complexes.*
>
> *Même maintenant, malgré les pressions de Monsieur Dionne et de certains organismes sous notre direction, nous préférerions éviter toute intervention, du moins publiquement.[84]*

Cette lettre intéressante montre clairement que l'ACFÉO hésitait encore à trop s'engager dans l'affaire. Ceci est probablement dû au fait que, dans les années 1930, l'organisme cherchait à devenir plus « respectable » aux yeux du gouvernement provincial[85]. Nous pouvons seulement supposer que la FFCF fait partie des « certains organismes » dont il est question, car ce groupe appuyait

---

82 Deux lettres des infirmières concernant leur situation portent les dates du 27 février et du 2 mars 1938, mais il n'est pas clair à qui elles étaient adressées. CRCCF-C2/177/7.

83 Cette lettre a été écrite à la main en français et tapée en anglais. Lettre d'Oliva Dionne à l'ACFÉO, 1er mars 1938, CRCCF-C2/177/7.

84 Lettre de l'ACFÉO à Mitchell Hepburn, 1er mars 1938, CRCCF-C2/177/7.

85 Après avoir forcé le gouvernement provincial à battre en retraite en 1927 et à suspendre l'application du Règlement 17, les leaders de l'ACFÉO ont commencé à isoler les chefs plus nationalistes et plus bruyants qui avaient joué un rôle actif dans la lutte récente. L'ACFÉO a alors pris des positions politiques beaucoup plus modérées, une pratique qu'elle devait poursuivre jusqu'à la fin des années 1960. R. Choquette, *La foi, gardienne de la langue en Ontario 1900-1950*, Montréal, Bellarmin, 1987.

publiquement la famille depuis la naissance des quintuplées. Avec le débat qui se propageait dans la communauté, surtout à propos de la langue d'enseignement pour les quintuplées, et la demande officielle de la famille Dionne, l'ACFÉO était maintenant forcée d'agir.

Dans une lettre à Mitchell Hepburn quelques jours plus tard, l'ACFÉO défia ouvertement l'autorité du docteur Blatz en demandant pourquoi « les autorités compétentes du ministère de l'Éducation ne se chargent pas du problème délicat et difficile de l'éducation de ces pupilles francophones de l'État »? Remettant aussi en question la compétence de la nouvelle enseignante, l'ACFÉO suggérait qu'un comité composé d'Oliva Dionne, du juge Plouffe et du directeur de l'enseignement en français au ministère prenne en main l'éducation des quintuplées. L'organisme réclamait également que les fillettes soient rendues à leur famille[86]. Au même moment, l'ACFÉO écrivit aux tuteurs pour leur demander d'enquêter « sur les méthodes d'enseignement aux dites fillettes et de proposer ou prendre des mesures pour parfaire leur éducation ». La lettre les informait tous que le père des quintuplées appuyait la demande de l'ACFÉO et que l'organisme était une entité juridique « instituée pour surveiller et promouvoir les intérêts, éducatifs et autres, des Canadiens français dans la province de l'Ontario[87] ». Le 7 mars 1938, l'ACFÉO écrivit au docteur Dafoe que, s'il refusait cette enquête, elle exigerait sa démission[88].

Le 9 mars 1938, une rencontre privée officieuse eut lieu à la résidence du juge Valin. Outre ce dernier, s'y trouvaient Edmond Cloutier (représentant de l'ACFÉO mais aussi gérant du journal *Le Droit*), Oliva Dionne, le docteur Dafoe, un avocat nommé Valin (probablement un neveu du juge) et, à la demande du juge Valin, le juge Plouffe, son voisin qui était aussi président de la section locale de l'ACFÉO. Cloutier précisa clairement dès le départ que l'organisme ne pouvait accepter que les quintuplées soient instruites par des personnes qui n'étaient ni catholiques ni canadiennes-françaises. À propos de la réunification de la famille, Oliva Dionne voulait qu'elle se fasse immédiatement, mais, selon le docteur Dafoe, cela ne pourrait avoir lieu avant septembre 1938 pour protéger la santé des quintuplées. Oliva voulait aussi que son médecin de famille partage la responsabilité des soins avec le docteur Dafoe, ce à quoi ce dernier s'opposa. À propos de l'éducation des quintuplées et de la position du docteur Blatz, tous convenaient qu'il fallait élever les quintuplées dans la religion catholique. Le juge Plouffe soutint qu'elles devraient d'abord bien maîtriser leur langue maternelle avant d'apprendre l'anglais. Le juge Valin insista alors sur la nécessité pour elles d'apprendre cette langue dès maintenant pour pouvoir honorer leurs contrats de films. Le docteur Dafoe

---

86 Lettre de l'ACFÉO à Mitchell Hepburn, 6 mars 1938, CRCCF-C2/177/7.

87 Lettre de l'ACFÉO au juge J. A. Valin, 2 mars 1938, CRCCF-C2/177/7.

88 Lettre de l'ACFÉO au docteur Dafoe, 7 mars 1938, CRCCF-C2/177/7.

déclara qu'il voulait qu'elles puissent communiquer avec lui. Quelqu'un ayant signalé que le docteur Blatz ne parlait pas français, le juge Plouffe déclara qu'il n'avait donc pas la compétence nécessaire pour superviser l'éducation des quintuplées et encore moins leur éducation morale. Personne à la réunion ne semblait savoir qui avait désigné le docteur Blatz. Tous s'entendaient sur le fait que l'éducation des quintuplées devrait être entre les mains de Robert Gauthier, directeur de l'éducation bilingue au ministère de l'Éducation. Enfin, le groupe discuta du congédiement de l'infirmière et de l'enseignante. Oliva Dionne voulait que toutes deux soient rétablies dans leurs fonctions, mais le docteur Dafoe refusa. Le juge Valin lui ayant donné son appui, l'affaire en resta là.

Après que le docteur Dafoe eut quitté le groupe pour prendre le train, le juge Plouffe essaya de convaincre Oliva Dionne d'accepter un compromis puisque tous étaient d'accord sur la nécessité d'éduquer les quintuplées en français. Ce dernier ne voulut faire aucune concession par rapport au congédiement sans son autorisation de l'infirmière et de l'enseignante. La discussion semble s'être terminé là[89]. Le procès-verbal de la réunion fut envoyé à P. D. Wilson, tuteur public de l'Ontario. Dans la lettre jointe au procès-verbal, Edmond Cloutier déclare que les Dionne ne devraient pas être blâmés pour tous les problèmes, parce que le docteur Dafoe a tendance à exagérer son importance et le juge Valin « ne saisit pas complètement la situation... ». Il réitéra les principaux arguments au sujet de la nécessité pour les quintuplées de recevoir une éducation catholique et en langue française, et pour toutes les infirmières et les enseignantes d'être catholiques et canadiennes-françaises. Il déclara que les quintuplées devraient retourner dans leur famille en septembre 1938 et qu'aucun autre contrat de film ne devrait être signé puisque c'était mauvais pour les quintuplées ou pour tout autre enfant en si bas âge. Il ajouta qu'il fallait cesser d'exposer les quintuplées au public et qu'Oliva Dionne acceptait que les tuteurs continuent à administrer la « fortune des fillettes ». En conclusion, Edmond Cloutier conseillait au gouvernement d'agir le plus rapidement possible sinon Oliva Dionne ferait sans doute d'autres interventions publiques, ce qu'il jugeait indésirable[90].

On peut voir encore une fois qu'à partir du moment où l'ACFÉO s'est engagée activement, les choses se mirent à bouger avec plus de rapidité. En quelques semaines, les tuteurs parviennent à un consensus : il faut exclure le docteur Blatz des questions éducatives et le remplacer ainsi que ses assistants par des personnes catholiques et canadiennes-françaises. Avec le départ du docteur Blatz, le docteur Dafoe perdait un important allié. De plus, l'ACFÉO avait réussi à affaiblir la position du juge Valin comme tuteur en signalant qu'il

---

89 E. Cloutier, *Report of the Meeting with the Guardians of the Dionne Quintuplets March 11th*, CRCCF-C2/177/7.

90 Lettre d'E. Cloutier à P. D. Wilson, 12 mars 1938, CRCCF-C2/177/7.

ne saisissait pas complètement la situation à cause de son âge avancé. L'ACFÉO comptait qu'en raison de son expérience, le juge Plouffe pourrait présenter clairement la position de l'organisme sur les diverses questions. En même temps, elle avait reculé sur le congédiement de l'infirmière et de l'enseignante; elle avait aussi accepté que le docteur Dafoe reste le médecin attitré des quintuplées. L'ACFÉO avait donc atteint certains des objectifs visés par la famille Dionne.

Il restait toutefois un point faible; Oliva Dionne refusait presque toute concession. Une lettre d'Edmond Cloutier au tuteur public nous apprend que l'ACFÉO cherchait une solution de compromis mais sans discréditer Oliva Dionne. On pourrait interpréter en partie l'approche plus conciliante de l'ACFÉO comme une illustration des différences de classe entre Dionne et les chefs de l'organisme. Il semble y avoir eu également un conflit entre l'organisme qui tentait d'obtenir une forme de victoire pour la famille et Oliva qui refusait tout compromis en raison de sa fierté de patriarche. Après avoir enduré tant d'humiliations pendant des années, ce dernier voulait maintenant une victoire totale. Quoi qu'il en soit, la réponse finale était entre les mains du tuteur public en sa qualité d'agent du gouvernement de l'Ontario.

Pendant qu'Oliva Dionne occupait progressivement le centre de la scène, Elzire restait dans l'ombre. Après une déclaration publique à propos de l'adoption du projet de loi en mars 1935, Madame Dionne semble s'être fait entendre par l'intermédiaire d'Almanda Walker-Marchand, de la FFCF, ou de son époux, Oliva. Nous savons qu'elle était blessée de n'avoir pas été désignée comme tutrice. Dans une entrevue donnée en 1937, elle disait qu'elle aurait dû être nommée avec d'autres femmes « qui pouvaient comprendre son désir d'être le plus possible avec ses bébés[91] ». Même si elle appréciait les gestes du gouvernement dans le passé, sa position pourrait se résumer à un désir de ravoir ses fillettes et de voir toute la famille réunie sous un même toit. Une bonne éducation de langue française suivrait. Elle était même prête à parfaire ses études « pour pouvoir suivre ses enfants » et à apprendre l'anglais[92]. Il ressort de la même entrevue qu'elle souhaitait pour ses filles le succès et les avantages dont les gens de la campagne ne jouissent pas en général. De toute évidence, elle songeait à l'avenir non seulement des quintuplées mais aussi de tous ses enfants[93].

---

91 *The Globe*, 28 mars 1935, p. 12.

92 M. J. Poupore, « Looking into the future with Mrs. Dionne ». Mme Poupore était responsable du comité de chômage et d'aide sociale ainsi que vice-présidente francophone de l'Asssociation des femmes libérales de l'Ontario. Après avoir rencontré Elzire Dionne, elle présenta ce rapport le 27 novembre 1937. Par la suite, des copies furent transmises au gouvernement de l'Ontario. (Le rapport de Mme Poupore se trouve dans les dossiers de Mme Dionne, boîte 2, *Dionne Quintuplets Guardianship Papers*, Archives publiques de l'Ontario.)

93 *Ibid.*

Pendant que le tuteur public étudiait la question pour déterminer la meilleure ligne de conduite, diverses associations franco-ontariennes mobilisées par l'ACFÉO continuaient d'écrire au gouvernement à Queen's Park pour exiger la réintégration de l'infirmière et de l'enseignante ainsi que le retour des quintuplées dans leur famille. La communauté franco-ontarienne était visiblement unie dans son appui aux Dionne[94]. Après qu'Oliva Dionne eut demandé à la FFCF de faire des démarches à propos du congédiement, Almanda Walker-Marchand écrivit au ministre Paul Leduc, à Toronto, pour le prier d'intercéder en faveur de la famille[95]. Les campagnes d'envoi de lettres aux médias de langue anglaise se poursuivaient pour tenter d'éclaircir tout malentendu au sujet des motifs du renvoi du docteur Blatz. Dans une lettre qu'elle signait au nom de la FFCF, Mme Marchand explique aux lecteurs du *Globe and Mail* que le docteur Blatz a une réputation bien méritée en « hygiène mentale » mais, demande-t-elle:

> [...] quel bienfait la 'science' pourra-t-elle tirer de la torture
> qu'endurent les bébés 'les mieux soignés' du monde après avoir été
> brusquement placés dans un milieu complètement étranger où ils vivent
> constamment dans une atmosphère de tour de Babel depuis un mois
> maintenant!... C'est peut-être regrettable pour la science, mais tant que
> le droit naturel du père demeure, le docteur Blatz a à peu près les
> mêmes facilités et compétences pour élever ces enfants que j'en aurais
> pour diriger l'éducation de quintuplées esquimaudes dans leur
> langue et leurs rituels religieux.[96]

L'ACFÉO continuait à exiger la tenue d'une enquête non seulement sur les questions linguistiques, mais aussi sur l'administration des fonds des quintuplées. Sous les pressions d'Oliva Dionne, elle demandait des réponses au sujet des « coûts extravagants pour l'administration de la pouponnière dont les chiffres paraissaient dans le dernier rapport officiel[97] ». Pendant ce temps, Oliva poursuivait ses démarches auprès du gouvernement, mais cette fois par l'intermédiaire de son avocat, Henri Saint-Jacques, d'Ottawa. D'après la correspondance existante et les articles parus dans les journaux, la société canadienne-française semblait s'inquiéter moins du fait que le docteur Blatz fut un « catholique non pratiquant» mais plutôt du fait qu'il ne parla pas français et que les nouvelles infirmières ne fussent pas canadiennes-françaises.

Au lieu d'instituer une enquête officielle sur la gestion de la pouponnière comme le demandait Oliva Dionne, le tuteur public visita *Quintland* à titre officieux à la fin du mois de mars. Dans son rapport, il appuya le renvoi de

---

94 Lettres de diverses associations adressées à Paul Leduc, 12 mars 1938, CRCCF-C2/177/7.

95 L. Brunet, manuscrit inédit.

96 Lettre d'Almanda Walker-Marchand au *Globe and Mail*, 28 mars 1938, CRCCF-C2/177/7.

97 Lettre d'Aimé Arvisais à Edmond Cloutier, 24 mars 1938, CRCCF-C2/177/7.

Jacqueline Noël et de Claire Tremblay qui ne répondaient pas aux besoins de la pouponnière parce qu'elles étaient clairement opposées au programme du docteur Blatz et que leur résistance avait accentué les tensions[98]. Il recommanda en outre que les quintuplées soient instruites en français sous la direction du ministère de l'Éducation. Il proposa également que le fonds en fiducie des quintuplées paie l'éducation des autres enfants de la famille Dionne.

Pendant que ces recommandations étaient rendues publiques, Edmond Cloutier de l'ACFÉO écrivait, le 26 avril 1938, à un destinataire qu'il appelle « Mon cher ». Il s'agit probablement de l'avocat des Dionne, Henri Saint-Jacques. Cloutier écrit qu'après une rencontre secrète à Ottawa avec G. Conant, procureur général de l'Ontario, il a fait certaines propositions quant aux moyens d'en arriver à un compromis. Conant accepta d'en discuter avec le premier ministre Hepburn dès son retour à Toronto. Si Hepburn y consentait, ils se réuniraient tous les deux à Toronto. Conant suggéra aussi de parler le moins possible des dépenses du fonds en fiducie des quintuplées. Il demanda qu'Oliva Dionne évite de se rendre à Chicago pour le procès sur le bris de contrat avec les exposants (Spears c. Dafoe) car cela ne ferait que compliquer les choses. Cloutier enjoint son interlocuteur de ne pas dire à Dionne qu'il a communiqué avec lui, mais de chercher simplement à connaître l'opinion générale de ce dernier sur les questions soulevées (ce qui laisse penser qu'il écrivait bien à Henri Saint-Jacques). Il demande ensuite à son interlocuteur de l'informer immédiatement s'il accepte ses propositions. Cloutier transmettrait alors le message à Toronto à titre officieux. Il termine en disant qu'il est essentiel que Dionne consente à un compromis dans l'intérêt de toutes les parties[99]. Il est clair qu'Edmond Cloutier voulait régler le problème et que toutes les énergies convergeaient sur la question de l'éducation des quintuplées. En même temps, certaines indications montrent que l'ACFÉO était prête à travailler derrière le dos d'Oliva Dionne pour en arriver à un compromis. Nous savons toutefois que, plus tard, Dionne accepta en gros les recommandations de P. D. Wilson et cessa d'exiger qu'on réembauche l'infirmière et l'enseignante. Il resta cependant actif, puisque plus tard en mai, il critiqua l'infirmière Corriveau que le docteur Dafoe venait d'engager sans le consulter, ce qui était une violation flagrante de la recommandation du tuteur public[100]. Pendant ce temps, l'ACFÉO collaborait avec le ministère de l'Éducation pour l'embauche d'une enseignante de langue française[101]. Avant de ce faire, le ministère consulta directement Dionne[102].

---

98 P. Berton, *op. cit.*, p. 170-172.

99 Lettre d'Edmond Cloutier à ?, 28 mars 1938, CRCCF-C2/177/8.

100 Lettre d'Aimé Arvisais à Oliva Dionne, 12 mai 1938, CRCCF-C2/177/8; télégramme d'Henri Saint-Jacques à A. Potvin, 18 mai 1938, CRCCF-C2/177/8.

101 Lettre d'Aimé Arvisais à L. Simpson, 13 mai 1938, CRCCF-C2/177/8.

102 Lettre de D. McArthur à Oliva Dionne, 2 juin 1938, CRCCF-C2/177/9.

Avec l'embauche officielle d'une enseignante de langue française à l'été de 1938, Oliva et Elzire Dionne pouvaient juger qu'ils avaient remporté quelques batailles. Les quintuplées recevraient maintenant une éducation catholique et canadienne-française d'une enseignante compétente sélectionnée après consultation avec la famille. Même s'ils ne l'avaient pas choisie eux-mêmes, elle parlait plus ou moins le français. De plus, les tuteurs cherchaient des moyens de faire construire une maison pour réunir la famille sous un même toit. Au congrès de l'ACFÉO en octobre 1938, Oliva Dionne s'adressa à l'assemblée et remercia l'organisme de l'aide et des conseils fournis à sa femme et à lui-même. Il déclara que « la majorité des problèmes rencontrés auparavant pour donner une éducation convenable aux quintuplées étaient maintenant réglés ». Plus tard, il se dit satisfait de la nouvelle enseignante, Mademoiselle Vézina, d'Ottawa. L'ACFÉO adopta une résolution dans laquelle elle félicitait P. D. Wilson, tuteur public, et Duncan McArthur, ministre adjoint de l'Éducation, « d'avoir fourni les instruments éducatifs, catholiques et de langue française, aux quintuplées Dionne[103] ».

En rétrospective, il est clair que, durant cette période, la communauté franco-ontarienne s'est beaucoup plus engagée dans les débats au sujet des quintuplées. Par des moyens publics et secrets, l'ACFÉO semble avoir pris la direction de la lutte. Comme Oliva Dionne était un des tuteurs et qu'il était en contact direct avec l'ACFÉO, ses lettres et sa présence dominent la scène publique. Elzire Dionne, qui avait des liens avec les groupes de femmes cana-diennes-françaises, maintenant supplantés par l'ACFÉO, jouait davantage un rôle d'arrière-plan. Nous avons donc seulement quelques aperçus de ses senti-ments sur les diverses questions.

Les quintuplées prennent leur place

Après les événements de 1938, l'ACFÉO continua à prêter son assistance aux Dionne en adoptant des résolutions pour la réunification de la famille et le remplacement des infirmières anglophones par d'autres de langue française[104]. Après que le docteur Dafoe se fut couvert de ridicule au cirque *Saints and Sinners* à New York le 12 avril 1939, le journal *Le Droit* (étroitement lié à l'ACFÉO) demanda s'il devrait être autorisé à conserver son poste de médecin des quintuplées[105]. Oliva Dionne amorça des poursuites contre lui pour avoir insulté publiquement sa famille.

En 1940 et en 1941, les débats semblent avoir porté non seulement sur la réunification de la famille, mais aussi sur l'enseignement de l'anglais aux quin-tuplées et qui devrait leur enseigner. Bien que tous paraissaient s'entendre sur

---

103 *Ottawa Journal*, 14 octobre 1938, CRCCF-C2/178/3.

104 Résolution de l'ACFÉO, 18 mars 1939, CRCCF-C2/178/3.

105 *Le Droit*, 26 avril 1939, CRCCF-C2/178/5.

la nécessité de leur apprendre l'anglais, il n'y avait pas de consensus quant au moment opportun pour le faire. En général, la famille Dionne et les diverses associations franco-ontariennes pensaient que les quintuplées devraient d'abord apprendre le français pour avoir une formation solide dans leur langue maternelle. Après quelques années, elles pourraient étudier l'anglais avec leurs autres cours. L'ACFÉO soutenait la famille Dionne qui souhaitait conserver Mademoiselle Vézina dont le contrat paraissait ne pas devoir être renouvelé à l'été de 1941. Un certain docteur Amos, inspecteur d'école unilingue anglophone vivant à Toronto, l'avait jugée incompétente pour enseigner l'anglais en raison d'un léger accent[106]. Le débat portait sur le fait que des gens comme le docteur Amos voulaient choisir qui enseignerait aux quintuplées, même contre l'avis des parents. Comme le signalait Henri Saint-Jacques à Harry Nixon, secrétaire de la province, la pouponnière était en fait une école privée. Par conséquent, toute décision d'embauche revenait aux parents et au directeur de l'éducation bilingue, Robert Gauthier, et non à un inspecteur d'école unilingue. Cette question était particulièrement délicate à une époque où la population franco-ontarienne commençait à peine à retrouver un certain contrôle sur l'éducation de ses enfants. Il s'agissait moins d'un cas d'entêtement de la part d'Oliva Dionne et de l'ACFÉO, comme le laisse entendre Pierre Berton[107], que du désir d'une famille et d'une communauté culturelle d'exercer leurs droits en matière d'éducation, c'est-à-dire déterminer quand et dans quelle mesure on enseignerait à leurs enfants le français et l'anglais.

Les anglophones voyaient les choses autrement. Certaines personnes pensaient que l'Ontario étant une province où l'anglais prédominait, les quintuplées devraient refléter la réalité de la majorité, donc apprendre cette langue dès l'enfance. L'idée que les quintuplées étaient franco-ontariennes et avaient une autre langue maternelle ne venait pas à l'esprit de beaucoup de gens. D'autres personnes, qui avaient un intérêt financier, allaient encore plus loin. Elles pensaient que pour captiver l'imagination des anglophones du Canada et des États-Unis, les quintuplées devaient parler anglais et paraître américaines, surtout dans leurs films :

> *[...] si elles jouent dans un film et ne peuvent parler anglais et se comporter comme les Américains s'attendent à voir agir des enfants de quatre ans ... le public perdra intérêt à tel point que ceci pourrait nuire à leur capacité de gagner de l'argent.[108]*

---

106 Lettre d'Aimé Arvisais à Percy Wilson, 19 juillet 1940, CRCCF-C2/178/6.

107 P. Berton, *op. cit.*, p. 187.

108 Lettre de Munro à Wilson, 18 janvier 1938, dossiers de *Twentieth-Century Fox*, boîte 9, DQG, citée par M. Valverde, « Representing Childhood : The multiple fathers of the Dionne Quintuplets » dans *Sexuality and Motherhood*, sous la dir. de Carole Smart, London, Routledge, 1991.

Encore une fois, l'enjeu concernait qui aurait le dernier mot par rapport au contrôle des quintuplées.

Même si des questions demeurent, la correspondance montre clairement que toutes les parties cherchaient à obtenir une participation plus active d'Oliva Dionne à la prise de décisions. Il y a beaucoup moins d'allusions au docteur Dafoe, ce qui laisse penser qu'il n'avait plus autant de poids sauf peut-être pour l'embauche des infirmières. Il fut de toute façon relevé de ses fonctions de tuteur le 26 décembre 1939.

Dans la querelle au sujet du moment opportun pour enseigner l'anglais aux quintuplées et du but de cet enseignement, une série d'événements mit encore une fois la famille Dionne sur la sellette en Ontario, au Canada et même aux États-Unis. Les répercussions des gestes des quintuplées nous intéressent davantage que les événements eux-mêmes parce que tout s'est produit durant une très courte période.

Le dimanche 11 mai 1941, les quintuplées devaient faire une apparition durant une émission radiophonique de CBS pour la fête des mères. L'émission diffusée en direct devait avoir lieu dans les studios de CFRB à Toronto. Le but était d'inviter les Américains à venir visiter l'Ontario durant l'été. La Deuxième Guerre mondiale faisant rage, l'Angleterre et les pays du Commonwealth étaient parmi les rares pays encore capables de repousser les Nazis et les Japonais. Par conséquent, les quintuplées devaient aussi chanter *There'll Always Be an England*. Une heure avant l'émission, les quintuplées refusèrent de parler anglais, malgré toutes les répétitions préalables[109]. L'émission eut lieu, mais en français. Deux semaines plus tard, durant une autre émission, les quintuplées refusèrent tout simplement de parler, dans quelque langue que ce soit[110]. Ces deux incidents, mais surtout le premier, provoquèrent un tollé chez les anglophones au Canada et aux États-Unis. Les gens écrivirent aux journaux pour dire qu'ils avaient été insultés. Pourquoi les quintuplées ne voulaient-elles pas parler anglais et qui les avaient incitées à agir ainsi? Leurs parents leur avaient-ils conseillé de ne parler qu'en français[111]? Les protestataires ne pouvaient pas comprendre pourquoi les quintuplées insistaient pour parler seulement en français puisqu'elles étaient nées en Ontario et y avaient été élevées. D'autres personnes moins préoccupées par la question de la langue craignaient que les Américains ne veuillent plus visiter la région, ce qui aurait nui aux recettes du tourisme.

---

109 Un article publié dans *Le Droit*, le 31 août 1937, prétend que les quintuplées « détestent qu'on change la conversation du français à l'anglais et elles insistent toujours qu'on leur adresse la parole dans leur langue maternelle ».

110 P. Berton, *op. cit.*, p. 188-190; F. Edwards, « The Quint Question », *Maclean's Magazine*, 15 juillet 1941.

111 Peut-être les quintuplées étaient-elles assez vieilles (presque 8 ans) pour se rendre compte d'une certaine hostilité par rapport à la question de la langue à la pouponnière et dans leur famille. Elles auraient alors pu agir de leur propre chef, sans directive de leurs parents.

Sans s'en rendre compte, les quintuplées avaient soulevé un débat qui débordait largement la question à savoir quand, comment et avec qui elles devraient apprendre l'anglais. Les réactions d'hostilité devant leur geste prouvaient encore une fois qu'il existait, à l'époque comme maintenant, deux solitudes en matière de langue et de culture. L'Ontario et les autres provinces canadiennes sauf le Québec toléraient à peine la présence du français, car la majorité des Canadiens et Canadiennes dans les années 1940 pensaient que cette langue devrait être parlée seulement au Québec. Le français canadien était encore considéré comme le bizarre patois, issu du français du XVIe siècle, que parlait un peuple généralement peu instruit. Cette attitude répandue était l'équivalent sur le plan linguistique de l'idée de Lord Durham selon laquelle le peuple canadien-français n'avait ni culture, ni histoire, ni littérature.

Les mythes construits au fil des sept années précédentes furent détruits pour les milliers de gens qui écoutaient la radio. L'image des quintuplées — ces cinq jolies fillettes aux cheveux bouclées — vola en éclats quand ils découvrirent la réalité de cinq petites Canadiennes françaises catholiques, jolies ou non, aux cheveux bruns raides qui exigeaient maintenant de parler français *en Ontario*. Au lieu de symboliser un monde enchanté, les quintuplées mettaient en lumière une des tragédies du Canada — le fait qu'une majorité anglophone refusait encore d'accepter la réalité d'une population canadienne-française hors Québec comptant des centaines de milliers de personnes qui, malgré leurs droits culturels et linguistiques bafoués, continuaient à exiger de parler leur langue maternelle quand bon leur semblait. Comme cet incident se produisit à un moment où le Canada était encore une fois divisé suivant la langue par rapport à la conscription possible, ceci contribua probablement à accentuer encore davantage les antagonismes.

Lorsque les gens critiquaient les quintuplées et attribuaient leur comportement à des « influences anti-britanniques[112] », aux directives des parents pour obtenir la sympathie des quintuplées ou encore à un complot pour isoler davantage le docteur Dafoe qui était unilingue, il y avait beaucoup plus que tout cela là-dessous. Les actions des quintuplées et les réactions révèlent clairement l'état de la question nationale au Canada en 1941. Une émission de quelques minutes seulement en était venue à symboliser bien davantage.

Conclusion

Le présent article cherchait à replacer les quintuplées Dionne dans le contexte de leur communauté d'origine. Il est apparu qu'au cours de son histoire dans le Nord-Est, la communauté franco-ontarienne a appris à s'adapter aux forces économiques changeantes malgré son faible contrôle économique ou politique. Devant la discrimination de la majorité anglophone, la population franco-ontarienne avait appris à se méfier de nombreuses

---

112 F. Edwards, *op. cit.*, p. 35.

pratiques culturelles de la majorité, mais aussi à compter sur ses membres pour un appui matériel et symbolique. Afin de préserver ses représentations culturelles historiques, elle s'était centrée sur la famille et la communauté. Bien qu'elle ait été traditionnelle à certains égards, la communauté franco-ontarienne avait réussi non seulement à survivre mais aussi à se développer comme groupe. Voilà le contexte qui devait influencer le cours des nombreux événements au sujet des quintuplées Dionne.

Ceci transparaît dans la manière dont Oliva Dionne se fia aux conseils du curé de la paroisse pour l'aider à trouver une solution aux problèmes financiers que venait aggraver la naissance des quintuplées. Il négligea toutefois de parler avec son épouse, Elzire, jusqu'à ce que le contrat eut fait l'objet d'une entente et que sa signature devint nécessaire. S'il lui avait demandé son avis au préalable, il aurait sans doute évité bien des ennuis à toutes les parties. Il reste que ni le curé ni Oliva Dionne n'avaient prévu les réactions négatives du gouvernement et de nombreux secteurs de la société.

Quand il devint clair que la loi de 1935 sur la mise en tutelle empêcherait les quintuplées de vivre avec leur famille jusqu'à leur dix-huitième anniversaire, la communauté franco-ontarienne se mit à intervenir avec plus de force. La Fédération des femmes canadiennes-françaises (FFCF)et les sections locales de ce groupe national furent les premiers organismes à prendre fait et cause pour la famille Dionne. La FFCF devait lui accorder un appui indéfectible durant les années subséquentes. L'organisme et sa présidente exprimaient la conviction générale des Canadiens français que l'État n'avait aucunement le droit de conserver les quintuplées comme pupilles de la Couronne puisque leurs parents étaient tout à fait capables de s'en occuper et que leur père demeurait le chef de la famille. Il n'est donc pas surprenant qu'à partir de 1935, les Dionne aient obtenu de plus en plus de soutien des Canadiens français et des Canadiennes française partout au pays.

Vers la fin de 1937 et le début de 1938, la communauté franco-ontarienne se mobilisa encore une fois devant la crainte que les quintuplées n'apprennent l'anglais comme langue principale. La situation s'exacerba parce que ces dernières devaient commencer sous peu l'école et le docteur Blatz, responsable de leur éducation, leur imposait l'anglais au détriment de leur langue maternelle. Ces peurs devinrent encore plus réelles lorsqu'en février 1938, le docteur Blatz congédia de son propre chef l'infirmière et l'enseignante canadiennes-françaises. Fort de son expérience d'organisation des trois années précédentes, Oliva Dionne fit appel à l'ACFÉO, l'association provinciale de la population franco-ontarienne, pour défendre le droit des parents à la garde de leurs enfants et au choix de la langue d'enseignement. Avec l'appui de nombreux secteurs de la communauté, la famille Dionne put obtenir l'enseignement en français pour les quintuplées. L'anglais viendrait plus tard. Les quintuplées demeurèrent toutefois des pupilles de la Couronne, loin du reste de leur famille. La victoire était donc partielle.

Durant une émission radiophonique diffusée en 1941, les quintuplées firent connaître publiquement pour la première fois la langue qu'elles comptaient parler. Que leurs parents les aient ou non encouragées auparavant est secondaire par rapport aux réactions du public. En parlant français, les quintuplées ont aidé à détruire les images et les mythes créés à leur sujet. En parlant une langue que la plupart des auditeurs ne pouvaient comprendre, elles ont proclamé symboliquement qu'elles ne faisaient plus partie du domaine public. Leur acte de défi força tout le monde à prendre conscience que derrière le rêve de *Quintland* se trouvaient cinq petites Canadiennes françaises de huit ans qui parlaient la langue de leur communauté.

Des femmes d'action : l'autre histoire de l'Ontario français, de 1969 à 1982[1]

Linda Cardinal

*Professeure à l'Université d'Ottawa depuis 1987, Linda Cardinal enseigne au département de Science politique en plus d'être associée au programme en Études des femmes. Ses champs d'intérêt sont la théorie politique canadienne, les théories sociologiques et féministes, les études postcoloniales et la francophonie hors Québec. Elle publie régulièrement dans des revues, ouvrages collectifs et universitaires. Elle a récemment dirigé un numéro spécial des **Cahiers réseau de recherches féministes** publié par l'Institut de recherches féministes à l'Université du Québec à Montréal sur le thème des femmes de la francophonie ontarienne (no. 4, 1996)*

L'auteure de ce texte examine le développement du féminisme en Ontario français pendant la période de 1969 à 1982. Premièrement, elle trace un portrait général de la francophonie ontarienne. Deuxièmement, elle brosse un tableau intime du féminisme en décrivant le travail de Carmen Paquette, militante bien connue en milieu francophone ontarien, en plus de s'intéresser aux groupes de femmes auprès desquels elle est intervenue. Troisièmement, l'auteure tente de théoriser la question des droits des femmes et des francophones en examinant plus précisémemt les perspectives des féministes franco-ontariennes. Ainsi, elle tentera de montrer le caractère particulier du féminisme en milieu francophone en Ontario.

---

[1] Le présent texte a été publié en anglais dans *A Diversity of Women: Ontario, 1945-1980*, sous la dir. de Joy Parr, Toronto, University of Toronto Press, 1995, p. 281-316.

« Nos racines plongent au plus profond du langage, tissés de mots sont nos êtres. Mais le langage est aussi un lieu de lutte. Les opprimés luttent dans le champ du langage pour se réapproprier leur être – pour réécrire, réconcilier, renouveler. » bell hooks[2]

Le mouvement féministe canadien comprend des organisations, des idéologies et des groupes qui ont été jusqu'à récemment négligés. La recherche sur les groupes de femmes partout au Canada a toutefois commencé à remettre en question cette indifférence du mouvement où prédominent les femmes blanches et anglophones. Les femmes minoritaires – noires, juives, menno- nites, ukrainiennes, autochtones, chinoises, québécoises et bien d'autres – ont toutes, à un moment ou l'autre de leur cheminement, mis en doute leurs rela- tions avec ce mouvement blanc, anglo-saxon, protestant et de classe moyenne. En fait, les féministes des groupes minoritaires ont entrepris de théoriser l'im- portance des liens entre nationalisme, ethnicité, immigration, race, classe et langue[3]. Les féministes francophones qui vivent en Ontario font partie de ce courant. Depuis ses débuts, le féminisme franco-ontarien s'articule autour de plusieurs formes de domination – dont les plus importantes sont la langue, l'ethnicité et la région – c'est-à-dire la double ou triple infériorité. Les fémi- nistes se sont également senties déchirées entre différentes formes d'oppres- sion, comme si elles devaient choisir l'une plutôt que l'autre. Depuis les années 1970, elles ont toutefois élaboré un discours sur leur différence à l'intérieur du mouvement des femmes au Canada.

Le but de mon article est d'examiner le développement du féminisme en Ontario français durant la deuxième vague du mouvement des femmes. Je compte analyser son impact sur les groupes de femmes franco-ontariens tradi- tionnels pendant la période de 1969 à 1982. Je traiterai notamment de la rela- tion entre la langue et le féminisme, la langue et le mouvement des femmes.

Je tracerai d'abord un portrait général de la communauté francophone de l'Ontario en présentant sa composition démographique au XXe siècle, sa situ- ation géographique et ses activités économiques. Je présenterai un historique sommaire de ses organismes, y compris les principaux groupes de femmes, notamment leurs objectifs, leurs membres et leurs activités majeures. Ensuite, j'examinerai de manière plus approfondie le féminisme franco-ontarien – ses origines politiques, ses pratiques et son influence sur les femmes et la commu- nauté francophone en Ontario. J'en brosserai un portrait plus intime en décrivant le travail de Carmen Paquette, militante bien connue dans cette

---

2 *Talking Back*, Toronto, Between the Lines, 1988, p. 29, traduction libre.

3 Pour un aperçu du champ d'étude qui s'élabore actuellement sur le thème plus précis des femmes de groupes minoritaires, voir Janet Mancini Billson « Interlocking Identities: Gender, Ethnicity and Power in the Canadian Context », *International Journal of Canadian Studies*, no 3, 1992, p. 49-69 et Micheline Labelle, « Femmes et migration au Canada : Bilan et perspectives », *Études ethniques au Canada*, vol. 22, no 1, 1990, p. 67-83.

communauté. Avec ses amies et collègues Lise Latrémouille, Jacqueline Pelletier et bien d'autres, Paquette est probablement une personne clé qui a fait du féminisme une réalité en Ontario français. J'ai d'ailleurs décidé d'écrire cet article en partie pour souligner son travail. Il sera donc question de projets précis qu'elle a rendu possibles et de leurs effets sur des organismes plus traditionnels comme l'Union culturelle des Franco-Ontariennes, l'Association des fermières de l'Ontario et l'Association canadienne-française de l'Ontario. Je mentionnerai aussi certains groupes féministes dont Carmen Paquette a été membre active ou avec lesquels elle était en contact, par exemple le Regroupement des Ontaroises de l'Est, dans la région d'Ottawa, Franco-Femmes, à Hearst, et le Regroupement des femmes du Sud de l'Ontario. Paquette a aussi joué un rôle important dans la fondation d'un groupe national féministe de langue française, le Réseau national d'action éducation femmes, dont il sera aussi brièvement question.

Enfin, je chercherai à théoriser les droits des femmes et des francophones en examinant plus précisément la perspective des féministes franco-ontariennes. Ces dernières vivaient une situation paradoxale parce qu'elles devenaient des sujets politiques dans leurs propres régions, cherchaient à transformer la vie des femmes par leurs théories et leurs pratiques, mais demeuraient dans une large mesure méconnues du mouvement majoritaire des femmes blanches anglophones de la classe moyenne.

J'essaierai de montrer le caractère particulier du féminisme chez les francophones, sans toutefois traiter de tous les projets ou groupes de femmes qui ont vu le jour durant la période analysée[4]. Je me concentrerai sur ceux qui ont le plus contribué à définir le féminisme en Ontario et qui ont proposé une vision, une approche politique ou un type précis d'action. Les écrits sur les femmes francophones à l'extérieur du Québec sont malheureusement rares[5]. En général, peu de documents, d'archives, d'articles, de rapports ou de dossiers font entendre la voix de ces femmes et racontent leurs expériences. Mon article essaie donc de présenter et de comprendre ce que pouvait signifier être une féministe francophone en Ontario, de 1969 à 1982.

---

4   Je ne parlerai pas des nombreux groupes locaux plus axés sur les services que sur l'action politique. Je laisse aussi de côté la Fédération des femmes canadiennes-françaises de l'Ontario dont la situation doit être examinée dans le contexte de l'évolution de la Fédération nationale des femmes canadiennes-françaises (FNFCF). Pour plus de détails, voir Micheline Desjardins, *Les femmes de la diaspora*, Ottawa, FNFCF, 1991.

5   Pour une vue d'ensemble de la situation, voir mon article « La recherche sur les femmes francophones vivant en milieu minoritaire : un questionnement sur le féminisme », *Recherches féministes*, vol. 5, n° 1, 1992, p. 5-29.

Le contexte

La communauté franco-ontarienne

Selon les spécialistes de l'histoire, des francophones s'établissent en Ontario dès le début du XVIIe siècle[6] en raison de la traite des fourrures et de la colonisation. Les premières communautés franco-ontariennes s'installent dans la région de Détroit-Windsor. Un groupe de 60 familles arrive dans la région de la baie Georgienne et un autre groupe de 75 familles fonde Penetanguishene. Des francophones du Québec commencent à venir en Ontario aux environs de 1850 et créent des communautés le long de la rivière Outaouais, surtout dans la région maintenant connue sous le nom de Prescott et Russell. En 1883, d'autres francophones du Québec s'établissent dans le nord de la province; ce mouvement de migration naît en partie à l'instigation du clergé qui tente de préserver un mode de vie agraire, les familles nombreuses et la dévotion à l'Église.

D'après Robert Choquette, la population francophone de l'Ontario était d'environ 4 000 en 1819 et de 158 671 en 1901[7]. La population globale de la province passe de 120 000 en 1819 à 2 182 947 en 1901, année où la population franco-ontarienne représente 7,3 % du total. Cette dernière augmentera progressivement pour atteindre 482 045 en 1971[8]. Par la suite, la minorité de langue française n'a pas enregistré de croissance importante[9]; de fait, sa proportion a diminué par rapport à l'ensemble de la population ontarienne malgré une augmentation en chiffres absolus. Comme l'écrivent Louise M. Dallaire et Réjean Lachapelle « le groupe linguistique minoritaire n'évolue donc pas au même rythme que le reste de la population[10] ». En 1981, la proportion moyenne de francophones par rapport à la population provinciale est néanmoins de 5,5 %, mais elle est parfois cinq fois plus élevée dans certaines régions. Majoritaires dans des comtés comme Prescott et Russell, les franco-

---

6 Les informations fournies viennent principalement des données historiographiques présentées dans les deux ouvrages suivants : R. Choquette, *L'Ontario français, historique*, Montréal, Études vivantes, 1980; Jacques Grimard et Gaëtan Vallières, *Travailleurs et gens d'affaires canadiens-français en Ontario*, Montréal, Études vivantes, 1986.

7 Ces chiffres approximatifs sont tirés du recensement canadien et des renseignements recueillis par l'Église catholique. Voir R. Choquette, *op. cit.*, p. 78.

8 Voir Louise M. Dallaire et Réjean Lachapelle, *Profils démolinguistiques des communautés minoritaires de langue officielle, Ontario*, Ottawa, Secrétariat d'État, 1990, p. 4. Choquette utilise les données sur la population d'origine française en Ontario, mais Dallaire et Lachapelle ont recours aux données sur le français langue maternelle. Pour ma part, j'utiliserai cette dernière catégorie statistique pour présenter les chiffres les plus récents.

9 Voir à l'annexe 1 le tableau qui résume l'évolution de la minorité française dans l'ensemble de la population ontarienne, de 1951 à 1986.

10 Voir à l'annexe 2 le tableau qui donne un aperçu de l'évolution du taux annuel de croissance de la population totale et de langue maternelle française en Ontario, de 1951 à 1986.

phones constituent aussi 15,3 % de la population dans l'est de l'Ontario[11]. La population de langue française est importante dans le Nord-Est (25,6 %), mais elle ne représente que 4,2 % dans le Nord-Ouest et 4,5 % dans le Sud. Elle se regroupe principalement dans les villes d'Ottawa et de Sudbury ainsi que dans des centres régionaux comme Cornwall, Hawkesbury, Hearst, North Bay, Sturgeon Falls et Timmins.

Si cette population occupe des régions géographiques précises, elle a aussi des caractéristiques socioéconomiques distinctes – en marge des centres de prise de décisions et du cœur de l'économie située dans le Sud. Peu instruite, elle se concentre durant les années 1960 et 1970 dans l'industrie ou l'agriculture, donc dans des secteurs en décroissance offrant peu de possibilités de mobilité sociale. La population franco-ontarienne, surtout les hommes, possède alors des fermes de dimensions réduites ou moyennes, surtout dans l'est de la province où seules les grandes exploitations agricoles peuvent survivre dans un contexte de modernisation, ou bien elle contracte d'énormes dettes pour atteindre une plus grande compétitivité. Dans le Nord, les hommes travaillent dans les mines et les usines de pâtes et papiers, tandis que dans le Sud, ils s'insèrent dans l'économie de succursales. La population franco-ontarienne possède une classe moyenne inférieure composée de membres de la profession enseignante et de personnel du secteur des services, ainsi qu'une classe moyenne restreinte composée de médecins et d'avocats – deux professions très valorisées par la communauté. La classe des gens d'affaires ne comprend qu'une poignée d'individus dont les plus connus sont Robert Campeau et Paul Desmarais[12]. Ce profil socioéconomique n'a pas beaucoup changé dans les années 1980 et 1990[13].

Au cours des années 1960 et 1970, les femmes francophones travaillent surtout au foyer où elles élèvent encore de grandes familles, souvent de six enfants et plus[14]. Lorsqu'elles ont un emploi rémunéré, le tiers d'entre elles occupent les échelons inférieurs du secteur des services – par exemple, comme secrétaires ou commis de bureau, coiffeuses et serveuses. En 1981, elles constituent 65 % de toutes les personnes francophones dans ces secteurs. Elles sont également enseignantes et infirmières, seules professions qui leur donnent un revenu relativement décent.

---

11 Association canadienne-française de l'Ontario, *Les francophones tels qu'ils sont*, Ottawa, ACFO, 1986, p. 10.

12 Pour plus de détails, voir J. Grimard et G. Vallières, *op. cit.*, chapitres 5 à 8.

13 Pour plus de détails, voir le numéro spécial sur l'économie franco-ontarienne de la *Revue du Nouvel-Ontario*, n° 12, 1990.

14 Le recensement de 1961 révèle que 26 % des familles francophones vivant en Ontario ont six enfants et plus par comparaison à 12 % de la population non francophone. Voir Yvan Allaire et Jean-Marie Toulouse, *Situation socioéconomique et satisfaction des chefs de ménage franco-ontariens*, Ottawa, ACFO, 1973, p. 36.

Les femmes francophones font l'expérience de la double ou triple journée de travail. Dévouées à leur famille, elles restent les principales responsables des tâches domestiques même lorsqu'elles ont un emploi à l'extérieur du foyer. De plus, durant les années 1960 et 1970, elles demeurent des catholiques dévotes qui cuisinent pour le curé, nettoient l'église, ramassent des fonds pour la paroisse et organisent des fêtes communautaires.

En tant que groupe, la population franco-ontarienne est donc composée de gens ordinaires, peu riches, dont les caractéristiques sont typiques du sous-développement économique. Elle vit surtout dans des régions où l'économie dépend d'un secteur agricole en décroissance et d'industries vulnérables axées sur les ressources naturelles. Son taux d'analphabétisme deux fois plus élevé que celui de la population non francophone est le résultat d'une longue histoire de discrimination. Cette situation a probablement eu plus d'impact sur les femmes, car les hommes moins instruits pouvaient encore trouver des emplois relativement bien rémunérés dans les industries forestières ou minières. Les femmes étaient quant à elles forcées d'accepter des emplois à très faible salaire. Néanmoins, la population franco-ontarienne a aussi son élite, dont la majeure partie exerce une profession, mais elle demeure absente des professions plus scientifiques et techniques comme le génie, la physique et l'informatique.

Les organismes franco-ontariens

Malgré sa situation économique difficile, la population franco-ontarienne possède un réseau bien établi de groupes dont la plupart sont dominés par la minuscule classe moyenne. Durant la période de 1969 à 1982, les groupes traditionnels les plus actifs sont l'Association canadienne-française de l'Ontario (ACFO), l'Union catholique des cultivateurs franco-ontariens, l'Union culturelle des Franco-Ontariennes, l'Association des fermières de l'Ontario, Direction-Jeunesse et la Fédération des élèves des secondaires franco-ontariens. Les femmes sont également membres de la Fédération nationale des femmes canadiennes-françaises. À partir de 1975, l'ACFO adhère à la Fédération des francophones hors Québec[15] qui vient d'être fondée. Les groupes féministes mentionnés dans l'introduction s'ajoutent à cette liste, même si la plupart n'ont vu le jour qu'entre 1977 et 1982.

Les organismes énumérés font partie de ce que nous pourrions appeler le patrimoine franco-ontarien. Ils se caractérisent surtout par la lutte en faveur des droits des francophones et la participation au développement d'une communauté qui respecte les valeurs de l'Église catholique. Après la Deuxième Guerre mondiale, mais surtout dans les années 1960 et 1970, les organismes de la communauté franco-ontarienne, comme ceux de la société canadienne dans

---

15 En 1990, cet organisme a changé son nom pour Fédération des communautés francophones et acadienne du Canada.

son ensemble, subissent des transformations importantes. Dans la foulée d'événements nationaux comme la Commission royale d'enquête sur l'avancement des arts, lettres et sciences au Canada (Commission Massey, 1949-1951), la Commission royale d'enquête sur le bilinguisme et le biculturalisme (Commission Laurendeau-Dunton, 1963-1971) et le mouvement pour l'indépendance du Québec, un réveil culturel (appuyé financièrement en partie par les gouvernements fédéral, québécois et ontarien) entraîne une mutation de la communauté franco-ontarienne.

Le réveil politique et culturel du Québec contraint en effet les francophones à repenser leur identité en tant que peuple. Le Québec veut se démarquer du Canada français traditionnel, y compris le million de francophones à l'extérieur de la province, car l'identité canadienne-française est associée au traditionalisme, à l'élitisme et à la soumission à la domination anglophone[16]. Ceci provoque une grave crise parmi la population canadienne-française. La communauté franco-ontarienne[17] décide alors de chercher à comprendre son passé de discrimination dans la province. Elle va acquérir ainsi un nouveau sens de l'histoire qui jouera un rôle central dans l'identité franco-ontarienne, mais non sans susciter des débats à l'intérieur de la plupart des organismes traditionnels, y compris les groupes de femmes.

L'Association canadienne-française de l'Ontario

Depuis 1910, année où elle voit le jour sous le nom d'Association canadienne-française des enseignants de l'Ontario, l'ACFO est le principal organisme de l'Ontario français. Son premier président, Napoléon Antoine Belcourt, un avocat de Toronto, s'était fait connaître par son travail avec le Conseil scolaire des écoles séparées d'Ottawa. Ami de Sir Wilfrid Laurier, Belcourt est considéré comme l'un des premiers leaders franco-ontariens[18].

L'ACFO est fondée en réaction au harcèlement du gouvernement ontarien par rapport à la qualité des écoles de langue française de la province. En fait, de 1886 à 1925, les francophones sont la cible d'une campagne anticatholiques et antifrancophones lancée par les loges orangistes avec l'appui des conservateurs au gouvernement qui partagent leurs points de vue. Les conflits entre évêques irlandais et francophones pour le contrôle de l'Église et des Conseils scolaires des écoles séparées contribuent aussi au développement de

---

16 Danielle Juteau-Lee décrit bien le processus d'élaboration de l'identité de la minorité francophone au Canada et en Ontario dans son article « Français d'Amérique, Canadiens, Canadiens français, Franco-Ontariens, Ontarois : qui sommes-nous? », Pluriel, n° 24, 1980, p. 21-43.

17 Ainsi que les communautés franco-manitobaine, fransaskoise, franco-albertaine, etc.

18 R. Choquette, *op. cit.*, p. 181.

l'organisme[19]. Quand le gouvernement conservateur nouvellement élu statue, en 1912, que l'anglais sera désormais la seule langue permise dans les écoles ontariennes (Règlement 17), l'ACFO se lance dans une bataille acharnée contre ce qu'elle juge être un traitement injuste. L'organisme fonde également le journal *Le Droit*[20] pour tenir les francophones de l'Ontario et d'ailleurs au courant de la situation. En 1927, le Règlement 17 sera modifié par suite d'une vaste mobilisation de la communauté et de l'ACFO, mais il ne sera retiré des statuts de la province qu'en 1944. La population franco-ontarienne devra attendre jusqu'en 1968 pour obtenir le droit à des écoles secondaires de langue française[21].

Dès le début, le clergé n'encourage pas la participation des femmes à l'ACFO. Il croit que des organismes mixtes causeraient des problèmes, car les femmes pourraient distraire les hommes de leur travail[22]! L'Association a toutefois une aile jeunesse, l'Association des jeunes Franco-Ontariens.

En 1968, l'ACFO supprime le mot « enseignants » de son appellation officielle afin de s'engager dans le développement communautaire tout en continuant à lutter pour le droit à l'éducation. L'organisme se dote d'une structure décentralisée comportant des comités régionaux dans la plupart des centres de l'Ontario français et un bureau central à Ottawa. Il est alors entièrement subventionné par le Programme fédéral de la citoyenneté qu'administre le Secrétariat d'État[23]. Toujours grâce aux fonds fédéraux, l'ACFO embauche

---

19 Pour plus de détails, voir R. Choquette, *op. cit.* et Chad Gaffield, *Language, Schooling and Cultural Conflict: The Origins of the French-Language Controversy in Ontario*, Montréal, McGill-Queen's, 1987. Il est déprimant de lire comment des gens ordinaires ont dû souffrir et subir les conséquences d'une haine fondée sur un conflit religieux entre protestants anglophones et catholiques francophones, mais aussi entre évêques irlandais et francophones. L'intolérance et la haine à l'endroit des catholiques francophones en Ontario étaient telles que diverses mesures seront adoptées pour abolir toute forme de cohabitation entre les groupes linguistiques et religieux. Il faudrait se rappeler cette période de notre histoire lorsque nous parlons de la tolérance et de la générosité du peuple canadien.

20 Le journal appartient maintenant à Conrad Black.

21 C'est seulement après l'adoption de la *Charte canadienne des droits et libertés* en 1982 que la population franco-ontarienne a obtenu le droit de gérer ses propres écoles et d'avoir ses propres conseils scolaires. Il faudra toutefois attendre jusqu'en 1987 pour qu'un gouvernement libéral crée deux conseils scolaires, le premier à Ottawa et le second à Toronto.

22 Lucie Brunet, *Almanda Walker-Marchand*, Ottawa, L'Interligne, 1992.

23 R. Choquette rappelle qu'en 1968, année où Gérard Pelletier est ministre responsable du Secrétariat d'État, le gouvernement libéral fédéral a joué un rôle clé dans le développement des communautés francophones à l'extérieur du Québec. Cette politique était cependant difficile à concilier avec la vision que se faisait Pierre Trudeau de l'égalité. Ce dernier n'a pas appuyé la survie des minorités francophones par le développement communautaire; il a plutôt adopté une approche de bilinguisme institutionnel en offrant des services fédéraux en français et en anglais partout au pays. Il importe aussi de noter qu'avant 1968, le gouvernement du Québec était le seul à subventionner les activités des francophones à l'extérieur de la province. Voir R. Choquette, *op. cit.*, p. 209-212.

des personnes pour s'occuper d'animation culturelle ou de développement communautaire partout dans la province. À l'époque, l'ACFO organise aussi le premier Festival franco-ontarien à Vanier.

Bref, l'ACFO s'est concentrée sur le développement communautaire durant les années 1960 et 1970 tout en restant un organisme de revendication pour l'éducation et les droits des francophones. Surtout dominée par les hommes, l'ACFO ne prête qu'une attention superficielle aux questions importantes pour les femmes. Même si l'organisme élit une première femme comme présidente en 1976 (Gisèle Richer), il fait très peu pour favoriser la participation des femmes. L'ACFO a toujours tenu les femmes pour acquises comme bénévoles et alliées inconditionnelles dans la lutte de la communauté franco-ontarienne[24].

L'Union catholique des cultivateurs franco-ontariens

L'UCCFO est un autre organisme important qui a contribué aux traditions de solidarité et de lutte de la communauté. La population agricole franco-ontarienne a d'abord fait partie de la United Farmers Association of Ontario, fondée en 1914, puis de la United Farmers Cooperative Company. Après la dissolution de l'UFAO, le milieu franco-ontarien décide de créer son propre groupe à Ottawa en 1924. Avec l'aide de l'Union catholique des cultivateurs de la province de Québec (UCCPQ), de l'ACFO et du journal Le Droit, un groupe de 400 hommes et femmes fonde l'Union catholique des cultivateurs franco-ontariens. L'UCCPQ accorde aussi à l'UCCFO une page complète de son journal bien connu La Terre de Chez Nous pour y publier une chronique régulière.

Le mandat de l'UCCFO est surtout de promouvoir le secteur agricole par l'établissement de coopératives et de caisses d'économie. L'Union préconise l'enseignement des valeurs coopératives dans les écoles et la diffusion des connaissances scientifiques à toute la population agricole. Elle fait également pression sur le gouvernement pour qu'il approuve le projet d'un collège agricole de langue française[25]. En 1936, l'Union met sur pied une section à Sudbury; en 1937, une section féminine, l'Union catholique des fermières de l'Ontario (dont il est question ci-dessous), voit le jour à Ottawa. En 1945, l'UCCFO supprime le mot « catholique » de son appellation officielle[26].

En 1947, l'UCFO possède 27 coopératives, 3 094 membres et des actifs supérieurs à 20 millions de dollars[27]. Durant les années 1960 et 1970, l'organisme travaille avec l'Institut canadien d'éducation des adultes afin de rendre

---

24 Il s'agit de l'opinion de Jacqueline Pelletier. Voir son article « La situation de la Franco-Ontarienne », *Revue du Nouvel-Ontario*, n° 2, 1981, p. 102-109.

25 J. Grimard et G. Vallières, *op. cit.*, p. 210-215.

26 Je n'ai trouvé aucune indication quant aux raisons du changement de nom.

27 J. Grimard et G. Vallières, *op. cit.*, p. 212.

l'éducation permanente plus accessible à la population agricole franco-ontarienne. En 1981, la communauté obtient enfin son collège agricole à Alfred, dans l'est de la province.

L'Union catholique des fermières de l'Ontario, l'Union culturelle des Franco-Ontariennes et l'Association des fermières de l'Ontario

La formation des groupes de femmes franco-ontariens se produit en 1937 quand les fermières organisent, à l'intérieur de l'UCCFO, une section féminine qui a son secrétariat et ses activités propres. Mme Joseph Lacasse, de Wendover[28], dirige la section dont le siège se trouve dans l'est de l'Ontario et dont le mandat est de favoriser la vie de famille dans les milieux ruraux, d'enseigner aux femmes la cuisine et la couture, ainsi que de briser l'isolement des fermières. La devise de la section est : « Aime Dieu, la terre et ton foyer[29]. » En 1962, la section devient l'Union catholique des fermières de l'Ontario. Son premier congrès provincial attire des femmes de l'est et du nord de la province. Comme son homologue, l'UCCFO, l'Union des fermières préconise des cours d'éducation permanente pour ses membres, en particulier des cours d'économie domestique qui seraient subventionnés par le ministère de la Jeunesse et des Loisirs[30]. Elle l'enseigne d'ailleurs dans les écoles et favorise, de façon plus générale, l'éducation pour les jeunes filles en milieu rural.

Dans les années 1960, l'organisme éprouve des difficultés à recruter de nouvelles membres et son nom, avec ses références au catholicisme et au milieu rural, suscite des débats. Selon certaines femmes, le nom trop restrictif nuit au recrutement de femmes dans les régions urbaines et semi-urbaines; pour d'autres, il est bien tel quel. En 1968, lors de ce qui sera sa dernière assemblée générale annuelle, l'organisme se scinde en deux factions. Chacune met sur pied un organisme, soit l'Union culturelle des Franco-Ontariennes et l'Association des fermières de l'Ontario.

L'Union culturelle des Franco-Ontariennes

En 1969, sous la direction d'Estelle Huneault, l'Union catholique des fermières de l'Ontario change officiellement son nom pour celui d'Union culturelle des Franco-Ontariennes (UCFO) dans l'espoir d'attirer davantage de femmes partout dans la province. Durant les années 1970 et 1980, les dirigeantes de l'UCFO se rendent aussi compte que le nouvel organisme ne peut plus promouvoir les valeurs familiales et communautaires traditionnelles définies par l'Église catholique, ni encourager les femmes à se dévouer pour

---

28 Je n'ai pu trouver son nom de famille propre puisque les femmes utilisaient alors le nom de leurs époux. Wendover est une petite ville du comté de Prescott, à l'est d'Ottawa.

29 Ethel Côté, *Plus qu'hier, moins que demain*, Ottawa, UCFO, 1986, p. 17.

30 *Ibid.*, p. 55-56.

l'Église. Selon Ethel Côté, l'organisme doit commencer à se préoccuper des questions importantes pour les femmes en les reconnaissant non pas uniquement comme des mères mais comme des individues et des citoyennes aux besoins particuliers[31].

Même si le nouvel organisme conteste ses antécédents ruraux, il reste fermement ancré dans les régions rurales et semi-rurales où il regroupe plus de 3 000 femmes. En 1989, l'UCFO compte plus de 70 groupes dans six régions, soit Cochrane-Hearst-Kapuskasing, Sudbury-Nipissing, Témiskaming-Timmins, Windsor-Essex-Kent, Prescott-Glengarry et Russell-Carleton-Stormont[32].

L'Association des fermières de l'Ontario

L'AFO, qui tire également son origine de l'Union catholique des fermières de l'Ontario, doit sa fondation à sept groupes de l'est de la province qui refusent de se joindre au mouvement mené par l'UCFO. L'Association conserve l'affiliation rurale de ses membres et adopte la moissonneuse comme symbole. Les membres s'occupent surtout de promouvoir l'artisanat des femmes et d'exposer leurs œuvres dans les foires agricoles. Elles organisent des collectes de fonds par des bingos annuels et des bazars pour l'église de la paroisse. Vers la fin des années 1970, l'AFO commence comme l'UCFO à offrir à ses membres de la formation sur la santé, le leadership, la gestion de la ferme et la situation des fermières.

La Fédération nationale des femmes canadiennes-françaises

En 1914, Almanda Walker-Marchand, une Canadienne française de descendance irlandaise qui vit à Ottawa, fonde la FNFCF[33]. Elle est l'épouse d'un Canadien français relativement nanti qui a du poids auprès du gouvernement fédéral.

La FNFCF a son siège à Ottawa où elle a une section ontarienne très active. Mme Walker-Marchand se rend toutefois fréquemment dans l'ouest du pays pour organiser d'autres sections et recruter plus de membres. L'organisme n'a aucune section au Québec où la Société Saint-Jean-Baptiste, qui regroupe alors seulement des femmes, joue un rôle actif sous l'égide de Marie Gérin-Lajoie.

---

31 *Ibid.*

32 Informations de Gracia Lalande fournies lors d'une entrevue avec Nicole Rozon le 28 juillet 1989.

33 Les informations sur la Fédération sont tirées des sources suivantes : L. Brunet, *op. cit.*; L. Brunet, C. Cholette et M. Piché, « Des préoccupations paroissiales aux préoccupations féministes », *Femmes d'action*, vol. 17, n° 4, 1988, p. 17-18; M. Desjardins, *op. cit.*

Durant la Deuxième Guerre mondiale, la Fédération participe à l'effort de guerre. Ses membres s'occupent d'œuvres de bienfaisance, cousent et tricotent des vêtements pour les soldats canadiens français, font des biscuits et ramassent des livres pour eux. La FNFCF appuie aussi les droits linguistiques et éducationnels des francophones, s'engage dans la lutte contre le Règlement 17 et soutient les Québécoises dans leur lutte pour l'obtention du droit de vote.

Pendant les 30 années qui suivent la guerre, la FNFCF devient un organisme exclusivement ontarien dont le siège est situé à Ottawa. Ceci crée beaucoup d'animosité chez les membres vivant à l'extérieur de l'Ontario et finit par forcer l'organisme à modifier ses statuts et règlements afin de devenir plus représentatif des groupes dans l'Ouest et les provinces Maritimes.

De 1975 jusqu'à la fin des années 1980, la Fédération subit des transformations idéologiques et structurelles majeures. Sous l'influence de présidentes plus jeunes, elle devient plus féministe. Vers la fin des années 1970, la Fédération compte 700 membres individuelles, 64 sections et 13 conseils régionaux[34]. Graduellement, elle se fait la porte-parole des femmes francophones de l'extérieur du Québec notamment à la Fédération des francophones hors Québec et à divers événements organisés pour les femmes.

Dans toutes les sphères d'activité, donc, l'histoire des Franco-Ontariennes est liée au destin de leur groupe minoritaire. Les groupes de femmes font partie d'un patrimoine particulier qui est tributaire en partie d'un mode de vie agricole, de valeurs familiales et religieuses ainsi que du mouvement pour la formation et l'éducation des adultes. Leur mode de vie avait appris aux femmes à servir leurs époux, leurs enfants, le clergé et la communauté. Les hommes aussi servaient cette communauté, mais en tant que leaders et personnalités éminentes, tandis que les femmes restaient soumises à l'autorité masculine. La transformation des modes de développement économique de même que le réveil culturel et politique de la population franco-ontarienne ont été des catalyseurs essentiels dans l'apparition d'une nouvelle conscience féminine. Voilà le contexte où le féminisme franco-ontarien va affronter l'héritage agricole et religieux de la communauté.

Le féminisme franco-ontarien

Théories et pratiques du féminisme franco-ontarien

Les groupes traditionnels de femmes ont été un milieu important pour l'élaboration d'une pratique féministe franco-ontarienne. Le féminisme sera toutefois introduit dans ce milieu par un groupe de jeunes femmes francophones qui militent pour l'éducation des adultes et s'inspirent des idées de la

---

34 En 1990, elle compte 4 000 membres et 33 groupes membres en plus de sections et de conseils régionaux.

nouvelle gauche. Parmi elles, Carmen Paquette, militante bien connue d'Ottawa, jouera un rôle clé pour la diffusion des idées féministes. Vers le milieu des années 1970, elle est embauchée par le Collège Algonquin comme agente de développement communautaire pour travailler dans un quartier franco-ontarien. En 1977-1978, elle devient coordonnatrice du premier projet féministe de l'Ontario français, Pro-femmes, dont le but est d'aider les groupes traditionnels de femmes dans toute la province à se restructurer et à se réorganiser afin de participer à l'action communautaire. En 1981, Paquette participe au Regroupement des Ontaroises de l'Est (ROE), un groupe féministe qui fait de la sensibilisation et de l'organisation par rapport aux questions d'intérêt pour les femmes. Elle contribue simultanément à la fondation du Réseau national d'action éducation femmes, un groupe national féministe francophone qui s'occupe d'éducation pour adultes.

Avec d'autres féministes, elle invite l'ACFO à s'intéresser davantage aux questions importantes pour les femmes et demande aussi aux féministes anglophones de reconnaître les besoins particuliers des femmes francophones. Elle assiste aux assemblées du National Action Committee on the Status of Women (Comité canadien d'action sur le statut de la femme), du Canadian Congress for Learning Opportunities for Women (Congrès canadien pour la promotion des études chez la femme) et du Canadian Research Institute for the Advancement of Women (Institut canadien de recherche sur les femmes). Elle joue donc un rôle essentiel comme agente de liaison entre le mouvement des femmes anglophones et le mouvement des femmes francophones. Elle fait également la connaissance de féministes québécoises avec lesquelles elle gardera contact. À la vue de cette impressionnante feuille de route pour une aussi courte période (cinq ans), il semble légitime d'affirmer que Carmen Paquette a été une personne clé pour l'implantation du féminisme en Ontario français.

Lise Latrémouille et Jacqueline Pelletier sont d'autres féministes franco-ontariennes bien connues à l'époque. Paquette avait coutume de les appeler « la gang du chemin Montréal » (à Vanier) parce qu'elles travaillaient à cet endroit. Latrémouille met sur pied la première Caisse d'économie des femmes d'Ottawa[35] et Pelletier devient une journaliste et animatrice de renom qui fondera avec d'autres la première revue féministe francophone, *Le Tablier déposé*[36].

Des féministes se trouvent également à l'Université d'Ottawa, au Collège universitaire de Hearst, au Collège Glendon à Toronto et dans la fonction publique. Les groupes féministes qui vont naître de ces cercles sont Franco-Femmes, de Hearst, et le Réseau des femmes du Sud de l'Ontario. Certaines

---

35 J. Pelletier, «Les Franco-Ontariennes», *Les cahiers de la femme*, vol. 11, nº 2, 1980, p. 63.

36 En 1993, elle est nommée présidente du Conseil consultatif de l'Ontario sur la condition féminine.

féministes de l'Université d'Ottawa participent d'ailleurs au Regroupement des Ontaroises de l'Est. Par conséquent, la naissance d'un féminisme franco-ontarien se produit dans les collèges communautaires, les universités et les bureaucraties gouvernementales. Comme la majeure partie du mouvement des femmes au Canada, le féminisme francophone se compose de femmes blanches de la classe moyenne qui viennent des régions rurales et urbaines.

Le féminisme franco-ontarien est également issu d'une longue tradition de conscientisation à cause de ses liens avec la nouvelle gauche et le mouvement pour l'éducation des adultes. Il importe de rappeler que le Collège Algonquin comme bien d'autres groupes ou établissements à l'époque reçoit des fonds du gouvernement fédéral, dans le cadre du Programme de la citoyenneté, afin de promouvoir le développement communautaire. En 1967, le gouvernement de l'Ontario recommande que le collège devienne bilingue afin de répondre aux besoins de la population francophone. C'est dans ce contexte que seront embauchées Carmen Paquette et d'autres personnes pour s'occuper de développement communautaire.

Paquette travaille plus précisément dans le quartier francophone de la Basse-ville d'Ottawa. Elle a une formation en développement communautaire et son travail consiste surtout à politiser les gens par des activités de sensibilisation et à les inciter à s'organiser par rapport à des questions quotidiennes et individuelles. Elle les encourage à jouer un rôle actif comme citoyens et citoyennes parce que la vie privée est politique.

Paquette reconnaît avoir subi l'influence des mouvements pour les droits civiques et du mouvement des Noirs (*Black Power*) aux États-Unis, ainsi que celle des mouvements populaires et de libération nationale en Afrique et en Amérique latine. Leur approche particulière par rapport au changement social consiste à politiser les gens en leur faisant prendre conscience de leur situation. Avec Pro-femmes et, plus tard, le Regroupement des Ontaroises de l'Est, Paquette consacre la majorité de son temps aux femmes. Sa théorie se fonde encore sur le postulat « la vie privée est politique », bien que sa pratique devienne plus axée sur le développement communautaire féministe[37].

Pro-femmes

Le groupe Pro-femmes est structuré de manière à promouvoir l'action communautaire par et pour les femmes. Il cherche aussi à aider les groupes de femmes à se renforcer et à recruter des membres. Pro-femmes et l'engagement féministe de Carmen Paquette vont permettre à des organismes comme l'UCFO et l'AFO de relever des défis contemporains.

---

37 Pour un récit plus personnel sur la contribution de Paquette à l'élaboration d'une politique progressiste, voir son article « Le lesbianisme féministe et la francophonie », *Les cahiers réseau de recherches féministes*, n° 4, 1996, p. 202-209.

Le mandat de Pro-femmes concerne « la formation, l'information et le regroupement »[38]. La formation est dispensée lors d'activités et de conférences sur des questions importantes pour les femmes. Le principal outil d'information est une trousse dont les groupes vont beaucoup se servir. Quant à l'organisation, elle se fait au cours de réunions avec des organismes comme l'UCFO et l'AFO afin de discuter des meilleurs moyens pour recruter des membres.

Organisation

Pro-femmes cherche principalement à répondre à un besoin exprimé par les groupes de femmes franco-ontariens, à savoir la nécessité de renforcer les groupes et d'améliorer leur efficacité[39]. Des groupes comme l'UCFO et l'AFO traversent alors une période de grands bouleversements idéologiques. Pro-femmes les aide à opérer des changements et leur montre comment se restructurer et recruter des membres plus jeunes. Ce n'est pas une tâche facile pour Carmen Paquette, puisque les deux organismes sont sous l'emprise du clergé.

Un prêtre assiste souvent aux réunions des groupes traditionnels de femmes ou encore ouvre la séance par une prière ou une courte cérémonie religieuse. De toute évidence, sa présence et son autorité se font sentir. Paquette n'accepte pas cette pratique. Elle est aussi convaincue que des organismes comme l'UCFO ne peuvent plus se concentrer seulement sur la famille et la paroisse s'ils veulent attirer d'autres membres; les femmes doivent diriger leurs énergies vers elles-mêmes et vers les autres femmes. Paquette exhorte donc les dirigeantes de l'UCFO et de l'AFO à s'occuper de questions comme le budget, la santé, le leadership, la nutrition, les pensions, la pornographie et la politique locale. Dans ses efforts pour aider des groupes comme l'UCFO à s'adapter aux changements en cours dans la communauté, Paquette fait face à la résistance du clergé qui exerce une forte influence idéologique sur les groupes de femmes. Cette résistance incite Paquette à considérer son travail comme révolutionnaire. L'archevêque Plourde, du diocèse d'Ottawa-Carleton, est d'ailleurs convaincu qu'elle et ses collègues sont communistes[40]!

Information

Le principal outil d'information de Pro-femmes est une trousse[41] qui contient des renseignements sur les programmes et les services offerts aux femmes dans leur région, leur quartier, leur communauté et la province. On y

---

38 Lettre de C. Paquette à l'UCFO, 14 novembre 1980, Pro-femmes, Document 2, dossiers personnels.

39 M.-É. Brunet et C. Paquette, « Pro-femmes : projet d'animation auprès des Franco-Ontariennes », *Le Tablier déposé*, 1979, p. 16.

40 Paquette se rappelle avoir été informée que la Gendarmerie royale du Canada la surveillait ainsi que d'autres militantes avec le consentement et la collaboration de l'archevêque Plourde.

41 C. Paquette, « Communication sur Pro-femmes », Archives du Centre de recherche en civilisation canadienne-française (CRCCF) de l'Université d'Ottawa, Fonds UCFO, C67-3/19, Pro-femmes.

propose aux groupes de femmes différents moyens d'obtenir plus de formation et de définir leurs besoins pour ensuite les exprimer aux autorités compétentes. Les groupes apprennent ainsi leurs droits et peuvent écrire aux ministres ou fonctionnaires afin d'en savoir davantage sur les programmes en place pour les femmes. Paquette s'assure qu'ils sachent que le gouvernement subventionne des projets de développement comme la formation, le recyclage et la collecte de fonds pour les centres de femmes.

La trousse recommande aux femmes de se réunir pour discuter de leadership, de formation, d'éducation permanente et d'estime de soi. On y explique comment organiser des ateliers. Bref, quel que soit le type d'activité, Pro-femmes joue un rôle capital en encourageant les femmes à parler de leur réalité et à s'organiser pour améliorer leur sort. L'organisme suscite donc le besoin de nouveaux groupes ou, du moins, oblige les groupes traditionnels à prêter attention aux nouveaux besoins des femmes. La trousse de Pro-femmes peut servir à stimuler la discussion et la prise de conscience, ce qui met en relief la dimension politique de la vie privée.

Formation

Pro-femmes compte trois comités de travail : le premier sur l'information, le deuxième sur l'action politique et le troisième, et le plus actif, sur l'éducation des adultes. Ce dernier comité fait connaître aux femmes les programmes de formation générale et de recyclage[42]. Il les encourage aussi à trouver un emploi rémunéré et à retourner aux études.

Des activités de formation sont organisées sur des questions comme la santé, l'économie et l'action communautaire[43]. En 1977, Paquette aide à organiser une réunion à Plantagenet où 125 femmes discutent de la vie en milieu rural et plus particulièrement de la situation des fermières. D'autres réunions ont lieu à Hawkesbury en 1979 puis à Cornwall en 1980. Cette année-là, Paquette organise aussi des séances d'information afin de susciter l'intérêt des femmes pour la politique municipale et de les encourager à se porter candidates. En 1981, elle travaille avec les femmes du nord de l'Ontario pour planifier la Rencontre des femmes du Nord où Pro-femmes tente de regrouper les jeunes femmes francophones[44]. Les participantes y discutent des attitudes machistes des hommes qui travaillent dans les mines et les usines de pâtes et papiers, ainsi que de l'exclusion des personnes seules et des couples sans enfant de la vie communautaire.

---

42 M.-É. Brunet et C. Paquette, *op. cit.*

43 *Ibid.*

44 Archives du CRCCF de l'Université d'Ottawa, Fonds FFCF, Activités, Femmes dans les provinces canadiennes, nord de l'Ontario, originaux et copies, sd, 1980-1981, 17 pièces.

L'effet transformateur de Pro-femmes

Même si les groupes traditionnels de femmes ne voulaient pas s'identifier explicitement avec le féminisme, il est clair qu'ils n'échappaient pas à son influence. Avec l'appui de Pro-femmes, ils ont commencé à se préoccuper de questions importantes pour les femmes. Ils reconnaissaient donc ces dernières comme des individues et des citoyennes plutôt que des mères entièrement absorbées par leur famille. Au début des années 1980, l'UCFO fait de cette idée une réalité avec le projet Nouveau départ. Pour sa part, l'AFO s'engage dans deux projets : le premier concerne les préoccupations des femmes par rapport à la gestion de la ferme et le second, le besoin d'un centre de ressources pour les femmes francophones des comtés de Prescott-Russell et de Glengarry. Ces deux projets traduisent une prise de conscience des organismes par rapport aux besoins des femmes.

Nouveau départ

Ce programme aussi important que Pro-femmes a pour but d'élaborer des ateliers de formation pour les femmes au foyer qui désirent un emploi rémunéré. Déjà offert au Québec, Nouveau départ aide les femmes à évaluer leurs compétences et à s'en servir pour entreprendre une nouvelle carrière. L'UCFO fait des démarches auprès du Collège Algonquin, de l'Université d'Ottawa, du Conseil scolaire catholique de Prescott-Russell et de divers groupes de femmes pour obtenir leur appui en vue d'établir le premier programme du genre en Ontario français, puis dans toutes les autres communautés à l'extérieur du Québec. Couronné de succès, Nouveau départ attirera à ses ateliers environ 800 femmes, en Ontario seulement, de 1982 à 1987[45].

Nouveau départ offre un outil pour évaluer le « travail féminin » et montre aux femmes que leur travail vaut davantage qu'elles ne le pensaient. Les femmes montent des portfolios dans lesquels elles énumèrent leurs activités et les évaluent[46]. Le programme sert de catalyseur dans un processus d'autoévaluation parfois pénible qui peut mener à une remise en question complète de leur vie et, comme c'est souvent le cas, de leurs relations conjugales. En fait, il provoque des changements. Selon un sondage sur l'impact de Nouveau départ, 90 % des femmes interrogées disent qu'il a transformé quelque chose dans leur vie[47]. Le programme donne aussi aux femmes une plus grande assurance[48].

---

45 Diane Goudreau, *Nouveau départ et rapport sur ses répercussions sur la vie quotidienne des participantes de l'Ontario*, Ottawa, UCFO, 1988, p. 6.

46 Le portfolio des femmes plus âgées constitue un document que ces dernières peuvent léguer à leurs petits-enfants pour leur raconter la vie d'une femme francophone.

47 D. Goudreau, *op. cit.*, p. 2.

48 *Ibid.*, p. 3.

Sondages de l'AFO

Suivant l'exemple de Pro-femmes, des membres plus jeunes de l'AFO comme Laurence Cardinal et Louise Myner, toutes deux présidentes de l'organisme à divers moments durant les années 1970 et au début des années 1980, incitent les fermières à mieux connaître leurs droits dans l'entreprise familiale. Ainsi, Myner coordonne une étude sur les femmes qui dirigent une ferme[49]. Les femmes commencent alors à reconnaître le besoin d'élargir la gamme de leurs activités sur la ferme et d'acquérir plus d'indépendance. Elles soutiennent que les femmes devraient posséder les fermes en copropriété avec leurs époux et qu'elles doivent apprendre à s'affirmer davantage.

En 1982, Myner, alors présidente de l'AFO, commande une autre étude mais de plus grande envergure. Avec un groupe d'étudiantes d'université, elle réunit des données sur les besoins sociaux des Franco-Ontariennes dans les comtés de Prescott et de Glengarry où vivent la plupart des membres de l'AFO[50]. Le sondage, qui mènera à la création d'un centre de ressources pour les femmes francophones à Hawkesbury, recommande aussi d'offrir des services comme des garderies et des informations sur la santé, la sexualité, la nutrition et la violence faite aux femmes.

Tout comme Pro-femmes, Nouveau départ et les sondages de l'AFO sont des moyens de sensibiliser les femmes et de veiller à ce que leur travail soit reconnu. Des programmes comme Nouveau départ aident les femmes qui ont une identité fragile à cesser de se percevoir uniquement comme victimes d'un système. Ils tentent de faire un lien entre le fait d'être victimes et la nécessité d'une action individuelle pour changer la situation. Grâce à Nouveau départ, les femmes développent leur force et leur capacité de prendre des décisions de façon autonome; on les encourage aussi à s'engager dans leur communauté. Les projets de l'AFO mettent peut-être plus l'accent sur l'action collective parce qu'ils visent à obtenir de nouvelles ressources pour les femmes.

---

49 Diane Farmer mène l'étude durant l'été de 1980. Elle distribue 600 questionnaires aux femmes francophones vivant dans l'est de l'Ontario pour connaître leurs besoins de formation et leurs attentes en tant que femmes dirigeant une ferme avec leurs époux. Elle les informe aussi de leurs droits et les sensibilise au fait qu'elles assument la direction de la ferme. L'étude a jeté les bases d'un nouveau groupe nommé Femmes et gestion de la ferme. Archives du CRCCF de l'Université d'Ottawa, Fonds FFCF, C53/47/9, Activités, Femmes dans les provinces canadiennes, Ontario-Est, Prescott-Russell, Glengarry, Stormont, copies, été 1980, 23 juillet 1982, 3 cm, p. 6.

50 L. Cardinal, *Besoins sociaux de la Franco-Ontarienne de Prescott-Glengarry*, Saint-Eugène, AFO, 1982. L'étude, publiée avec quelques modifications, comptait au total 278 questionnaires : 204 des femmes du comté de Prescott et 74 des femmes de Glengarry. Une étude similaire a été effectuée avec les femmes francophones du Manitoba.

La fin de Pro-femmes et l'avènement de la communauté féministe

Pro-femmes cesse d'exister en 1981. Ses trois marraines principales, soit la Fédération nationale des femmes canadiennes-françaises, l'Union culturelle des Franco-Ontariennes et l'Association des fermières de l'Ontario, se disent alors prêtes à prendre en main la formation, la gestion, bref leurs propres affaires[51]. L'ACFO cesse donc de subventionner Pro-femmes. Avec cette disparition, il devient difficile de savoir qui fera le travail de base pour encourager les femmes plus jeunes à devenir membres des organismes. Les féministes francophones du Collège Algonquin s'élèvent donc contre l'action de l'ACFO à la conférence de 1981 sur le thème « Savoir c'est pouvoir » dont Lise Latrémouille est l'une des organisatrices[52]. Leurs protestations ne sont toutefois pas entendues, Pro-femmes disparaît[53].

Les efforts pour sauver Pro-femmes font partie d'un projet plus ambitieux visant à rallier les Franco-Ontariennes de l'Est pour poursuivre le travail d'organisation, de sensibilisation et d'éducation des adultes entrepris par Carmen Paquette. Les organisatrices de la conférence « Savoir c'est pouvoir », qui sont au service de la division de l'éducation permanente du Collège Algonquin, disent des femmes : « Peut-être comprendront-elles qu'unies, elles aussi peuvent créer des services pour améliorer leur sort et accroître leur pouvoir individuel et collectif[54]. » La conférence attire plus de 400 femmes qui formulent 63 résolutions[55] sur tous les aspects de leur vie dans les 10 ateliers suivants : les garderies, l'économie, l'éducation, le féminisme, la santé, la politique, les ressources, la violence, le travail et le sexisme dans la publicité[56]. La conférence mène aussi à la création du Regroupement des Ontaroises de l'Est (ROE) qui doit se charger de mettre en œuvre les résolutions[57]. Elle constitue donc un autre pas dans l'élaboration d'une politique plus centrée sur les femmes en Ontario français.

---

51 Diane Desaulniers, « Rapport : Pro-Femmes », Archives du CRCCF de l'Université d'Ottawa, Fonds UCFO, C67/B2B/6, Pro-femmes.

52 Le comité de coordination comprend Ethel Côté, Pierrette Dessaint, Martine Lafrance, Lise Latrémouille et Nycol Vinette. *Rapport d'évaluation* de 1981, 36 pages, rédigé par le comité et envoyé à toutes les participantes de la conférence, dossiers personnels.

53 D. Desaulniers, *op. cit.*, p. 4.

54 Document, 12 mars 1981, Archives du CRCCF de l'Université d'Ottawa, Fonds FFCF, C53/47/5, Activités, Femmes dans les provinces canadiennes, Ontario, originaux, copies et imprimés, sd, 1976-1981, 1 cm.

55 *Ibid.*

56 Le programme de la conférence est publié dans *Le nouveau Tablier déposé*, 1981, p. 3.

57 Pour consulter la liste complète des résolutions, voir le numéro spécial de la revue *Le Tablier déposé*, avril 1981.

Le ROE a toutefois une brève existence puisqu'il dure seulement de 1981 à 1982[58]. Son mandat très chargé ne permet évidemment pas de tout accomplir. Ses membres se consacrent donc à trois projets : le Centre d'accès francophone pour femmes (CAF) qui ouvre ses portes en mars 1982, la Banque de ressources pour femmes et les 25 heures du ROE[59], une conférence ouvertement féministe aussi tenue en 1982. Même s'il ne semble demeurer aucun document sur ces deux derniers projets, le CAF, encore ouvert aujourd'hui, se décrit alors comme un groupe offrant des ressources féministes aux Franco-Ontariennes et un endroit où faire de l'action politique[60]. Plus précisément, le CAF veut donner aux femmes francophones de l'Est les outils nécessaires pour leur croissance personnelle et collective, prolongeant ainsi le travail de Pro-femmes mais d'une façon plus autonome[61]. Il publie aussi un bulletin sur la situation financière des femmes.

En résumé, la disparition de Pro-femmes, l'organisation de la conférence Savoir c'est pouvoir ainsi que la création du ROE et du CAF montrent qu'une communauté féministe franco-ontarienne construisait sa propre organisation et continuait parallèlement à collaborer avec des groupes de femmes traditionnels. Même après la dissolution de Pro-femmes, les militantes font pression sur l'ACFO. Lors de l'assemblée générale annuelle en 1982, les résolutions suivantes sont adoptées :

> 1) Que l'ACFO donne priorité aux dossiers touchant la condition fémi-nine et qu'elle appuie publiquement les revendications des groupes de femmes et dénonce les situations qui leur sont injustes; 2) Que l'ACFO fournisse aux conseils régionaux les ressources humaines, financières et matérielles pour l'organisation de tables rondes sur les femmes et la pau-vreté dans le cadre des activités de la Journée internationale de la femme, le 8 mars 1983; 3) Que l'ACFO, en collaboration avec des groupes tels

---

58 Des groupes travaillaient sur les prématernelles (avec Paulette LeBrun, Rita Cyr-Hicks et Carmelle Jérôme), le travail et le syndicalisme (avec Liette Perron et Lucie Brunet), la santé (avec Jocelyne Talbot), la formation et les ressources (avec Lyse Huot, Rita Cyr-Hicks, Carmen Paquette, Monique Leblanc-Vincent et Madeleine Beaulieu), la politique (avec Claire Guillemette-Lamirande, Jocelyne Talbot, Rita Cyr-Hicks, Madeleine Beaulieu, Lise Latrémouille et Carmelle Jérôme), la retraite (avec Denise Sarda), l'art, la tradition et la culture (avec Claire Guillemette-Lamirande, Paulette LeBrun, Madeleine Beaulieu et Jocelyne Talbot) et la théorie féministe (avec Liette Perron, Jocelyne Talbot, Monique Leblanc-Vincent, Martine Lafrance et Lise Latrémouille). Les comités sur la publicité sexiste et sur l'économie n'ont pas de membres précises.

59 Le ROE renaîtra en 1989 et s'occupera uniquement de la question de l'avortement.

60 Centre d'accès francophone pour femmes, *Autonome! Autonome! Autonome!*, Ottawa, CAF, 1987.

61 Lyse Huot, « Le centre d'accès pour femmes », *Le nouveau Tablier déposé*, vol. 3, n° 1, 1982, p. 8-10.

que le Centre d'accès pour femmes, appuie et contribue à la mise sur pied de centres d'hébergement pouvant accueillir des Ontaroises victimes de violence.[62]

Ces revendications des femmes vont mener à la création du Mouvement rose[63], un groupe informel à l'intérieur de l'ACFO qui veut se concentrer sur sept questions prioritaires pour les femmes : l'économie, la santé, la violence, le travail, les prématernelles, les femmes âgées et l'éducation des adultes. Il considère que son rôle est de tenir le conseil d'administration de l'ACFO au courant de ces questions[64]. Il ne restera toutefois pas longtemps actif.

La brève existence du Mouvement rose illustre bien la difficulté du travail féministe dans un milieu plus ou moins ouvert. Carmen Paquette tente alors d'inciter les féministes francophones à formuler une vision à long terme pour le féminisme au Canada français, en collaboration cette fois avec le Réseau national d'action éducation femmes. Au début, le RNAÉF s'occupe surtout de la formation pour les femmes désireuses de retourner sur le marché du travail. L'organisme considère aussi l'éducation comme un moyen pour les femmes de changer individuellement et collectivement leurs vies et leurs communautés[65].

Le RNAÉF est issu d'un conflit entre féministes blanches anglophones et francophones[66]. Après une conférence du Canadian Congress for Learning Opportunities for Women (CCLOW), tenue à Halifax en 1980, l'idée de mettre sur pied le Réseau commence à germer[67]. Même si CCLOW est un organisme national bilingue, il n'accorde aucune attention spéciale aux besoins des femmes francophones. Comme Michèle Trottier, première coordonnatrice du

---

62   Archives du CRCCF de l'Université d'Ottawa, Fonds UCFO, C67-3/19, Mouvement rose, une chemise. « L'assemblée générale de 1982, liste des résolutions adoptées », *Le Temps*, novembre 1982, p. 4.

63   Archives du CRCCF de l'Université d'Ottawa, Fonds UCFO, C67/B2b/7, Condition féminine, « Le Mouvement rose », 1 page.

64   Les membres du Mouvement rose sont Claire Péladeau, Carmen Paquette, Suzanne Gagnon, Diane Henrie, Micheline Desjardins et Carole Lepage-Ratté. Certaines d'entre elles font partie de groupes de femmes. Procès-verbal de la 3e réunion du Mouvement rose, Vanier, le jeudi 4 novembre 1982, 6 pages, dossiers personnels.

65   Document du Réseau national d'action éducation femmes, 8 pages, date inconnue, dossiers personnels.

66   Louise Boivin, « Regards sur l'avenir : un colloque national avec une histoire », *Femmes d'action*, n° 13, 1983, p. 3-4; Action-Éducation-Femmes, *Document de travail*, Ottawa, AÉF, 1982 et *Compte-rendu de la première rencontre du groupe Ad Hoc (CCLOW) francophone à Halifax*, Ottawa, AÉF, 1980.

67   J'ai déjà exposé certaines des idées présentées ici dans l'article « La recherche sur les femmes francophones vivant en milieu minoritaire : un questionnement sur le féminisme », *op. cit.*, p. 8-13. Voir aussi Suzanne Lacroix, « Action-éducation-femmes : un réseau national », *Femmes d'action*, vol. 18, n° 2, 1988-1989, p. 22.

RNAÉF, l'écrit dans un autre contexte : « S'il est vrai que notre société a toujours proposé l'éducation comme le moyen idéal par lequel l'individu défavorisé accède à une meilleure situation, pourquoi parle-t-on si peu de l'éducation des femmes francophones hors Québec?[68] »

Deux autres groupes doivent être aussi examinés par rapport à l'évolution du mouvement féministe : il s'agit de Franco-Femmes et du Réseau des femmes du Sud de l'Ontario (RFSO). Tous deux voient le jour à l'extérieur de la région d'Ottawa où se concentrent la plupart des autres activités. Les membres de Franco-Femmes, en particulier, ne sont pas sans connaître le travail de Carmen Paquette et de Pro-femmes. Ces deux groupes vont organiser des conférences régionales, faire du travail à l'échelle locale et tenter de réunir les femmes à l'extérieur des groupes traditionnels.

Franco-Femmes

Fondé en 1977, Franco-Femmes est l'un des premiers groupes de sensibilisation du nord de l'Ontario. Sa structure explicitement féministe suit la tradition anglo-américaine des groupes de prise de conscience caractérisés par un petit nombre de membres et l'absence d'organisation formelle. Franco-Femmes a un centre au Collège universitaire de Hearst. En fait, le groupe compte quatre membres – Agathe Camiré, Danielle Coulombe, Johanne Morin et Michèle Trottier[69] – mais ne fait aucun recrutement. « La promotion de la femme, une chance de répondre aux besoins des membres de se rencontrer, une chance pour agir... sont les raisons d'être du groupe F.F.[70] », peut-on lire dans les documents de l'époque. Les membres se réunissent pour parler de leurs expériences et discuter des actions possibles. Elles mettent leurs idées à l'épreuve en les rendant publiques et organisent des campagnes d'information pour les femmes au foyer et sur le marché du travail. Franco-Femmes publie aussi toutes les deux semaines une chronique dans le journal *Le Nord*.

En 1978, Franco-Femmes participe à l'organisation de la première rencontre féministe pour les Franco-Ontariennes du Nord intitulée Au féminin et marrainée par la FNFCF. En 1979, le groupe organise Au féminin II qu'il nomme Grande rencontre des Franco-Ontariennes[71]. Pour la première fois dans le Nord, les femmes francophones ont la possibilité de se réunir en tant que femmes. En petits groupes et en ateliers, elles discutent de tous les aspects de

---

68 M. Trottier, « Action-éducation-femmes : un dossier féministe », *Le Tablier déposé*, n° 3, 1979, p. 3-4. Trottier est l'une des membres fondatrices du groupe Franco-Femmes de Hearst.

69 Margot Blight, « Au féminin II en fin de semaine », *Le Nord*, 17 octobre 1979, Archives du CRCCF de l'Université d'Ottawa, Fonds FFCF, C53/63/4, Relations avec l'extérieur, originaux et copies, Franco-Femmes, 1979-1980, 12 pièces.

70 *Ibid.*

71 *Ibid.*

leurs vies : la nutrition, les sports, l'économie, l'adolescence, la publicité sexiste, les familles monoparentales, le droit de la famille, les femmes et la religion, le partage des tâches domestiques avec les maris, le changement social et les moyens de vivre pleinement. Plus de 150 femmes de tous les groupes d'âge y participent[72].

Les membres de Franco-Femmes assistent aussi aux réunions organisées par Pro-femmes dans le Nord, mais les renseignements qui subsistent ne permettent malheureusement pas de savoir ce qui s'y passe. Comme dans tous les petits groupes, les membres partent pour s'adonner à d'autres activités ou parfois pour occuper un emploi rémunéré[73]. En l'absence de recrutement actif, le groupe Franco-Femmes va donc disparaître. Il est toutefois évident qu'il a fait partie du développement du féminisme en Ontario français.

Réseau des femmes du Sud de l'Ontario

En 1982, donc plus tard que dans le Nord et l'Est, les femmes du Sud décident de créer leur propre groupe. Le Réseau des femmes du Sud de l'Ontario (RFSO) n'est ni aussi petit que le groupe de Hearst ni aussi politique que celui d'Ottawa. D'après Colette Godin, le Réseau sert à maintenir la liaison entre environ 500 femmes vivant dans les régions de Parry Sound, de Niagara, de Belleville, de Windsor et de Toronto[74]. Il s'occupe de questions comme la Constitution, l'immigration, la violence faite aux femmes et l'indépendance financière des femmes. Le Réseau, qui a des comités d'action contre la violence faite aux femmes, travaille surtout dans les écoles et avec les groupes de femmes. Il met sur pied plusieurs projets dont certains existent encore : L'arbre de vie, une coopérative de logement pour les femmes francophones à Toronto; SOS Femmes, une ligne d'écoute téléphonique pour les femmes déprimées et victimes de violence; un centre de recherche et de ressources pour les femmes francophones établi en collaboration avec le Collège Glendon à Toronto[75]. Le Réseau semble moins axé sur la sensibilisation que les autres groupes et davantage sur les services. Il s'insère néanmoins très bien dans le mouvement féministe franco-ontarien.

Si on le replace dans un contexte plus large, le féminisme franco-ontarien poursuit les traditions de solidarité de la communauté. De la même manière que l'Union des cultivateurs franco-ontariens insistait dans les années 1940 sur la nécessité de rendre l'éducation des adultes accessible à la population agricole francophone et que l'Union des fermières catholiques de l'Ontario faisait pression au début des années 1960 pour obtenir les mêmes services pour les

---

72 *Ibid.*

73 Michèle Trottier, par exemple, devient la première coordonnatrice du RNAÉF.

74 Colette Godin, « Le Sud en action », *Femmes d'action*, nº 19, 1990, p. 3.

75 *Ibid.*

femmes des milieux ruraux, les féministes franco-ontariennes cherchent à opérer des changements sociaux grâce à l'éducation des adultes. Elles vont cependant faire davantage. Engagées dans un processus plus profond de transformation sociale et culturelle, elles s'inspirent de l'approche de la nouvelle gauche qui considère l'expérience vécue comme une manifestation de l'aliénation et de l'oppression. Elles signalent que les femmes vivent dans un contexte particulier modelé autant par le patriarcat que par la domination de race et de classe. Il importe néanmoins de souligner la continuité entre les mouvements de solidarité agricole traditionnels et le travail des féministes franco-ontariennes. C'est de la jonction entre ces deux mouvements que la théorie et la pratique des féministes semblent tirer leur originalité et leur particularité.

Bref, de 1969 à 1982, le féminisme franco-ontarien se caractérise surtout par des formes de militantisme régional issues de différents contextes. L'outil principal des féministes, qui est la prise de conscience, semble bien fonctionner dans les groupes, les ateliers et les activités de formation réunissant un petit nombre de femmes. Les féministes devront toutefois mettre sur pied des organismes parallèles en partie parce qu'elles ne peuvent faire leur travail dans ceux qui existent, mais aussi parce qu'elles ont besoin d'une autonomie politique. La priorité va donc devenir l'établissement de leurs propres groupes et l'organisation comme féministes francophones avouées. Dans ce contexte, le Réseau national d'action éducation femmes va offrir un milieu où les féministes pourront formuler leurs priorités et leur politique. Peu de cadres institutionnels permettent cependant aux féministes franco-ontariennes de travailler avec d'autres femmes.

Il faut examiner une question supplémentaire avant de terminer cette analyse du féminisme franco-ontarien : la théorie. Même si les féministes franco-ontariennes ont subi l'influence de la nouvelle gauche et du mouvement pour l'éducation des adultes, il faut reconnaître qu'elles ont aussi tenté de théoriser à partir des expériences des femmes. Ce faisant, elles ont trouvé un langage permettant de médiatiser leur vécu avec des mots, des mots féministes. Ce langage issu d'une prise de conscience a produit un discours créé par et pour les femmes francophones.

Théoriser les droits des femmes et des francophones

Théoriser les expériences des Franco-Ontariennes

Même si le féminisme franco-ontarien est axé sur l'action, les féministes s'engagent dans des discussions théoriques parce qu'elles utilisent des mots pour exprimer les expériences des femmes. Et si elles le font en français, c'est que le langage, comme dit bell hooks, « est aussi un lieu de lutte ». Les expériences des Franco-Ontariennes doivent se dire en français avec des mots qui donnent un sens à leurs vies, dans des écrits qui peuvent exprimer leur spécificité. Les féministes rendent ce langage possible en Ontario français tout en empruntant des idées venues des mondes anglo-américains. Plus précisément, la théorisation des expériences des Franco-Ontariennes se déroule dans des groupes qui tentent de réécrire l'histoire de l'Ontario français à partir de la perspective des femmes. Certains écrits analytiques sont produits dans le cadre universitaire, mais d'autres tout aussi importants sont réalisés dans des collectives féministes.

La FNFCF publie ainsi deux documents majeurs sur l'histoire des femmes francophones. Il s'agit de *La part des femmes, il faut la dire* (1980) et de *Femmes et francophonie : double infériorité* (1981)[76]. Tous deux font connaître la contribution des femmes au développement et aux luttes des communautés francophones, ainsi qu'à la lutte pour l'égalité des sexes. Des documents comme ceux-ci vont faire prendre conscience aux femmes de leur rôle dans les luttes de l'ACFO pour les droits des francophones. L'histoire de Diane et Béatrice Desloges, toutes deux enseignantes à l'école Guigues d'Ottawa en 1912, illustre bien ceci. Les sœurs Desloges refusent de se soumettre au Règlement 17 et décident d'enseigner le français aux élèves dans des résidences privées où d'autres femmes montent la garde pour les protéger contre la police. Lorsque le Conseil scolaire des écoles séparées d'Ottawa n'a plus aucun recours judiciaire pour empêcher le gouvernement d'interdire le français, les femmes se rendent à l'école Guigues et, armées d'épingles à chapeaux repoussent les policiers qui venaient pour arrêter les enseignantes. L'école Guigues est baptisée École de la Résistance[77] partiellement en raison du militantisme des Franco-Ontariennes.

Danielle Juteau, professeure de sociologie à l'Université d'Ottawa de 1970 à 1980, va jouer un rôle important dans la promotion d'un langage par et pour les femmes francophones[78]. Inspirée par les groupes de libération nationale, y compris le mouvement d'indépendance du Québec, Juteau propose avec Yolande Grisé, du département de littérature française à l'Université d'Ottawa, les expressions « Ontaroises » et « Ontarois ». Ces termes expriment l'idée que les femmes et les hommes francophones participent à la définition d'une vision moderne de la vie communautaire qui cherche à rompre avec le modèle de domination imposé par le gouvernement anglophone de l'Ontario

---

76 En 1991, la FNFCF publie *Les femmes de la diaspora*, autre document important sur l'histoire des femmes francophones qui ont participé au développement de l'organisme.

77 Pour plus de détails, voir M. Dumont, « Des épingles à chapeaux pour les sœurs Desloges », *Femmes d'action*, vol. 20, n° 3, 1991, p. 9-11.

78 Juteau a joué un rôle important dans la diffusion des idées féministes à l'Université d'Ottawa. Elle a fait connaître à ses étudiant.e.s les œuvres des féministes matérialistes françaises comme Christine Delphy, Colette Guillaumin et Nicole-Claude Mathieu. Fait intéressant mais compréhensible, les féministes franco-ontariennes ne feront pas allusion explicitement à ces auteures dans leurs textes de l'époque.

depuis la colonisation[79]. Se nommer Ontaroises signifie également être en rupture totale avec les rôles de mère, de fermière et de servante qui avaient été jusque-là imposés aux femmes francophones. Cela signifie se libérer de tous les systèmes de domination, y compris le patriarcat, et se définir comme personne autonome. Le terme sera repris par le Regroupement des Ontaroises de l'Est et sera régulièrement employé dans les écrits des femmes.

Un langage féministe se formule aussi dans les journaux et revues. Carmen Paquette signe régulièrement une chronique dans *Le Temps*, le journal de l'ACFO, tandis qu'à Hearst, des féministes écrivent dans *Le Nord*. En 1978, les féministes franco-ontariennes commencent aussi à publier leur propre revue, *Le Tablier déposé*. En 1982, la revue renommée *Le nouveau Tablier déposé* poursuit la publication jusqu'en 1984. Outil d'expression et d'expérimentation, la revue est également un moyen d'encourager les femmes, surtout les Ontaroises, à agir pour changer leurs vies. Financée au moyen d'abonnements, elle est produite par un groupe d'Ontaroises de l'Est, mais distribuée aussi dans les régions francophones du Manitoba et du Nouveau-Brunswick ainsi qu'au Québec[80]. Les membres les plus actives sont Francine Drouin, Diane Henrie, Lise Huot, Jeanine Laurencin et Jacqueline Pelletier. Voici comment elles décrivent leurs objectifs : « elles désirent ainsi décrire le quotidien des femmes, poser des questions, exprimer des sentiments, des émotions qu'elles ressentent, cerner la nouvelle dimension "Femme-homme", analyser les retombées politiques affectant la femme[81] ».

Les droits des femmes et des francophones

Le texte qui décrit peut-être le mieux le féminisme franco-ontarien est l'article « Les Franco-Ontariennes »[82], car il présente de manière très fidèle les perceptions des féministes. Jacqueline Pelletier y analyse la double discrimination ou la double infériorité que vivent les Franco-Ontariennes en raison de leur sexe et de leur langue. Les recensements de 1971 et de 1976 le confirment d'ailleurs : par comparaison aux femmes anglophones, les femmes francophones à l'extérieur du Québec sont dans l'ensemble plus souvent femmes au foyer, ont plus d'enfants, sont moins instruites et plus pauvres. Elles vivent dans des petites villes et, en grande partie, dans des milieux hostiles aux francophones. Danielle Coulombe, de Hearst, dira par la suite que les Franco-Ontariennes dans le Nord sont victimes d'une triple infériorité puisqu'elles

---

79 Pour plus de détails, voir D. Juteau-Lee, *op. cit.*, p. 41.

80 Jean Vachon, « Le nouveau Tablier déposé », *Bonjour chez-nous*, 17 mars 1982, p. 9.

81 *Ibid.*

82 J. Pelletier, *op. cit.* Voir aussi « La situation de la Franco-Ontarienne », *op. cit.*

souffrent en outre du sous-développement économique de leur région[83]. Lise Latrémouille confirme aussi l'importance des disparités financières lorsqu'elle examine la situation d'infériorité des Franco-Ontariennes[84].

Jacqueline Pelletier replace le statut de seconde classe des Franco-Ontariennes dans le contexte de la domination historique des francophones par les anglophones au Canada et en Ontario. L'assimilation est donc un thème fréquent de son analyse. D'après elle, il faut interpréter l'assimilation continue du peuple franco-ontarien comme une conséquence directe de la domination. Même quand elles ont un emploi rémunéré qui leur donne de meilleures chances qu'auparavant, dit Pelletier, « Les Franco-Ontariennes constituent les piliers anonymes du bilinguisme de surface dans presque tous les milieux de travail[85]. » Elle observe aussi que la majorité des femmes francophones vivent dans des régions où il n'y a pas d'emplois pour elles et leurs diplômes sont inutiles. L'est de l'Ontario a, comme le nord de la province, peu à leur offrir.

Pelletier discute également de l'infériorité des femmes par rapport à leur engagement particulier dans la communauté francophone. En effet, elles ne sont pas considérées comme des actrices politiques dans les organismes mixtes. Selon Pelletier, les femmes francophones sont exploitées pour la lutte « ethnique » et n'auront droit à aucune reconnaissance pour leur défense des droits des francophones. Jacqueline Martin, autre féministe et leader franco-ontarienne, viendra confirmer cette opinion dans un discours prononcé lors du 40e anniversaire de l'AFO. Elle ajoute que l'on tient pour acquis l'appui des Franco-Ontariennes à la cause linguistique. D'après Martin, elles ne sont jamais reconnues en tant que femmes, même si leurs groupes sont de plus en plus des endroits où trouver de l'information, de la formation et des ressources[86]. Les femmes sont devenues nécessaires à la vitalité de la communauté.

Pelletier parle aussi de la façon dont les femmes ne reçoivent ni respect ni appui en tant que francophones à l'intérieur du mouvement féministe anglophone. L'expérience de Carmen Paquette dans ce mouvement le lui confirme. Elle assiste aux réunions du NAC, de CRIAW et du CCLOW. Elle s'assure que les Franco-Ontariennes obtiennent les informations nécessaires pour leur travail. Pourtant, il est clair que la FNFCF a un statut marginal dans ces cercles

---

83   D. Coulombe, « Doublement ou triplement minoritaires? », *Revue de l'Université d'Ottawa*, n° 2, 1985, p. 131-136.

84   L. Latrémouille, « La population franco-ontarienne et la politique », dans *Resources for Feminist Research*, sous la dir. de Barbara Roberts et Ceta Ramkhalawansingh, 1979, p. 22-23.

85   J. Pelletier, « Les Franco-Ontariennes », *op. cit.*, p. 62.

86   *L'Association des fermières de l'Ontario* (1937-1987), Vankleek Hill, AFO, 1987, p. 21.

féministes et que le RNAÉF n'en a aucun[87]. Si l'on en juge par l'expérience de Paquette, les femmes francophones sont rarement, voire jamais, consultées ou invitées à discuter des interrelations entre les systèmes de domination. Quand les femmes francophones se font entendre, elles deviennent les francophones de service et/ou les traductrices officieuses du groupe. La question centrale devient la traduction plutôt que l'habilitation (*empowerment*), comme si les féministes franco-ontariennes naissaient bilingues! Paquette, par exemple, décide de ne plus accepter les gestes purement symboliques en refusant de servir de traductrice.

Il ne faut pas en conclure que le bilinguisme n'a aucune importance pour le mouvement des femmes. Au contraire, c'est une façon de reconnaître que les femmes veulent une société où la langue ne servira pas à la discrimination. Toutefois, si cette reconnaissance ne s'accompagne pas de mesures concrètes pour assurer la représentation des femmes francophones et leur donner la possibilité de s'exprimer dans leur langue, le bilinguisme reste « folklorique » ou « ethnique », un moyen de vouer une catégorie de femmes au silence[88].

En résumé, c'est exactement cette articulation complexe entre ethnicité, langue, régionalisme, inégalité des sexes et droits des femmes que tentaient d'exprimer dans leurs écrits les féministes de la FNFCF, de l'Université d'Ottawa et du *Tablier déposé* ainsi que Jacqueline Pelletier. Cette dernière décrivait également la prise de conscience croissante des femmes francophones par rapport aux questions importantes comme la formation, la violence, la jeunesse, les familles monoparentales et le retour sur le marché du travail. Elle retrace, avec d'autres, comment les Ontaroises voulaient prendre leur vie en main et y parvenaient. La question de la langue se mêlait à celle de l'action sociale.

---

87 En 1980, la résolution suivante est adoptée : « NAC adopte le principe de tenir compte des cinq cent mille femmes francophones vivant en dehors du Québec dans toutes les recommandations qu'il exprimera à l'avenir », Degarie, « Au Comité national d'action sur le statut de la femme, des Franco-Ontariennes "visibles" », *Le Droit*, 1980. D'après C. Paquette, la résolution resta lettre morte.

88 L'attitude de la majorité des féministes canadiennes anglophones envers les femmes du Québec durant les débats sur l'Accord du lac Meech est instructive. Il s'agit d'un autre exemple de la difficulté du mouvement majoritaire des femmes de formuler une vision où la diversité a le pouvoir nécessaire pour que ses actrices soient des participantes actives dans une politique de transformation à l'échelle provinciale et fédérale. La tendance consiste à opposer une spécificité comme la langue à d'autres spécificités, par exemple celles des femmes autochtones, de couleur ou immigrantes. Est-ce une façon de diviser pour régner? Ou une forme de rectitude politique?

Conclusion

Le présent texte traite des Franco-Ontariennes, du développement du féminisme et de son impact sur les communautés francophones traditionnelles de l'Ontario. J'ai montré les liens entre la situation des Franco-Ontariennes et leur destin comme membres d'un groupe minoritaire. Cette situation était déterminée par le fait d'être femmes dans ce groupe et ce contexte particulier – des femmes, blanches pour la plupart, mères de famille issues des milieux ouvriers et agricoles catholiques. Elles subissaient donc une double ou triple oppression de la part de la société et du gouvernement.

Même si les féministes franco-ontariennes ou ontaroises travaillaient surtout dans leurs propres groupes locaux, régionaux ou provinciaux, elles faisaient aussi partie du mouvement des femmes ou, du moins, elles le croyaient. Leur participation au mouvement national des femmes n'a cependant encore fait l'objet d'aucune analyse approfondie. Pour l'instant, le chapitre de l'histoire des groupes féministes francophones en Ontario doit se terminer ici. Vers la fin des années 1970 et durant les années 1980, les groupes de femmes francophones se sont réappropriés leur histoire. Ils ont aussi élaboré une forme originale de politique où les traditions agricoles et les formes particulières d'organisation de la communauté se sont combinées à la politique de libération de la nouvelle gauche et du mouvement pour l'éducation des adultes. Les principales caractéristiques des groupes féministes franco-ontariens ont été l'insistance sur le vécu des femmes et l'action locale, communautaire et régionale. Pour sa part, le Réseau des femmes du Sud de l'Ontario permet de voir que le « réseautage » viendra s'ajouter au travail de prise de conscience à l'intérieur de petits groupes. Le féminisme ontarois a toutefois exercé une influence minime sur le principal organisme politique des francophones, l'ACFO. Les féministes mettaient en pratique le slogan « la vie privée est politique », mais les femmes francophones, peut-être comme la majorité des Canadiennes, n'étaient pas habituées alors à se servir de la sphère publique pour réclamer la représentation politique. Lorsque la question des femmes sera devenue une question de citoyenneté et d'équité, peut-être les féministes francophones auront-elles plus d'influence sur les organisations politiques de la société. Elles se sont néanmoins intéressées à la politique durant les débats sur la réforme de la Constitution en 1982 et ont investi la politique municipale mais pas en grand nombre.

Depuis 1985, les Franco-Ontariennes ont tenté de créer une coalition provinciale. En 1992, elles ont mis sur pied la Table féministe francophone de concertation provinciale à Sudbury. C'était l'une des premières fois en Ontario français que les femmes s'identifiaient ouvertement au féminisme. La Table comprend 18 groupes dont l'UCFO, le CAF et le RFSO ainsi que de nouveaux groupes comme le Réseau des femmes noires francophones de l'Ontario et le Réseau des chercheures féministes de l'Ontario français. Ces groupes montrent que le féminisme franco-ontarien évolue pour tenir compte des nouveaux problèmes soulevés dans les communautés francophones. Il s'agit d'un signe que l'Ontario français vit encore une fois des bouleversements. L'ACFO demeure toutefois un organisme dominé par les hommes qui ne fait aucun effort important pour intégrer les questions des femmes dans sa structure. Peut-être lorsque les Franco-Ontariennes demanderont la moitié de leurs actifs à l'intérieur de l'ACFO, cet organisme les prendra-t-il au sérieux. D'ici là, les Franco-Ontariennes dans le mouvement des femmes ont payé le prix pour parler une langue différente de celle de la majorité. Elles n'ont pas l'appui des autres groupes de femmes, tandis que les hommes, qu'ils reçoivent ou non un appui pour les questions franco-ontariennes, conservent tout de même leur pouvoir dans leurs propres organismes. Privées du soutien de l'ensemble du mouvement des femmes, les Franco-Ontariennes se retrouvent sans communauté politique et elles ont peu d'influence. Il y a là matière à réflexion pour le mouvement des femmes anglophones.

Si le mouvement majoritaire du féminisme anglophone avait véritablement adhéré aux principes d'égalité et de respect de l'Autre – non anglophone et non blanche – les femmes francophones à l'intérieur et à l'extérieur du Québec n'auraient peut-être pas hésité à promouvoir l'intégration complète à ce mouvement. Être femme francophone en Ontario signifiait toutefois appartenir à un groupe minoritaire que la majorité a tenté à de nombreuses reprises d'effacer de l'histoire. Même si la plupart des femmes francophones sont blanches, elles entretiennent des rapports difficiles avec la majorité. Encore de nos jours, ce malaise empêche les féministes franco-ontariennes de reconnaître le mouvement des femmes comme un mouvement qui inclut toutes les femmes.

Note : Je tiens à remercier Valérie de Courville Nicol et Valérie Maillot qui m'ont aidé à faire la recherche pour l'article, Edith Smith et Caroline Andrew qui m'ont fait des commentaires utiles et Joy Parr qui m'a proposé des suggestions éclairantes pour la présentation du texte. Estelle Huneault m'a donné des renseignements précieux sur les groupes traditionnels de femmes francophones. Carmen Paquette m'a permis de consulter ses documents personnels et a répondu à mes questions sur la période de sa vie où elle a contribué à faire du féminisme une réalité en Ontario français.

Rappel historique

1910   Association canadienne-française de l'Ontario (ACFO)

1914   Fédération nationale des femmes canadiennes-françaises (FNFCF)

1929   Union catholique des cultivateurs franco-ontariens (UCCFO)

1935   Union catholique des fermières de l'Ontario (UCFO)

1969   Association des fermières de l'Ontario (AFO)

Union culturelle des Franco-Ontariennes (UCFO)

Assemblée provinciale des mouvements de jeunes de l'Ontario français

Adoption de la politique canadienne sur les langues officielles

1970   Commission royale d'enquête sur la situation de la femme au Canada

1971   National Action Committee on the Status of Women
(Comité canadien d'action sur le statut de la femme)

1972   Direction-Jeunesse

1973   Conseil consultatif canadien sur la situation de la femme

1975   Canadian Congress for Learning Opportunities for Women
(Congrès canadien pour la promotion des études chez la femme)

Fédération des francophones hors Québec (FFHQ)

Fédération des élèves des secondaires franco-ontariens

1977   Franco-Femmes

Pro-femmes

La FFCF, l'AFO et l'UCFO marrainent la conférence Femmes et gestion de la ferme organisée à Plantagenet par Pro-femmes

Commission Pépin-Robarts sur l'unité canadienne

1978   Le Tablier déposé

Au féminin I à Hearst

1979   Conférence Femmes et gestion de la ferme à Hawkesbury

Au féminin II, La grande rencontre des Franco-Ontariennes

1980   Conférence Femmes et gestion de la ferme à Cornwall

L'AFO subventionne l'étude Femmes et gestion de la ferme

Assemblée du CCLOW à Halifax

1981 Regroupement des Ontaroises de l'Est (ROE)

Conférence Savoir c'est pouvoir

Rencontre des femmes du Nord

1982 Centre d'accès francophone pour femmes (CAF)

Le Mouvement rose

Réseau des femmes du Sud de l'Ontario (RFSO)

Réseau national d'action éducation femmes (RNAÉF)

L'UCFO subventionne Nouveau départ

L'AFO subventionne l'étude Les besoins sociaux des Franco-Ontariennes

Conférence sur les femmes et la Constitution

Annexe

TABLEAU 1

Année	Population totale	Minorité française	Pourcentage
1951	4 597 542	341 502	7,4
1961	6 236 092	425 302	6,8
1971	7 703 105	482 045	6,3
1976	8 264 475	467 540	5,7
1981	8 625 105	475 605	5,5
1986*	9 101 690	484 265	5,3

Évolution de la minorité de langue française dans l'ensemble de la population, Ontario, 1951-1986

Source : L. M. Dallaire et R. Lachapelle, *op. cit.*, tableau 4, p. 4.
* Les données de 1986 (y compris les pensionnaires d'institution) ont été rajustées pour permettre une comparaison avec les données antérieures.

D'après le recensement de 1991, la population francophone totale en Ontario était de 492 300; mais 1,2 million de personnes déclaraient pouvoir parler le français, soit 12 % de la population ontarienne totale. Statistique Canada, n° de cat. 93-315, 1 et n° de cat. 93-318, 1.

TABLEAU 2

Taux annuel moyen d'accroissement de la population totale et de langue maternelle française, Ontario, 1951-1986 (en pourcentage)

Période française	Minorité non française	Population totale	Population
1951-1961	2,2	3,1	3,0
1961-1971	1,3	2,2	2,1
1971-1976	-0,6	1,5	1,4
1976-1981	0,3	0,9	0,9
1981-1986	0,4	1,1	1,1
1971-1981	-0,1	1,2	1,1
1971-1986	0,0	1,2	1,1
1976-1986	0,4	1,0	1,0

Source : L. M. Dallaire et R. Lachappelle, *op. cit.*, tableau 5, p. 4.

Les 20 ans
de Réseau-Femmes
Colombie-Britannique :
un réseau tricoté
maille par maille

Annie Bourret

Linguiste, rédactrice et journaliste, Annie Bourret a fait ses études à l'Université Laval (baccalauréat en études françaises et linguistique, 1987 et maîtrise en linguistique française, 1990). Son intérêt envers la féminisation du français s'est traduit par de nombreux articles de vulgarisation dans des journaux et des magazines, de même que des ateliers de sensibilisation et de formation sur la rédaction non sexiste, tenus à Ottawa et à Vancouver.

Le texte décrit les quelque vingt ans d'existence de divers regroupements de femmes francophones de la région de Vancouver depuis 1975 jusqu'à aujourd'hui, en passant par la fondation de l'organisme provincial Réseau-Femmes Colombie-Britannique (RFCB), en 1991. Débutant en réseaux souples de femmes francophones cherchant à échanger et à s'épauler en français, RFCB a évolué en organisme plus politisé travaillant à des dossiers comme l'autonomie financière et la prévention de la violence. L'éparpillement et la diversité des besoins des Franco-Colombiennes se reflètent dans une structure de cinq groupes satellites autonomes et d'un bureau central à Vancouver. Réseau-Femmes a connu des hauts et des bas, dont un cap difficile en 1995-1996 mais, aujourd'hui, avec des projets à long terme et une volonté d'augmenter la visibilité de l'organisme, RFCB consolide sa place dans la francophonie colombienne. *Un tableau chronologique non exhaustif récapitule certains événements de l'évolution de RFCB d'année en année, à la fin du texte.*

Comment ce texte a été rédigé

La rédaction de ce texte tient du journalisme et de l'approche ethnographique, à cause de la démarche suivie pour trouver et interpréter l'information. Les regroupements de femmes francophones de la Colombie-Britannique qui ont mené à la fondation de RFCB ont existé pendant près de quinze ans avant de se structurer formellement et d'avoir pignon sur rue. Pour reconstituer leur histoire, il a fallu rencontrer des membres fondatrices et utiliser une documentation parfois incomplète, certains documents ayant été perdus. Il a également fallu faire des choix et interpréter l'importance de l'information trouvée, étant donné l'espace accordé à cet historique. C'est pourquoi les opinions émises dans ce texte n'engagent que son auteure.

Des réseaux informels au groupe provincial

À la fin des années soixante-dix, une jeune Vancouveroise du nom de Louise Merler participe à un colloque sur les femmes francophones en milieu minoritaire, tenu par la Fédération des femmes canadiennes-françaises (qui deviendrait la Fédération nationale des femmes canadiennes-françaises plus tard). Elle en devient la représentante et forme, à Vancouver, un petit noyau de quatre femmes francophones se réunissant dans son salon. Celles-ci se démarquent des groupes déjà existants, plus axés sur des activités paroissiales ou familiales. Peu après, un autre colloque, sur la politisation des femmes et tenu à Saskatoon, devient le catalyseur qui réunit une dizaine de femmes francophones de Vancouver dont les quatre du noyau initial. Celles-ci fondent ce qu'elles appellent le « réseau de femmes de Vancouver » et le dotent d'un comité d'action visant à organiser des activités en français pour les femmes. Des rencontres mensuelles invitent des avocates et des sages-femmes; on parle de littérature, d'autodéfense, de retour aux études et de bien d'autres choses encore.

Le recrutement s'effectue grâce à des petites annonces dans l'hebdomadaire franco-colombien *Le Soleil* et ailleurs. Bientôt, les membres du Réseau de femmes de Vancouver établissent une liste de près de 80 noms, décident à chaque réunion qui fait quoi, quand et comment en petits comités *ad hoc*. Leurs activités sont annoncées dans un petit bulletin mensuel et sont financées par une cotisation de 50 cents, versée à chaque rencontre. Louise Merler se rappelle : « On sentait le besoin, chez ces femmes, de rencontrer d'autres femmes.[1] » Celles-ci venaient de partout dans la région de Vancouver, n'hésitant pas à faire l'aller-retour de 3 heures en autobus pour participer à la réunion. Le commentaire reflète bien ce besoin primordial à l'origine de ce réseau souple et informel et de son nom « Réseau de femmes » : briser l'isolement si fréquent pour les femmes francophones en milieu anglo-dominant, partager et échanger en français ses expériences, et s'entraider « entre femmes ».

---

1   « Entrevue avec Louise Merler », Vancouver, 26 mars 1997.

En 1984, la seule activité de l'année se tient le 8 mars. Plus de 40 femmes assistent à une table ronde avec une psychologue; un homme venu parler des relations entre les hommes et les femmes; et une femme venue partager son expérience du « mariage » carrière-enfant. La journée se termine par une projection de film. Vers le mois de mai 1984, le Réseau de femmes cesse ses activités, à cause de plusieurs difficultés : l'absence de lieu de rencontre, la diversité des besoins, la grande mobilité des membres, etc. Le petit réseau de femmes de Vancouver se rencontre de temps à autre, généralement autour d'un repas, pour échanger. Deux d'entre elles continuent à représenter la Colombie-Britannique au sein de deux organismes nationaux : la Fédération des femmes canadiennes-françaises (FNFCF) et le Réseau national d'action éducation femmes (RNAÉF), qui s'appelait alors Action Éducation Femmes. Vers 1985, la FNFCF décide de regrouper seulement des organismes, invalidant du même coup les adhésions individuelles des francophones de Vancouver. Il ne reste que la représentation au RNAÉF, assumée vers 1987 par une nouvelle venue à Vancouver, Nicole Beaulieu.

Rapidement, Nicole Beaulieu fait face à un problème moral : qui, au juste, représente-t-elle[2]? Certes, il existe bien un petit noyau de quatre ou cinq Vancouveroises se retrouvant parfois ensemble, mais Nicole Beaulieu ne peut ni consulter ni représenter auprès d'un organisme national, un groupe qui n'a pas de base, pas d'adresse, pas d'existence. De plus, après avoir vécu 6 ans dans la communauté de Prince George, elle souhaite que le Réseau de femmes rejoigne le plus grand nombre possible de femmes partout en province. On forme donc un comité *ad hoc* de quatre femmes, pour chercher des fonds et préparer l'Assemblée générale de la fondation d'un regroupement de Franco-Colombiennes qui, pour obtenir des fonds, doit avoir une envergure provinciale. Ce travail de préparation est couronné de succès quand deux groupes de femmes, l'un de Delta dans la région de Vancouver et l'autre de Prince George, à 830 kilomètres au nord de Vancouver décident de se joindre au Réseau de femmes de Vancouver pour fonder, un an plus tard, l'organisme provincial qui allait désormais exister sous le nom de Réseau-Femmes Colombie-Britannique, en juin 1991, après de nombreuses années d'existence informelle, de petits réseaux en petits réseaux.

Les groupes satellites

Les membres de Réseau-Femmes Colombie-Britannique constituent un ensemble flexible de groupes satellites, permettant de répondre à la diversité des femmes dans chaque région, aux besoins fort différents. RFCB compte cinq groupes satellites : un à Vancouver, un combinant les villes de Delta et White Rock, un à Prince George et deux dans l'île de Vancouver, à Victoria et à Nanaimo. Le bureau central de l'organisme provincial se trouve à Vancouver,

---

2   « Entrevue avec Nicole Beaulieu », Vancouver, 22 mars 1997.

dans l'édifice de la Maison de la francophonie qui rassemble de nombreux autres organismes franco-colombiens. Il arrive souvent, à cause de l'emplacement du bureau central, qu'on confonde à tort RFCB avec le groupe satellite de Vancouver. Le bureau central a pour tâche, entre autres, de veiller au fonctionnement général de Réseau-Femmes, de superviser la publication du bulletin trimestriel *Nouv'Elles*, de rédiger les demandes de subvention et d'assurer la liaison avec divers organismes gouvernementaux, féministes et communautaires de la Colombie-Britannique et du Canada[3].

Les groupes satellites fonctionnent de façon autonome en choisissant leurs organisatrices locales et leur programmation annuelle en fonction des intérêts et besoins locaux. Ils reçoivent un modeste soutien financier et technique du bureau central de Vancouver pour leurs activités locales. Les activités sont autant des cuisines collectives pour popoter en français que des ateliers d'autodéfense et des conseils pour l'achat d'une maison, sans oublier des sujets socio-politiques comme des conférences invitant une réfugiée de la Bosnie-Herzégovine et des ateliers de rédaction non sexiste. Ces groupes satellites répondent tous, cependant, au besoin de se regrouper entre femmes francophones et de se serrer les coudes. En 1997, on a tenté une première : faire réaliser et produire l'édition du mois de mars du bulletin *Nouv'Elles* par un groupe satellite, une expérience réussie et motivante.

Une évolution dans les priorités

Dès ses débuts à titre d'organisme provincial, Réseau-Femmes avait pour mission de « travailler aux changements sociaux et économiques qui assureront l'égalité et l'équité aux femmes francophones de la Colombie-Britannique ». Au fil des ans, cependant, on remarque une évolution dans les priorités, où le dossier économique perd du terrain par rapport aux dossiers jugés « sociaux ». Cette évolution traduit peut-être l'expérience et les priorités de la composition des conseils d'administration plus récents; elle reflète certainement une préoccupation grandissante dans la société et chez plusieurs membres. Elle ne s'est pas effectuée sans de fortes critiques à l'interne, de la part de membres qui estimaient qu'on négligeait d'autres besoins tout aussi valables[4].

De 1991 à 1994, les activités de RFCB ont très souvent porté sur des sujets reliés à l'autonomie financière, comme la gestion d'un budget, les investissements et le « réseautage » des femmes d'affaires francophones, grâce aux activités d'un Comité économie fort dynamique. L'un des points culminants a probablement été la publication du *Carnet au féminin*, un

---

3   « Anne-Marie Bouthillette, nouvelle directrice générale », *Nouv'Elles*, Vancouver, septembre 1996, p. 11

4   Commentaires de trois membres ayant requis l'anonymat.

répertoire de 24 professionnelles francophones de la Colombie-Britannique, destiné à faire connaître et promouvoir les services de ces professionnelles, tout en présentant un volet particulier des membres de Réseau-Femmes.

Les difficultés éprouvées par les membres du Comité économique pour publier ce répertoire illustrent une évolution dans les priorités de l'organisme, qui s'oriente de plus en plus vers des dossiers sociaux, particulièrement la violence envers les femmes, qui a commencé à retenir l'attention du RFCB vers 1994. Sous le slogan « Que ça change! », Réseau-Femmes effectue alors une recherche pour explorer la question de la violence faite aux femmes dans la région de Vancouver. Son rapport émet de nombreuses recommandations, dont l'établissement d'un Comité violence pour se pencher sur la question dans toute la province. Des ateliers de formation anti-violence ont été tenus à Vancouver en 1995; ving-cinq intervenantes de sept localités différentes y ont participé. La formation était axée sur la relation d'aide, notamment l'écoute active et l'accompagnement en français aux victimes de violence. Ces ateliers ont été suivis de séances de perfectionnement en 1996 et 1997.

L'année 1995-1996

En 1994-1995, Réseau-Femmes Colombie-Britannique avait réussi, grâce à six rencontres en région et à des questionnaires, à consulter plus de 120 femmes pour déterminer les priorités. La consultation a pour résultat un plan de quatre ans en six volets : économie, éducation, communautaire, politique, anti-violence, santé. Cependant, immédiatement après cette consultation, la directrice générale quitte son poste pour retourner aux études. Réseau-Femmes commence à éprouver de sérieuses difficultés financières, qui nécessitent un emprunt à une banque pour permettre d'attendre le second versement de la subvention accordée par le ministère du Patrimoine canadien. Une nouvelle directrice générale est embauchée, mais celle-ci quitte également son poste après deux mois. Les coffres étant vides, il est impossible de combler le poste de directrice générale pendant 8 mois. Les membres du conseil d'administration devront assumer les tâches administratives. Leur éparpillement, auquel s'ajoute le départ de trois conseillères, accroît le défi.

Aucune des autres demandes de subvention ne remporte de succès, notamment à cause des coupures budgétaires gouvernementales, des bouleversements ministériels et des nouveaux critères d'attribution des fonds publics dans le cadre de l'Entente Canada Communauté (une consultation provinciale et nationale visant à déterminer un nouveau mode de fonctionnement avec Patrimoine canadien). Désormais, la communauté doit définir ses priorités. Les groupes doivent agir en partenariat et négocier les fonds nécessaires à leur fonctionnement des quatre prochaines années. Pour recevoir sa part, Réseau-Femmes doit assurer une représentation aux paliers décisionnels communautaires et gouvernementaux et ce, toujours sans directrice générale.

Le moral est bas; pour plusieurs membres fort désillusionnées, l'année 1995-1996 est synonyme d'inaction et d'absence. D'autres se demandent ouvertement quel est l'avenir du groupe[5]. Vers février 1996, une activité de casino contribue à renflouer les coffres. Les fonds serviront à tenir une assemblée générale annuelle (AGA) qui se déroulera au cœur de la Colombie-Britannique pour permettre au plus grand nombre possible de membres d'y participer (35 femmes) et s'avère un grand succès sur le plan de la représentation des groupes satellites. Mieux encore, une nouvelle directrice générale assiste à l'AGA, ce qui lui permet de rencontrer des membres de partout. RFCB reprend peu à peu ses activités, mais il convient de souligner que cette étape difficile a également comporté des événements positifs : Réseau-Femmes a survécu dans des conditions difficiles, à un moment où plusieurs groupes francophones cessaient définitivement leurs activités. De plus, même si un des groupes satellites avait remis en question son adhésion à RFCB, le dynamisme d'autres groupes satellites leur faisait à peine se rendre compte des difficultés éprouvées par le conseil d'administration. En conclusion, les événements démontrent que la force de RFCB repose bel et bien sur la base, c'est-à-dire ses membres.

L'avenir

Aujourd'hui, Réseau-Femmes Colombie-Britannique compte une centaine de membres réparties en cinq groupes satellites (Delta/White Rock, Vancouver, Prince George et Victoria), dont un débute ses activités en 1997 (Nanaimo). Au moment de mettre sous presse, RCFB menait une recherche sur la situation des femmes francophones itinérantes de la Colombie-Britannique. Ces femmes sont victimes de discrimination à cause de leur langue et il existe peu de services pour elles. De plus, comme prévu dans sa planification quinquennale 1996-2001, RFCB explore la possibilité d'ouvrir une maison d'hébergement provinciale pour répondre aux besoins des femmes francophones victimes de violence.

Pour répondre à la préoccupation d'atteindre une plus grande visibilité dans la communauté francophone et dans la province, RFCB participe à l'émission radiophonique Micro-Midi à la Société Radio-Canada de la Colombie-Britannique et continue à offrir des ateliers ouverts aux membres comme aux non-membres. De plus, RFCB a obtenu un numéro ISSN pour son bulletin *Nouv'Elles*, ce qui lui permet de se faire cataloguer dans diverses bibliothèques et possède un numéro de téléphone sans frais (1-888-800-7322, poste 331). Réseau-Femmes essaie également de se rendre plus visible en province auprès des femmes francophones, dans l'espoir que de nouveaux groupes voient le jour et que des groupes déjà existants se joignent au réseau provincial. On

---

5 « Récapitulation 1995-1996. Une année difficile pour Réseau-Femmes », *Nouv'Elles*, Vancouver, septembre 1996, p.1

désire également participer activement à l'éducation en langue française en Colombie-Britannique, étant donné qu'un tout nouveau conseil scolaire francophone a été fondé en 1996. Enfin, RFCB se fait plus présent dans les groupes de femmes de langue anglaise de la communauté.

Louise Merler, l'une des membres fondatrices de Réseau-Femmes Colombie-Britannique, se dit aujourd'hui : « [...] fière de penser qe ce que notre petit noyau du début ressentait n'était pas farfelu, que c'était vraiment un besoin.[6] » Ce besoin, c'est celui de « pouvoir compter les unes sur les autres », un besoin à l'origine même d'un réseau tricoté maille par maille durant vingt ans : un réseau de réseaux, permettant aux Franco-Colombiennes de se regrouper, de s'épauler et de contribuer à leur communauté, dans leur spécificité.

Chronologie des réseaux de femmes en Colombie-Britannique

Réseau-Femmes Colombie-Britannique
1555, 7e avenue Ouest
Vancouver (C.-B.) V6J 1S1
Téléphone : (604) 736-6979, poste 331/1-888-800-7322, poste 331
Télécopieur : (604) 736-4661
Courriel : rfcb@bc.sympatico.ca

1975-1979

- Un petit groupe de femmes francophones se forme à Vancouver, pour répondre à un besoin d'échanger en français et de s'épauler. Il sera à l'origine de la démarche de fondation du Réseau-Femmes Colombie-Britannique.

1981-1984

- Rencontres entre une dizaine de Vancouveroises francophones, à la suite d'un congrès tenu à Saskatoon sur la politisation des femmes. On fonde un groupe informel que ses membres appellent le Réseau de femmes de Vancouver.

1984

- Le Réseau de femmes de Vancouver cesse ses activités au mois de mai, après avoir tenu une seule activité, le 8 mars, réunissant plus de 40 femmes.

---

6   *Entrevue avec Louise Merler, ibid.*

1985

- La Fédération nationale des femmes canadiennes-françaises décide de regrouper seulement des organismes. Les adhésions individuelles de Vancouver sont annulées.

- Réseau-Femmes devient membre du Réseau national d'action éducation femmes, alors appelé Action Éducation Femmes, grâce à une adhésion individuelle.

1986

- On forme un nouveau groupe informel, appelé le Comité Réseau-Femmes, pour consulter des femmes sur la pertinence d'établir un programme Nouveau-Départ (autonomie et estime de soi pour les femmes), en Colombie-Britannique.

- La Fédération des Franco-Colombiens marraine l'« Étude sur les femmes francophones de la Colombie-Britannique », menée par un comité *ad hoc* du Réseau-Femmes. On vise à discerner leurs besoins, grâce à des rencontres, des entrevues et des questionnaires. Les sujets touchés seront l'éducation, le développement personnel, le travail, la famille, la santé, l'engagement social, les loisirs et la culture.

1988

- À Vancouver, Nicole Beaulieu fait face au problème d'avoir à représenter un groupe qui n'a pas d'existence officielle. L'idée d'une structure officielle et touchant les régions germe.

1989

- Le Comité Réseau-Femmes a pignon sur rue au Centre culturel francophone de Vancouver. Une employée est engagée et commence des démarches pour trouver des fonds et explorer la possibilité de regrouper les femmes formellement.

1990

- Les groupes de femmes de Prince George et de Delta se joignent au groupe de Vancouver pour fonder un organisme provincial.

1991

- Réseau-Femmes Colombie-Britannique s'incorpore officiellement et tient son Assemblée générale de fondation en juin. RFCB devient une société sans but lucratif, dotée d'un conseil d'administration de sept membres élues durant l'assemblée générale. La première présidente est Nicole Beaulieu. Les groupes de femmes régionaux (Prince George, Delta et Vancouver) deviennent des groupes satellites.

1992

- *La couleur de mon art*, une exposition de 18 femmes artistes franco-phones organisée par Réseau-Femmes, voit défiler plus de 700 visiteurs et visiteuses.

- Le tout premier bulletin *Nouv'Elles* paraît, en décembre 1992.

1993

- Nicole Beaulieu quitte la présidence de Réseau-Femmes, tout en demeu-rant active au Comité économique. La vice-présidente Louise Merler assume la fonction par intérim.

1994

- Lancement du *Carnet au féminin* le 8 mars.

- Plus de 35 ateliers différents se tiennent dans l'ensemble des groupes satellites.

- Victoria forme un groupe satellite.

- Le bureau central à Vancouver offre désormais un Centre de ressources documentaires.

- Sous le slogan « Que ça change! », Réseau-Femmes explore la question de la violence faite aux femmes dans la région de Vancouver.

- Réjane Turcotte assume la présidence, après avoir été élue.

1995

- Publication de *Le français au féminin, une richesse sans frontières* en mars 1995.

- Une consultation de 120 femmes s'effectue dans le cadre de l'Entente Canada Communauté et mène à l'établissement d'un plan de quatre ans.

- Le Comité violence tient un atelier de formation anti-violence en avril, destiné à la formation d'intervenantes dans toute la province.

- Une rencontre provinciale réunit 35 femmes sous le thème « S'ouvrir sur nos différences ».

- Julie Roberge est élue présidente.

1996

- Le bulletin *Nouv'Elles* reprend sa publication trimestrielle en septembre, après avoir cessé de paraître durant 8 mois.

- Un nouveau groupe satellite, celui de Nanaimo, sur l'île de Vancouver, se joint à RFCB en septembre.

1997

- Réseau-Femmes se branche à Internet (rfcb@bc.sympatico.ca).

- Pour la première fois, le *Nouv'Elles* est produit par un groupe satellite, celui de Prince George, plutôt que par la direction générale.

- Étude sur les femmes francophones itinérantes à Vancouver, Victoria et Prince George.

Mémoire à la Commission des droits de la femme

présenté par un groupe
de femmes francophones
de la région de Moncton
Le 3 août 1968

Le Comité de rédaction

**Carmen Babineau
Angela Bourgeois
Françoise Cadieux
Géraldine Cormier
Laetitia Cyr
Sr Corinne Gallant
Madeleine LeBlanc**

Avec l'assistance technique de
**M. Jean-Paul Hautecœur
M. Paul Boudreau**

La Société Nationale des Acadiens
a fourni les services de secrétariat.

Avant-propos

La Commission royale d'enquête sur la situation de la femme au Canada a été créée le 16 février 1967, par le Comité du Conseil privé du gouvernement du Canada. La Commission, présidée par Madame John Bird, est composée de sept personnes, dont cinq femmes et deux hommes. Son mandat était de « faire enquête et rapport sur le statut des femmes au Canada, et de présenter des recommandations quant aux mesures pouvant être adoptées par le gouvernement fédéral afin d'assurer aux femmes des chances égales à celles des hommes dans toutes les sphères de la société canadienne. »[1] Le sens exact de ce mandat très général est précisé par le Comité du Conseil privé, qui souhaitait que la Commission fasse enquête particulièrement sur les domaines de juridiction fédérale, y compris, à titre d'exemples, les droits politiques des femmes; le rôle des femmes sur le marché du travail; le mariage et le divorce; les impôts fédéraux et l'immigration.[2]

La Commission (reconnue informellement sous le libellé de la Commission Bird, du nom de sa présidente) s'est inspirée de la Déclaration universelle des droits de l'homme des Nations Unies (résolution votée le 10 décembre 1948) pour situer son enquête. Cette déclaration proposait la résolution suivante : « Tous les êtres humains naissent libres et égaux en dignité et en droits. » Selon les enquêteurs canadiens, cette résolution avait déjà résolu en principe la question des **droits** de la femme. Restait seulement à mettre en application des stratégies pour assurer le respect de ces principes, soit l'égalité et de la liberté des femmes, comme des hommes. Afin d'assurer cet objectif, la Commission Bird a adopté quatre principes pour guider son enquête :[3]

a)   la femme doit avoir le droit de décider elle-même en toute liberté, si elle va occuper un emploi en dehors [du foyer] ou non;

b)   le soin des enfants est une responsabilité que doivent partager la mère, le père et la société;

c)   la société a une responsabilité particulière envers la femme, à cause de la grossesse et des naissances, et il faudra toujours des mesures spéciales concernant la maternité;

d)   dans certains domaines, les femmes ont besoin, pendant une période intérimaire, de mesures spéciales afin d'effacer et de combattre les effets néfastes de la discrimination.

---

1   Extrait du procès-verbal du Comité du Conseil privé, le 16 février 1967, dans *Rapport de la Commission royale d'enquête sur la situation de la femme au Canada*, Ottawa, Information Canada, 1973, p. vii.

2   *Ibid.*, pp. vii-viii.

3   *Ibid.*, p. xii.

Dans une grande mesure, les principes adoptés par la Commission Bird constituent une reconnaissance que ce sont les habitudes et les attitudes des Canadiens envers les femmes qui empêchent le plein épanouissement de ces dernières. La mentalité des Canadiens constitue donc un blocage réel à la liberté d'action et à l'épanouissement des femmes canadiennes. Dans les yeux des commissaires, cette mentalité signale le fait que le Canada n'a pas réussi à faire respecter le principe d'égalité des droits et des libertés accordé aux êtres humains, hommes et femmes, principe fondamental de la Déclaration universelle des droits de l'homme. Les commissaires envisageaient donc, comme partie intégrale de leur mandat (et comme principes qui encadraient leur enquête) des mesures pour transformer les attitudes et les habitudes (c'est-à-dire la mentalité) des Canadiens qui constituaient un blocage à l'épanouissement des femmes.

La Commission royale d'enquête sur la situation de la femme au Canada s'est engagée à mieux connaître les opinions des Canadiens et, plus particulièrement, des Canadiennes sur la situation des femmes au Canada. Afin de réaliser cet objectif, la Commission a invité les organisations et les individus à soumettre des Mémoires et, en 1968, elle a entrepris une série d'audiences publiques dans quatorze villes des dix provinces, ainsi qu'aux Territoires du Nord-Ouest et au Yukon. Cet appel auprès des Canadiennes et des Canadiens a eu un succès particulier : la Commission a reçu 468 Mémoires (et plus de 1,000 lettres) et les commissaires ont entendu le témoignage oral de 890 personnes, lors des 37 journées consacrées aux audiences publiques.[4]

La Commission Bird a siégé un total de 178 jours; ses délibérations ont été assistées d'un Secrétariat composé de 70 personnes, qui a entrepris des recherches sur des sujets spécifiques, produisant quarante études spéciales. Les principales recommandations de la Commission sont contenues dans un seul volume, publié en 1970 sous le titre *Rapport de la Commission royale d'enquête sur la situation de la femme au Canada*. Son rapport auprès du Conseil privé est signé par six des sept commissaires; le septième, John Humphrey a présenté un rapport minoritaire. Tous les documents utilisés par la Commission : études spéciales, rapports, procès-verbaux, Mémoires et autres, sont déposés aux Archives nationales du Canada à Ottawa et sont disponibles pour consultation par le public.

---

4   *Ibid.*, pp. ix-x.

Le Mémoire présenté le 3 août 1968 par « un groupe de femmes franco-phones de la région de Moncton » et reproduit dans cet ouvrage, est signé par sept femmes francophones dont les noms apparaissent comme membres du Comité de rédaction du Mémoire. Ce document figure, dans le Rapport de la Commission royale d'enquête, à titre du Mémoire # 404.

Le texte de ce Mémoire est présenté intégralement aux lecteurs, sans modifications.[5]

Phyllis E. LeBlanc
Professeure d'histoire
Université de Moncton
avril 1997

Le présent mémoire soumis à la Commission des Droits de la femme n'est pas le fait d'un organisme officiel. Les femmes qui ont proposé et rédigé le rapport ne revendiquent aucun statut officiel et ne prétendent pas représenter toute ou une partie quelconque de la population.

Ce premier comité convoque une réunion par la voix des journaux. Trente femmes répondent à l'appel et se réunissent pour élaborer un plan de travail. On propose alors que chacune des participantes fasse remplir un questionnaire à quelques-unes de ses amies.

De plus, L'*Évangéline*, le quotidien français de Moncton, fait connaître le questionnaire à ses lectrices. Au total 241 réponses furent obtenues. Le Mémoire fait état des réponses données et des idées échangées entre les parti-cipantes au cours des interviews ainsi que d'une enquête menée auprès d'em-ployeurs de la région.

On a aussi tenu compte de certaines constatations découlant d'une enquête sociologique poursuivie par le professeur Alain Even de l'Université de Moncton et qui s'intéressait aux problèmes d'éducation dans la province.

Il ne s'agit pas ici d'un mémoire soumis par quelques féministes mais d'un consensus d'opinion de 241 femmes francophones vivant dans les provinces maritimes dont 75% dans la région de Moncton.

---

5   Le lecteur trouvera ainsi des incohérences dans la présentation physique du texte, ainsi qu'au niveau de la langue française.

Les recommandations

Recommandations particulières

La femme au travail

1. Que tous les employeurs à tous les niveaux, fassent un effort pour offrir des emplois à temps partiel aux femmes.

2. Qu'on donne un salaire égal pour travail égal.

3. Que des garderies, subventionnées par l'État soient organisées. Qu'on mette en vigueur des cours pour former des personnes pour ce genre de travail.

4. Que la loi de l'impôt sur le revenu soit révisée afin de permettre que le salaire d'une aide familiale, ou les frais de garderies soient déductibles de l'impôt. Cette mesure faciliterait aussi une rémunération plus généreuse de l'aide familiale.

5. Que les absences pour maternité ne soient pas considérées comme absence pour maladie. Que des mesures soient prises afin qu'un congé d'au moins 6 à 8 semaines soit payé (salaire entier ou partiel) en cas de maternité.

    Que ce congé n'altère en rien le congé prévu en cas de maladie.

    Que le travail de la femme enceinte soit allégé au besoin sur recommandation de son médecin.

6. Que la femme qui doit s'absenter du travail pour un certain nombre d'années pour se consacrer à l'éducation de ses enfants ne perde pas son privilège de pension.

7. Que l'on organise des cours de recyclage, par le truchement de la télévision, par correspondance ou autres moyens, pour la femme au foyer qui désire retourner au travail.

8. Que les Instituts d'Éducation Adulte organisent des cours spéciaux de recyclage pour les femmes.

La femme et la famille

9. Que l'on reconnaisse le principe que l'homme et la femme partagent également la responsabilité des enfants, issus d'une union légitime ou non et par voie de conséquence :

10. Que des cliniques d'aide légale subventionnées par l'État soient instituées pour les mères nécessiteuses.

11. Que l'on établisse des cliniques de planification des naissances.

12. Que des cours de préparation au mariage soient intégrés au cours secondaire afin de donner une conception plus réaliste du mariage.

La femme devant la loi

13. Q'une étude intense soit faite concernant la situation de la femme dans les organismes ou situations suivantes :

    1) Plan de pension du Service Civil

    2) Commission d'assurance-chômage

    3) Commission des accidents du travail

    4) Formation des jury — nomination des juges

    5) Nomination des employés de l'État civil

    6) Sociétés d'État — C.N. — Air-Canada — Radio-Canada

    (Voir appendice)

14. Que le gouvernement amende ses lois du régime des pensions du Canada afin de permettre le paiement d'une pension de veuf, d'orphelin et d'enfant d'un cotisant invalide advenant la mort ou l'invalidité du cotisant du sexe féminin. Il faudrait que les prestations payables par la suite des cotisations de la femme soient équitables à celles payables par suite des cotisations de l'homme, puisque les deux sont obligatoirement appelés à faire la même cotisation.

Recommandations générales

15. Que l'égalité de la femme soit acceptée dans tous les domaines et qu'on donne autant de chance d'avancement à la femme qu'à l'homme.

16. Que Radio-Canada voit à la diffusion ou rediffusion des émissions féminines à des heures plus convenables pour la femme française du N.-B.

Le questionnaire

1. État civil :
   - ❏ Marié
   - ❏ Célibataire

2. Age :
   - ❏ 18 à 29,
   - ❏ 41 à 50,
   - ❏ 30 à 40,
   - ❏ 51 et plus.

3. Éducation; niveau :
   - ❏ grade 1 à 8
   - ❏ 9 et 10
   - ❏ 11 et 12
   - ❏ École spécialisée
   - ❏ Cours universitaire

4. Éducation du mari :
   - ❏ grade 1 à 8
   - ❏ 9 – 10
   - ❏ 11 – 12
   - ❏ École spécialisée
   - ❏ Cours universitaire

5. Travaillez-vous à l'extérieur?
   - ❏ Oui
   - ❏ Non

   Si oui :
   - ❏ a) Plein temps
   - ❏ b) Temps partiel

   c) Emploi (très précis) _____

   d) Nombre d'heures par semaine _____

6. Salaire annuel :
   - ❏ Moins de $1,000
   - ❏ $2,000 à $3,000
   - ❏ $5,000 et plus
   - ❏ $1,000 à $2,000
   - ❏ $3,000 à $5,000

7. Travail de votre mari :
   Profession (très précise) _____

8. Salaire annuel de votre mari :
   - ❏ $2,000 à $3,000
   - ❏ $5,000 à $8,000
   - ❏ $3,000 à $5,000
   - ❏ $8,000 et plus

9. Nombre d'enfants : _____

10. Comment définiriez-vous les rôles respectifs de l'homme et de la femme? Veuillez indiquer d'un « X ».
    - ❏ a) L'homme est le chef et le gagne-pain de la famille; la femme reste au foyer et se consacre à l'éducation des enfants.

❑ b) Le mari et la femme forment un couple et se partagent,
plus ou moins également, les responsabilités : pourvoir
aux besoins de la famille, tenir la maison, éduquer
les enfants.

❑ c) L'homme et la femme peuvent assumer indifféremment
le rôle qui plaît le plus à chacun.
(Par exemples : l'homme au foyer, la femme au travail)

11. Avez-vous des activités extra-ménagères, extra-professionnelles?
❑ œuvres de charité (lesquelles)

_____

❑ participation à des clubs

_____

❑ participation à des associations

_____

❑ participation à des activités culturelles

_____

❑ participation à la politique

_____

❑ participation à des sports

_____

12. Est-ce qu'il y a discrimination vis-à-vis les femmes?
❑ Oui   ❑ Non   ❑ Indécise

Si oui, lesquelles? Précisez.

_____

Autres remarques :

_____

_____

_____

Résumé des réponses obtenues

Nombre de réponses

113 travaillent à l'extérieur..............................83 plein-temps
....30 temps-partiel
121 ne travaillent pas à l'extérieur
7 pas de réponse

État civil

Mariée...198
Célibataire..40
Veuve 3

Âge des répondantes

18 à 29	68
30 à 40	89
41 à 50	61
51 et plus	22
Pas de réponse	1

Éducation : années de scolarisation

1 à 8	36
9 – 10	28
11 – 12	44
École spécialisée	88
Université	43
Pas de réponse	2

Salaire de celles qui travaillent à l'extérieur

Moins de $1,000	17
$1,000 à $2,000	10
$2,000 à $3,000	18
$3,000 à $5,000	48
$5,000 et plus	20

Salaire annuel du mari

$2,000 à $3,000	8
$3,000 à $5,000	45
$5,000 à $8,000	75
$8,000 et plus	60
Pas de réponse	10
Célibataires et veuves	43

Nombre d'enfants

0	20
1	26
2	34
3	36
4	34
5	22
6	15
7	7
8	3
9	1
10	2
13	1
0 – Célibataire	40

Comment définiriez-vous les rôles respectifs de l'homme et de la femme?

51   L'homme est le chef et le gagne-pain de la famille; la femme reste au foyer et se consacre à l'éducation des enfants.

183 Le mari et la femme forment un couple et se partagent, plus ou moins également, les responsabilités...

3   L'homme et la femme peuvent assumer indifféremment le rôle qui plaît le plus à chacun.

4   Pas de réponse.

Activités extra-ménagères

Œuvres de charité 45
Participation à des clubs 38
Participation à des associations 69
Participation à des activités culturelles 25
Participation à la politique.............................1
Participation à des sports................................14

Y a-t-il de la discrimination vis-à-vis les femmes?

118 ....Oui
58 ....Non
57 ....Indécise
8 ....Pas de réponse

Une analyse sommaire des 241 réponses au questionnaire

De ce questionnaire répondu par près de 250 femmes mariées et célibataires de la région de Moncton, nous croyons pouvoir dégager certaines hypothèses. Ces quelques femmes étaient surtout représentatives de la classe moyenne et supérieure.

D'abord on remarque que pour un même niveau d'éducation la femme reçoit un salaire inférieur à celui de son mari.

Niveau d'éducation	Épouse	Époux	Salaire	Épouse	Époux
Grade 1 à 8	17%	20%	− $1,000	25%	0%
Grade 9 à 10	12%	13%	$1,000 − $3,000	30%	3%
Grade 11 à 12	19%	15%	$3,000 − $5,000	37%	24%
École spécialisée	36%	19%	$5,000 − $8,000	8%	38%
Cours universitaire	16%	33%	$8,000 +	0%	35%

À partir de ce tableau, nous constatons que parmi les femmes qui travaillent régulièrement, 92% d'entre elles reçoivent un salaire inférieur à $5,000, tandis que seulement 27% des hommes se situent dans cette classe de salaire. Un tel décalage indique qu'il y a discrimination vis-à-vis la femme, que son rôle au sein de la société est minimisé.

Au niveau des activités extra-ménagères et extra-professionnelles, la grande majorité des femmes participent à des associations de vie sociale mais passive et inconséquente : sports, œuvres de charité, activités culturelles. On pourrait qualifier la femme de joueur social qui ne participe pas à l'immense circuit production-consommation qui définit pourtant notre société moderne.

Les facteurs socio-culturels jouent un rôle primordial sur les consciences individuelles. La société est responsable de la formation de ses membres et de leur assigner des rôles qui répondent à leur aspiration. Elle se doit d'assurer le plein épanouissement de ses éléments. L'assure-t-elle toujours? N'a-t-elle pas tendance à entretenir une ségrégation sexuelle malsaine?

D'autre part, il faut se demander si la majorité des femmes sont éveillées au problème. Notre enquête révèle que ces dernières n'ont pas pris conscience de ce phénomène de discrimination vis-à-vis elles-mêmes. En effet, seulement 45% répondent par l'affirmative à la question « y a-t-il discrimination vis-à-vis les femmes? »

Points de discrimination envers la femme tels que révélés par l'enquête

1. La femme qui demeure au foyer est trop souvent considérée comme citoyenne inférieure.

2. Il n'existe par assez de cours spécialisés pour la femme qui désire se perfectionner soit dans le domaine familial ou culturel selon son niveau et ses aptitudes.

3. On ignore trop la contribution que pourrait apporter la femme mariée dans le domaine des arts.

4. La femme est trop souvent exploitée comme objet de publicité — T.V., cinéma, revues.

5. Les informations pour planification familiale ne sont pas adéquates.

6. Les hommes ne comprennent pas la psychologie féminine.

7. Dans l'Église — la femme n'est pas invitée à participer activement à la liturgie comme lectrice, commentatrice, etc.

8. On ne respecte pas assez l'opinion de la femme.

9. Participation quasi-inexistante dans le domaine économique.

10. Nos associations ne sont pas prêtes à accepter l'opinion émise par la femme.

11. La participation de la femme en politique n'est pas assez acceptée.

12. Le régime de Plan de Pension du Canada est injuste envers la femme.

13. Les besoins sociaux de la femme de classe ouvrière sont ignorés chez la femme de classe bourgeoise.

14. Dans les organismes dirigeants, la femme n'occupe pratiquement aucune place :

> À l'exécutif de la S.N.A.
>
> Bureau des gouverneurs de l'Université de Moncton
>
> Bureau de direction de l'Évangéline
>
> Bureau de direction de maisons d'affaires
>
> Au comité d'octroi de bourses scolaires
>
> Au bureau de direction des caisses populaires dans différentes paroisses
>
> Au Ministère de l'Éducation
>
> À l'Institut de Memramcook
>
> Au Service Civil — la femme n'occupe à peu près aucun poste de commande

15. Institutions privées. Les Corporations privées, pour n'en citer que quelques-unes : N.B. Téléphone — Central Trust, la Société l'Assomption, n'ont aucune femme siégeant à la direction et que dire des banques où l'on voit rarement une femme atteindre le poste de gérant. Nos caisses populaires acadiennes font aussi une place très mince à la gent féminine. À notre connaissance, aucune femme n'est au bureau de direction de la Caisse Populaire l'Assomption — Caisse Populaire de Dieppe, etc.

16. L'Institut de Memramcook a offert au cours de la dernière année une série de cours d'éducation adulte. À notre connaissance, il n'y eut aucun groupe de femmes invitées à suivre des cours — séminaires ou conférences.

Un grand nombre de femmes ayant terminé l'éducation de leurs enfants seraient prêtes à retourner sur le marché du travail et elles auraient besoin pour ce faire de renouveler leur technique ou connaissance.

La situation de la femme

Dans la société contemporaine, abstraction faite du lieu, subsistent encore, dans la tête, et des hommes et des femmes, beaucoup de vieux préjugés sur la nature de la femme et de sa fonction. On identifie trop encore la femme à sa fonction d'épouse-mère et on ne la valorise pas comme *personne*. On veut encore considérer comme intouchables de vieilles idées et coutumes socio-logiques, géographiques, de vieilles mythologies mal dégrossies, créées de toutes pièces par l'homme dominateur et subies par la faiblesse de la femme.

Il est à remarquer que la femme francophone du N.-B. fait partie d'une minorité économiquement et culturellement défavorisée et dont la façon de penser reflète encore une mentalité pré-sécularisée et pré-urbaine.

La femme acadienne est plus scolarisée que son mari, mais elle n'a pas su valoriser son éducation dans la vie sociale. D'après une enquête sur les niveaux d'éducation dans les régions rurales du N.-B., on constate que les femmes ont 2, 3 ou 4 années de scolarité de plus que leur mari, ce qui pourrait laisser penser que les femmes sont une catégorie dominante dans la société du N.-B. et vont occuper des postes plus importants que ceux occupés par les hommes. Tel n'est pas le cas. Par exemple, si l'on examine la moyenne de rémunération, on s'aperçoit que celle des femmes est la plus faible, au point que si les femmes sont scolarisées un tiers de plus que les hommes, elles touchent des revenus un tiers inférieurs à ceux des hommes. Il n'y a pas cor-rélation entre le niveau d'éducation et l'importance des places occupées et des revenus, pour ce qui est des deux sexes au N.-B.

La mère est très valorisée auprès de la population francophone du N.-B., c'est-à-dire, dans la fonction principale qu'on accorde à la femme. Son rôle est de mettre au monde des enfants, de les éduquer et une fois cette tâche de mère terminée, sa fonction terrestre, son rôle social semble devoir se terminer.

La femme est donc amenée, très jeune, à être sensibilisée au problème du mariage, à se trouver un mari. Les jeunes filles vont accepter, consciemment ou non, de se trouver liées à un homme d'un niveau d'éducation inférieur. Elles ne cherchent pas à s'assurer un rôle particulier selon l'éducation qu'elles ont reçue. Leurs aspirations ne tendent pas vers une situation sociale active, mais vers la place de la femme au foyer.

Ici joue une explication d'un ordre plus large. La société n'est pas loin de ses origines de type rural. Sur la ferme il y avait une meilleure répartition des tâches. L'homme et la femme participaient à la production et à la gestion. Là le rôle de la femme était valorisé. La femme avait un rôle précis de gestion et souvent de budget sur la ferme. Elle se tenait, toute la journée dans la pièce principale de la maison, centre de toutes les activités et toutes les rencontres. Dans la société urbaine, la femme a gardé ce rôle de maîtresse du foyer. Mais la présence de la femme, seule dans la cuisine d'une petit appartement, 24 heures sur 24, où il ne se passe rien, s'explique beaucoup moins. C'est devenu un vestige de la société rurale qu'on garde dans la société urbaine mais qui a perdu son sens. Ceci encourage souvent la femme à mener une vie futile, à perdre son temps au téléphone ou chez la voisine. En maintenant cette men-talité de garder la femme à son foyer coûte que coûte, on la déprécie, on l'en-courage au commérage et à l'ennui, tout en gardant intact le statu quo social.

Notre société, jusqu'à maintenant, n'a pas recherché l'apport culturel et social que pouvait donner la femme de maison. De ce fait, les unes qui avaient reçu une instruction supéricurc sc sont tournées à l'indifférence vis-à-vis les problèmes sociaux et au laisser-aller intellectuel. Les autres d'un niveau inférieur d'éducation n'ont jamais été encouragées à développer chez-elle une plus grande culture.

Les maîtresses de maison forment le nœud de la société. C'est leur influence qui déterminera la culture de la génération de demain. Ce sont elles, qui, le plus souvent achètent les livres, écoutent la musique et forment les enfants. Leur esprit a besoin d'être *riche* pour accomplir ces tâches. Voilà pourquoi *l'éducation* et la culture de la femme est d'une si grande importance. En plus la femme d'intérieur cultivée contribuera davantage à la vie culturelle et sociale de son milieu. Elle saura être meilleure citoyenne, épouse et mère plus accomplie, si elle a su et pu meubler son cerveau.

La femme au travail

L'étude de la situation de la femme dans le monde du travail, sur le plan local, révèle que la femme est plus souvent qu'à son tour, victime sur bien des points. À la suite des résultats de cette étude nous faisons les considérations suivantes.

Très peu de femmes occupent des postes de commande. Celles qui en occupent ont, presqu'invariablement, la responsabilité de groupes composés exclusivement de femmes. Les raisons invoquées par plusieurs employeurs pour expliquer cet état de choses sont les suivantes :

1)   Les hommes n'aiment pas travailler sous les ordres d'une femme.

2)   Les femmes ne travaillent pas assez longtemps pour accéder à des postes élevés. Elles ne sont intéressées à travailler qu'en attendant de se caser définitivement dans le mariage.

Aucune mesure concrète ne peut être prise pour réduire ou faire disparaître la première raison, si ce n'est d'essayer de faire changer cette mentalité plutôt primitive chez les hommes.

Quant à la deuxième raison, afin de se rendre compte si elle est vraiment la cause ou l'effet de cet état de chose, il faudrait se poser quelques questions : encourage-t-on la femme à demeurer sur le marché du travail? Lui donne-t-on des raisons de s'intéresser fortement à son travail en lui donnant des responsabilités selon ses aspirations et sa compétence? Est-ce qu'au contraire, on ne lui fait pas des conditions telles qu'elle ne voit pas tellement d'avantages à faire carrière ou à demeurer dans le monde du travail?

Le salaire dans bien des cas est protégé par les conventions collectives qui voient à ce que justice et égalité soient faites. Mais dans les petites entreprises (de 50 à 75 employés) et c'est la majorité des cas dans la région, les employés ne sont pas syndiqués ct là, la femme est très souvent victime d'injustice. En théorie, la situation paraît acceptable mais en pratique, on se sert de toutes sortes de prétextes pour donner plus de salaire à l'homme qu'à la femme. Que dire de cet employeur qui affirme que vendre des chandails d'homme n'est pas le même travail que vendre des chandails de femmes. Et cet autre qui varie le salaire de ses employés selon leurs responsabilités familiales. Il est vrai que c'est peut-être une excellente façon de promouvoir l'accroissement de la population mais ce n'est pas très juste envers les célibataires ou les femmes dont le mari travaille et qui fournissent le même travail.

La femme qui travaille à l'extérieur se voit obligée de confier ses enfants aux soins d'une bonne qui, la plupart du temps, n'a eu aucune formation ou expérience en ce sens. Il n'existe aucune garderie organisée et aucun cours ne permet la formation de personnes pour ce genre de travail. Il s'en suit que la femme a le choix entre, d'une part, confier ses enfants d'âge pré-scolaire à une personne plus ou moins responsable et d'autre part, renoncer au travail ou à l'exercice de sa carrière.

La femme qui travaille à l'extérieur, de plus, se trouve handicapée du fait qu'elle doit assumer la double responsabilité de son travail et de l'entretien de son foyer. Dans la plupart des cas, une aide familiale est indispensable pour l'entretien de la maison ou la garde des enfants. Cette personne est un employé de la ménagère au même titre que tout employé d'une entreprise. Pourtant la femme ne peut réclamer comme déduction d'Impôt le salaire de cet employé ou tout autre frais de garderies.

Dans la plupart des cas, on permet à la femme un congé non payé, plus ou moins prolongé, pour fin de maternité. Dans d'autres cas, on considère ce congé comme une absence pour maladie, ceci ayant pour conséquence d'épuiser totalement le congé de maladie. Cette femme perd donc son salaire à la moindre absence pour maladie pendant toute l'année qui suit sa maternité.

Bien des personnes sont d'avis que la mère de jeunes enfants rend un plus grand service à la société en demeurant à la maison pour se consacrer à l'éducation de ses enfants qu'en travaillant à l'extérieur. C'est une opinion très valable surtout si l'on considère que, dans notre société actuelle, la responsabilité de l'éducation des enfants repose presqu'exclusivement sur les épaules de la mère. Mais beaucoup constatent aussi, qu'aujourd'hui, la vie de mère de famille (de jeunes enfants s'entend) ne dure pas toute une vie, mais environ 15 à 20 ans. Il en résulte que beaucoup de femmes de 35 à 40 ans sont prêtes à retourner sur le marché du travail.

Ces femmes à cause de leur absence assez longue, ont perdu leur privilège de pension, même si elles ont déjà déboursé et continueront de débourser un certain pourcentage de leur salaire comme fond de pension. Si la société reconnaît le service que la mère de famille lui rend en consacrant une quinzaine d'années de sa vie à mettre au monde et éduquer des citoyens, pourquoi cette société ne compenserait-elle pas de quelques façons? Exemple — il faut un minimum d'années de travail pour avoir droit à une pension.

Pour illustrer ceci, citons ici le cas d'une institutrice qui paie (6%) de son salaire à un fonds de pension. Pour être éligible à la pension, il lui faut un minimum de 35 années d'enseignement.

Si on ne tient pas compte de ces années où la femme est absente du travail pour éduquer ses enfants, la femme se trouve dans une position d'infériorité. Elle a beaucoup moins de chance d'obtenir sa pension. Les chances sont donc inégales.

Il est incontestable que le monde du travail, organisé par des hommes et pour les hommes, ne tient pas tellement compte des possibilités qu'a la femme au foyer de fournir quelques heures de travail par jour. Combien de mères de famille, ayant reçu une certaine éducation et qui, demeurant au foyer pour différentes raisons énumérées plus haut, pourraient mettre leurs talents au service de la société active en travaillant quelques heures par jour.

Appendice

Situation légale

D'après notre enquête et les commentaires que nous avons reçus, il peut sembler étrange de prime abord qu'au niveau des gouvernements il s'exerce de la discrimination vis-à-vis les femmes -

1) plan de pension du Service Civil

2) Commission d'Assurance-Chômage

3) Commission des accidents du travail

4) formation des jury — nomination des juges

5) Nomination des employés de l'État civil

6) Entreprises d'État : C.N.; Air-Canada; Radio-Canada

Il est bien évident que l'enquête que nous avons effectuée avec les ressources à notre disposition ne nous a pas permis de faire une étude scientifique et complète. Aussi, suggérons-nous que les experts de votre Commission fassent une étude approfondie des points que nous allons mentionner.

1. Au chapitre 185 — des statuts révisés du N.-B. couvrant le « public service superannuation act » on découvre que les femmes mariées perdront leur pension si, devenant veuves, elles se remarient. Nous croyons que cette clause est discriminatoire à la femme mariée puisque la pension de son mari qu'elle reçoit durant son veuvage, n'est pas après tout une

allocation de charité, mais bien le recouvrement de sommes déposées par son mari et faisant parti de son contrat de travail.

Si on force la femme, par ce moyen, à ne pas se remarier, c'est une atteinte à sa personnalité de femme et un abus du pouvoir Civil. L'homme pensionné, lui, dont la femme meurt n'est pas empêché de se remarier par cause de retrait de fonds de pension. Nous croyons que cette clause est le relicat d'une conception archaïque de la vie personnelle de la femme. Certaines personnes interviewées nous mentionnent que les clauses semblables existent dans de nombreux actes civils : ainsi le plan de pension des juges et le plan de pension des Chemins de fer nationaux seraient entachés de la même clause discriminatoire.

2. Il est à noter que les aides-domestiques ne peuvent pas contribuer, ni elles, ni leurs employeurs à la Caisse de l'Assurance-chômage; elles sont ainsi privées de bénéfices lorsqu'elles sont sans emploi. Si les aides-domestiques pouvaient profiter des bénéfices de la Caisse d'Assurance-chômage nul doute qu'il serait plus facile de trouver des aides-domestiques compétentes et d'en trouver quand c'est nécessaire.

3. Commission des accidents de travail. Puisque nous en sommes au chapitre des « aides-domestiques » signalons de plus qu'elles ne sont pas protégées par la loi des accidents de travail. Il est vrai qu'autrefois « l'aide-domestique » était un peu comme un membre de la famille et s'il lui arrivait un accident, la famille qui l'employait continuait à lui offrir le gîte, il n'en est plus ainsi aujourd'hui et « l'aide-domestique » de même que la « femme de ménage » travaillant dans des maisons privées devraient être protégées contre les accidents de travail.

4. Fonctions du jury. Est-il normal qu'il n'y ait pas de femmes-juges? Dans certaines provinces, on a cru bon de nommer des femmes à la Cours de Délinquance Juvénile — nous croyons pour notre part, que les femmes devraient pouvoir accéder au banc de juge au même titre que l'homme. Le même principe croyons-nous s'applique dans la formation des jury, que ce soit à l'enquête du coroner ou dans le procès devant jury.

5. Nominations des employés civils. Si nous avions eu les moyens, nous aurions établi une liste des emplois supérieurs dans le Service Civil. Mais force nous est ici de ne citer qu'un exemple et encore devons-nous le qualifier. Le bureau du gouvernement provincial, ici à Moncton emploie des femmes mais aucune de celles-ci n'occupent un poste de commande. On compte des secrétaires, téléphonistes mais pour les postes supérieurs — aucune. Dans ce même domaine, il nous apparaît symptomatique de constater qu'il n'y a aucune femme sous-ministre dans la province. Ainsi s'il y a de nombreuses femmes institutrices, il n'y a au Ministère d'Éducation aucune sous-ministre, surintendante de district et pourtant si on

compte le nombre de personnes engagées dans l'enseignement supérieur, le nombre de femmes dépasse largement celui des hommes.

6.   Nous croyons que les « sociétés d'état » devraient faire plus de place à la femme aux postes de commande et dans les différents services.

Le Régime de Pensions du Canada prévoit pour la paiement de pensions de veufs invalides, d'orphelins et d'enfants d'un cotisant invalide. Nous pensons qu'il y a discrimination envers le cotisant du sexe féminin dans le paiement de chacune de ces pensions.

Pensions de veufs

Pourquoi le veuf doit-il être invalide pour recevoir cette pension? Il semble que le gouvernement a pris pour acquis que la femme peut seulement devenir le soutien de la famille si le mari est invalide. Au contraire, nous pensons que la femme pourrait, dans certains cas, subvenir entièrement aux besoins de la famille tandis que le mari resterait au foyer. En plus, il y a plusieurs foyers où le salaire de la femme est plus élevé que celui du mari et c'est donc la femme qui subvient dans une large mesure aux besoins de la famille. Encore, dans plusieurs foyers, le salaire de la femme complète celui du mari, pour ensemble subvenir aux besoins de la famille entière.

Si le mari meurt, la femme peut se qualifier pour une pension de veuve même si celle-ci gagnait $20,000.00 par an. Dans le cas du décès de la femme, le mari ne se qualifie pas pour une pension de veuf à moins qu'il ait été et qu'il continue à être invalide. Pourtant, qui est considéré comme « gagne-pain » dans ces trois cas? Comment peut-on dire que le mari était le « gagne-pain »? Cette loi est injuste envers la femme qui, pourtant, doit verser les mêmes cotisations que l'homme.

Prestations d'enfant de cotisant invalide et pensions d'orphelin

Une pension est payable à un enfant d'un cotisant invalide ou à un orphelin, dans tout cas si le cotisant invalide ou décédé était du sexe masculin.

S'il s'agit de l'invalidité ou du décès d'un cotisant du sexe féminin, ces mêmes enfants se qualifient seulement si, immédiatement avant l'invalidité ou le décès, la cotisante subvenait entièrement ou dans une large mesure aux besoins d'un tel enfant.

Dans la plupart des cas, la femme est au travail pour subvenir aux besoins de la famille entière. Par son invalidité ou son décès, son salaire cesse et la famille entière pourrait en souffrir. Il est donc normal et juste que ses cotisations permettent le paiement d'une pension pour l'enfant de cette cotisante invalide ou le paiement d'une pension d'orphelin, si elle meurt. Le paiement de ces pensions est pourtant possible dans le cas du cotisant du sexe masculin sans tenir compte du salaire de la femme.

Postface

Les femmes rédactrices de ce Mémoire ont, par leur engagement et leur stratégie de travail, préparé un document utile non seulement aux commissaires de la Commission royale d'enquête sur la situation de la femme au Canada en 1968, mais aussi pour les chercheures et chercheurs qui s'intéressent aujourd'hui à l'histoire des femmes au Canada. Ce document public témoigne de la mentalité de l'époque, non seulement des femmes rédactrices du Mémoire, mais aussi des 241 femmes répondantes, acadiennes dans l'ensemble et membres, selon les rédactrices du Mémoire, de « la classe moyenne et supérieure. »[6]

Certaines des recommandations contenues dans le Mémoire nous sont familières car elles sont encore aujourd'hui revendiquées par les femmes; citons, à titre d'exemple, la recommandation pour organiser des garderies, sub-ventionnées par l'Etat (recommandation particulière # 3). D'autres, telle la reconnaissance du principe de salaire égal pour travail égal (recommandation particulière # 2), sont des principes déjà acquis en 1968,[7] mais pour lesquels un travail de reconnaissance (donc de mentalité) et de respect (donc de mesures coercives, par la loi) sont jugés essentiels pour assurer le respect des droits acquis. D'autres encore reflètent la mentalité des femmes de l'époque, car on se situe ici à une période d'histoire des femmes canadiennes où le mariage constitue toujours le noyau des aspirations d'une majorité de femmes; tel est le cas de la recommandation n° 12, qui propose que des cours de préparation au mariage soient intégrés au programme de formation du secondaire, « afin de donner une conception plus réaliste du mariage. » La catégorisation des recom-mandations contenues dans ce Mémoire : le travail, la famille et la loi, est reprise dans son ensemble dans les recommandations de la Commission Bird.[8]

Au-delà de ses recommandations, un deuxième élément de ce Mémoire est intéressant pour les chercheures aujourd'hui; le questionnaire et l'analyse sommaire des réponses au questionnaire. Une première constatation s'impose : les questions soumises aux femmes en 1968 reflètent le souci de s'informer surtout de la place de la femme dans la société canadienne dans ses fonctions traditionnelles, celles associées à la famille, à titre d'épouse et de mère. L'analyse des réponses au questionnaire reflète cette préoccupation, par la comparaison des salaires, du niveau d'éducation et des activités extra-professionnelles des femmes et des hommes mariés. On déplore ainsi le retard des salaires des femmes, étant donné que les femmes questionnées ont indiqué un niveau d'éducation généralement supérieur à celui de leur mari; on déplore l'absence des femmes dans des postes de gestion des entreprises et des institu-

---

6   Cité du Mémoire.

7   Voir *Rapport de la Commission*..., op. cit., p. 75, paragraphe n° 215.

8   Voir *Rapport de la Commission royale*..., *op. cit.*, pp. 445-470.

tions; on rappelle toutefois que « Les maîtresses de maison forment le nœud de la société. C'est leur influence qui déterminera la culture de la génération de demain. »[9] L'éducation et la culture des femmes constituent des éléments significatifs qui reviennent en fin de ligne à ses fonctions traditionnelles dans la société : la femme doit avoir un esprit riche (réalisé par le biais de l'éducation) afin de réaliser ses fonctions de transmission des valeurs sociales et culturelles d'une génération à l'autre. Pourtant, les auteures du Mémoire ont soutenu le principe du partage égal des responsabilités des enfants entre la mère et le père (recommandation n° 9).

Le Mémoire soumis par ce groupe de femmes francophones de la région de Moncton auprès de la Commission Bird en 1968 ne peut pas être interprété à l'écart des aspirations et des stratégies féminines de l'époque. Nous aurions tord de porter jugement sur leur interprétation des besoins des femmes canadiennes à cette époque. Notre analyse du Mémoire nous porte tout au moins à soutenir l'interprétation des commissaires sur un problème fondamental auquel ils faisaient face : celui de la mentalité canadienne qui constitue un blocage au plein épanouissement des femmes.

Phyllis E. LeBlanc
Professeure d'histoire
Université de Moncton
avril 1997

---

9   Cité du Mémoire.